国家中等职业教育改革发展示范校创新系列教材

顾　　问：余德禄
总　主　编：董家彪
副总主编：杨　结　吴宁辉　张国荣

旅游销售业务

主　　编：张永幸
副主编：郑文丽　王　娟　陈　蕾
主　　审：王　薇

北京·旅游教育出版社

编委会

主　　任：董家彪

副主任：曾小力　张　江

委　　员（按姓氏笔画排序）：
　　　　王　娟（企业专家）　王　薇　邓　敏
　　　　杨　结（企业专家）　李斌海　吴宁辉
　　　　余德禄（教育专家）　张　江　张立瑜
　　　　张璎晔　张国荣　陈　烨　董家彪
　　　　曾小力

总 序

在现代教育中,中等职业学校承担实现"两个转变"的重大社会责任:一是将受家庭、社会呵护的不谙世事的稚气少年转变成灵魂高尚、个性完善的独立的人;二是将原本依赖于父母的孩子转变为有较好的文化基础、较好的专业技能并凭借它服务于社会、能独立承担社会义务的自立的职业者。要完成上述使命,除好的老师、好的设备外,一套适应学生成长的好的系列教材是至关重要的。

什么样的教材才算好的教材呢?我的理解有三点:一是体现中职教育培养目标。中职教育是国民教育序列的一部分。教育伴随着人的一生,一个人获取终身学习能力的大小,往往取决于中学阶段的基础是否坚实。我们要防止一种偏向:以狭隘的岗位技能培养代替对学生的文化培养与人文关怀。我们提出"立德尚能,素质竞争",正是对这种培养目标的一种指向。素质与技能的关系就好比是水箱里的水与阀门的关系。只有水箱里储满了水,打开阀门水才会源源不断。因此,教材要体现开发学生心智、培养学生学习能力、提升学生综合素质的理念。二是鲜明的职业特色。学生从初中毕业进入中职,对未来从事的职业认识还是懵懂和盲从的。要让学生对职业从认知到认同,从接受到享受到贯通,从生手到熟手到能手,教材作为学习的载体应该充分体现。三是符合职业教育教学规律。理实一体化、做中学、学中做,模块化教学、项目教学、情境教学、顶岗实践等,教材应适应这些现代职教理念和教学方式。

基于此,我们依托"广东旅游职教集团"的丰富资源,成立了由教育专家、企业专家和教学实践专家组成的编撰委员会。该委员会在指导高星级饭店运营与管理、旅游服务与管理、旅游外语、中餐烹饪与营养膳食等创建全国示范专业中,按照新的行业标准与发展趋势,依据旅游职业教育教学规律,共同制定了新的人才培养方案和课程标准,并在此基础上协同编撰了这套系列创新教材。该系列教材力争在教学方式与教学内容方面有重大创新,突出以学生为本,以职业标准为本,教、学、做密切结合的全新教材观;真正体现工学结合、校企深度合作的职教新理念、新方法。

在此次教材编撰过程中,我们参考了大量文献、专著,均在书后加以标注,同时我们得到了旅游教育出版社、南沙大酒店总经理杨结、岭南印象园副总经理王娟以及广东省职教学会教学工作委员会主任余德禄教授等旅游企业专家、行业专家的大力支持。在此一并表示感谢!

2013 年 8 月于广州

前　言

旅行社业和景区业是涉及多学科、知识面广、知识性强的行业,现有教材缺乏学科体系,尤其是将学科理论与实践合二为一的教材少之又少,难以适应培养中职学生学习能力和动手能力的目标。为此,依据教育部最新中等职业教育课程科目和要求,在专业指导委员会的指导下,我们编写了这本以能力素质为本位、以任务为引领、以学生为中心、以旅行社和景区销售岗位为导向的旅游服务与管理专业的核心教材。

本教材具有以下特点:

第一,体现理论与实践融合的教学理念。既有旅游销售的基础理论,又充分体现实践操作的过程和要领,以期达到提高学生动手能力的目的。

第二,教材内容突破原有框架,体现景区销售与旅行社销售两者融合。在编写过程中,我们专门对本地区、本行业的旅游企业实践专家进行了访谈,依据"旅游服务与管理的工作任务和职业能力分析表"中的"景区销售人员"和"旅行社销售人员"的工作领域,确定了本教材的编写方向和内容,打破原有教材的编写思路与框架,把旅行社销售与景区销售两者结合起来,内容具有创新性、针对性和实用性。

第三,以校企合作任务为驱动,充分体现专业课程与职业标准对接、教学过程与生产过程对接。教材内容覆盖了景区相关销售岗位、旅行社散客与团队销售岗位,突出岗位操作过程中需要掌握的知识理论和操作技能,体现出专业课程与职业标准对接、教学过程与生产过程对接。

第四,注重学生知识的拓展和延伸。

本教材由王薇担任主审,张永幸担任主编,广东省旅行社行业协会秘书长、广东省旅游协会导游分会会长郑文丽与岭南印象园副总经理王娟以及本校陈蕾老师担任副主编。教材共分三个模块,主要参编人员及分工如下:模块一旅游销售基本知识,由陈建莹、金向洁共同编写;模块二景区销售业务,由张永幸、陈泽萱、陈创光共同编写;模块三旅行社销售业务,由张永幸编写;郑文丽、王娟、陈蕾也参加了部分任务的编写。广州中航国际旅游有限公司总经理陈洪发、广东省旅游协会导游分会执行会长及广东省资深高级导游江澜、中国国旅(广东)国际旅行社股份有限公司海外部副总经理黄永江、广之旅股份有限公司法律总监虞国华律师、广东省中国旅行社股份有限公司销售部经理张建玲等业内专家,以及本校谭家尧老师为本书的编撰提供了许多专业指导和建议,在此深表感谢!书中参考了大量文献资料和网络资料,在此向原作者表示感谢!

由于编者水平有限,时间紧迫,书中难免存在疏漏之处,敬请读者批评指正。

编　者
2013 年 11 月

目 录

模块一 旅游销售基本知识 ·· 1
项目一 旅游销售入门 ·· 2
任务一 认识旅游产品 ·· 4
任务二 认识旅游销售 ·· 8
项目二 景区销售基本知识 ·· 12
任务一 认识景区销售 ·· 13
任务二 景区销售的特征 ·· 19
任务三 景区销售的影响因素 ·· 25
项目三 旅行社销售基本知识 ·· 29
任务一 认识旅行社销售 ·· 31
任务二 旅行社销售的特征 ·· 37
任务三 旅行社销售的影响因素 ·· 41

模块二 景区销售业务 ·· 47
项目一 景区整体销售业务 ·· 48
任务一 旅游者消费行为分析 ·· 48
任务二 景区市场细分 ·· 54
任务三 景区目标市场选择 ·· 63
任务四 景区市场定位 ·· 69
任务五 景区整体销售 ·· 75
项目二 景区商品销售业务 ·· 82
任务一 认识景区商品 ·· 84
任务二 景区商品的销售技巧 ·· 88
任务三 景区商品销售服务 ·· 96
项目三 景区门票销售业务 ·· 99
任务一 认识景区门票 ·· 100
任务二 散客门票销售技巧 ·· 105
任务三 散客门票销售流程 ·· 111
任务四 团队门票销售技巧 ·· 116

— 1 —

任务五　团队售票服务流程 …………………………………… 120
项目四　景区酒店销售业务 …………………………………………… 123
　　任务一　认识景区酒店销售的模式 …………………………… 125
　　任务二　景区酒店销售的流程 ………………………………… 132
　　任务三　景区酒店销售的策略和技巧 ………………………… 145

模块三　旅行社销售业务 ………………………………………………… 153
项目一　前台销售业务 ………………………………………………… 157
　　任务一　认识旅行社前台 ……………………………………… 158
　　任务二　前台销售人员形象要求 ……………………………… 162
　　任务三　前台工作内容 ………………………………………… 171
　　任务四　前台服务流程 ………………………………………… 176
　　任务五　熟悉散客市场 ………………………………………… 183
　　任务六　熟悉前台销售的产品 ………………………………… 190
　　任务七　前台商谈技巧 ………………………………………… 206
　　任务八　前台价格处理技巧 …………………………………… 211
　　任务九　前台交易技巧 ………………………………………… 216
项目二　团队销售业务 ………………………………………………… 222
　　任务一　团队与散客的区别 …………………………………… 224
　　任务二　团队需求分析与产品开发 …………………………… 227
　　任务三　团队产品销售 ………………………………………… 238
　　任务四　团队洽谈的准备 ……………………………………… 247
　　任务五　团队洽谈的程序 ……………………………………… 253
　　任务六　团队洽谈的内容 ……………………………………… 257

参考文献 …………………………………………………………………… 266

模块一 旅游销售基本知识

【案例导入】

印度的新兴旅游产品①

旅游业是印度经济中最为重要的产业部门之一。2011年,印度旅游业总收入达到830亿美元,预计2021年将增至1910亿美元。作为印度最大的服务产业,旅游业对国家GDP的贡献率达6%左右,并提供了3000多万个就业岗位。

近年来印度着重发展的旅游业态有:

1. 生态旅游:印度多样化的地理特征为旅游者提供了解除压力、重振精神状态的生态旅游目的地。喀拉拉邦的滕玛拉(Thenmala)是印度规划的第一个生态旅游区,旨在满足生态旅游者及自然迷们的需求。

旅游部在每年的国家旅游奖项设立了以下三个奖项:生态友好最佳饭店;最负责任旅游项目;旅游经营者生态友好最佳实践。

2. 医疗旅游:预计到2012年底,印度医疗旅游占全球市场的份额将达到2.4%,收入总额将达到24亿美元;2009~2012年年均复合增长率达27%;医疗旅游者数量将达110万人次,复合增长率为19%。

印度已推出了专门的医疗签证(Mvisa),以促进入境医疗旅游发展。最初医疗签证有效期为6个月,而现在已经延长至3年。该医疗签证也可签发给患者的配偶、孩子或其他有血缘关系的亲人。

3. 探险旅游:随着设施的开发及人们对探险旅游的兴趣日渐增强,探险旅游市场每年都在增长。

位于果阿的国家水上运动学院正在建设一栋新设施,并且更新升级其设施设备,以开展水上运动训练。旅游部已发布了一项"探险旅游经营者审批准则"的方案。

此外,旅游部还制定了一系列探险旅游安全与质量规范准则,作为探险旅游活动的最低标准。

4. 体育旅游:2010年英联邦运动会和2011年板球世界杯赛、一级方程式赛车等体育事件,带动了体育旅游的流行。

加尔各答马球俱乐部是世界上最古老的马球俱乐部,有150年的历史。因此可以认为马球是印度的遗产运动(Heritage Sports)之一。为促进高尔夫旅游发展,2011年1月旅游部在新德里举行了"高尔夫旅游推广"研讨会。

5. 邮轮旅游:为解决与邮轮航运有关的问题,2010年1月成立了一个指导委员会,由航

---

① 印度的新兴旅游产品. 第一旅游网 http://www.toptour.cn/detail/info70077.htm.

运部常秘、其他高级官员及旅游部高级官员组成。

果阿、钦奈、芒格洛尔及孟买等主要港口已由指导委员会认定为邮轮旅游港。旅游部为高盈利项目发布了一个计划,以解决旅游基础设施高投资项目预算资源不足的问题。旅游部还为邦、区开发基础设施建设,推广邮轮旅游(包括江河邮轮游)提供中央财政援助。

6. 保健旅游:印度的温泉数量位居世界前20位,营业中的温泉场所有2359家。

据估计,该行业每年能带来3.84亿美元的收入,就业人数为22175人。旅游部已发布《保健中心指针》,这些保健中心由国家医院与卫生保健认证委员会予以认证。旅游部为宣传推广保健旅游制作并投放了各种手册、CD盘及其他宣传材料。2011年2月举行了保健旅游研讨会,为开发推广保健旅游设计具体的战略实施步骤。

7. 奖励旅游:随着印度在世界舞台上贸易与投资额不断增长,商旅市场(包括会奖旅游者)有望成为未来增长幅度最大的领域。在过去几年中,随着经济的发展,印度的奖励旅游市场经历了高速增长。据印度旅游部数据,出境奖励旅游市场每年增长率达12%左右。

思考

对于中国来说,应该如何有效地开发旅游产品?

【学习目标】

★ 能描述旅游产品的含义和分类
★ 能说明旅游产品的周期和选择
★ 能描述旅游销售的内涵
★ 能正确理解旅游销售的特征
★ 能描述景区销售的含义和实质
★ 能说明景区销售的现状
★ 能正确理解景区销售管理的重要性
★ 能描述景区销售的一般特点
★ 能正确理解景区销售的新特点
★ 能准确区分影响景区销售的内部因素和外部因素
★ 能描述旅行社销售的含义
★ 能说明旅行社销售的四个环节
★ 能说明旅行社销售模式
★ 能正确理解旅行社销售的新趋势
★ 能描述旅行社销售的特点
★ 能准确区分影响旅行社销售的外部因素和内部因素

项目一 旅游销售入门

旅游销售业务是一门新型的应用学科,是市场营销学在旅游这个特殊专业的分支。在旅游业发达的美、日、西欧各国,旅游销售业务已成为旅游业高级管理人员的必修课程。要大力发展我国的旅游经济,提升我国旅游企业的竞争能力和发展能力,必须加强旅游销售业务的学习,并应用于实践。

本项目简要地介绍了旅游产品的概念和分类,说明了旅游销售的含义及其范围。本项目包含旅游销售业务的精要,是指导旅游销售业务的核心思想,后面项目所介绍的景区销售业务和旅行社销售业务是它的具体化,因此,我们必须深刻地理解和掌握本项目的相关概念。

【案例1-1-1】

乔家大院和电视剧《乔家大院》[①]

电视剧《乔家大院》作为2006年的开春大戏,它的热播引起了全国的"乔家大院热",天南地北的游客纷纷慕名而来,想看看晋商乔家的发祥地。乔家大院从2006年3月份开始,与去年同期相比,游客增长300%,达到4万多人,往年就是1万多人。

乔家大院是晋商乔家的院落,因房屋建筑雕刻精美而在晋中民居中具有突出的代表性,90年代初张艺谋著名电影《大红灯笼高高挂》在这里拍摄,很多人都是从这部电影中,知道了山西乔家大院,而电视剧《乔家大院》在央视的热播,更让这里的知名度大大增加,同时这里的游客倍增。

"想看看乔家大院到底什么样,这个建筑我觉得非常好",一位普通游客的心声从一个侧面反映了影视文化传播给景区营销带来的巨大影响力。

一部《乔家大院》使乔家大院旅游由淡转旺,游客倍增,门票大涨,甚至迎来了该地历史上的旅游高峰,旅游业与影视文化业的完美联姻所开辟出的市场犹如一块完美诱人的大蛋糕。

影视是一段奇妙的心灵旅行,而情境游可以让人们产生一种身临其境的难忘体验,为风景注入了人文情感和难以忘怀的记忆,这种体验营销才能为景区带来差异化的长久生命力,从而才能解决好"游客为什么要到景区来"这样一个旅游消费的根本问题。

宁夏镇北堡西部影视城,就是以贩卖荒凉而著称,在其拍摄过《红高粱》、《大话西游》、《红河谷》、《黄河绝恋》、《新龙门客栈》等片的拍摄现场,游客不仅可以参观,还可以穿上50多部影视剧曾经使用过的300多套服装,听从专业导演、摄像师的安排,亲自演一回影视剧的精彩片段,并剪辑录制成VCD盘,还能要求编辑把原版电影声音甚至镜头切入自己的录像中。通过影视现场的情景再现和亲自体验,完成游客的一种心灵旅游,带来了新的增值。

通过体验旅游的打造,就会逐渐形成一个融"旅游、餐饮、宾馆、影视、后电影产品开发"为一体的影视旅游产业链的整体发展。横店影视城、好莱坞环球影城和迪斯尼乐园,都是影视旅游产业链发展的成功典型。

晋商文化这个丰富的人文宝藏,为乔家大院和山西景区旅游品牌的成长孕育了丰厚的底蕴和生命力。晋商文化才是山西人文类景区的发展灵魂,如何围绕晋商文化进行深度旅

---

① 2006旅游营销经典案例(网址:http://wenku.baidu.com/view/0aa5032de2bd960590c6774c.html)。

游营销,进一步提升人文景区的文化价值和商业价值,是摆在山西乃至中国诸多人文景区面前的一个营销大课题。

思考

以上案例展示的旅游业与影视文化业的完美联姻,对你学习旅游销售业务有何启示?

任务一 认识旅游产品

一、任务描述

旅游销售业务是围绕着旅游产品展开的,因此,必须理解什么是旅游产品,能说明旅游产品的分类、旅游产品的周期以及旅游产品选择的策略。

二、任务分析

完成本任务的关键在于从供给者的角度去理解旅游产品的含义,查阅国家旅游局对旅游产品的分类的相关规定,以及旅游产品开发、设计和销售的困境等相关资料,进行分析、归纳、提炼和整理,形成知识系统。

三、相关知识

(一)旅游产品的定义

在旅游市场学中,旅游产品既有有形的内容,也有无形的服务,它是一个整体概念。

从需求者即旅游者的角度,旅游产品是指旅游者支付一定的金钱、时间和精力所获得满足其旅游欲望的经历。旅游者通过对旅游产品的购买和消费,获得心理上和精神上的满足。旅游者眼中的旅游产品,不单单是其在旅游过程中所购买的饭店的一个床位,飞机或火车的一个座位,或是一个旅游景点的参观游览,一次接送和陪同服务,等等,而是旅游者对所有这些方面的总体感受,是一次经历。

从供给者角度,旅游产品是指旅游经营者凭借一定的旅游资源和旅游设施,向旅游者提供的满足其在旅游过程中的综合需求的服务。通过旅游产品的生产与销售,旅游经营者达到营利的目的。这里,旅游产品最终表现为活劳动的消耗,即旅游服务的提供。

本书所讲的旅游产品主要是从供给者角度,即旅游服务提供者的角度来阐述的。旅游服务是与有一定使用价值的有形物结合在一起的服务,只有借助一定的资源、设施、设备,旅游服务才得以完成。供给者提供的旅游产品有广义和狭义之分。狭义的旅游产品是指旅游商品,是由物质生产部门所生产,由商业劳动者所销售的物品,它包括旅游者旅游期间购买的生活用品、纪念品等各种实物商品。这种旅游产品仅满足旅游者出外旅游时购物的需求。广义的旅游产品是指旅游企业经营者在旅游市场上销售的物质产品和活劳动提供的各种服务的总和。它又可分为整体旅游产品和单项旅游产品。整体旅游产品是满足旅游者旅游活动中全部需要的产品或服务,如一条旅游线路、一个专项旅游项目。单项旅游产品则指住宿产品、饮食产品及交通、游览娱乐等方面的产品或服务,整体旅游产品由单项旅游产品构成。① 本书的研究对象是广义的旅游产品。

(二)旅游产品的分类

旅游产品可以分为五种类型(国家旅游局,1999):

1. 观光旅游产品(自然风光、名胜古迹、城市风光等)
2. 度假旅游产品(海滨、山地、温泉、乡村、野营等)
3. 专项旅游产品(文化、商务、体育健身、业务等)
4. 生态旅游产品:生态旅游最初作为一种新的旅游形式出现,主旨是保护环境、回归自然,变革了以往的旅游发展模式。
5. 旅游安全产品:旅游保护用品,旅游意外保险产品,旅游防护用品,这些保障旅游者安全的工具产品。

如今的生态旅游无论从概念、方式、要求等方面都有很大的创新,成为旅游业可持续发展的核心理论。

(三)旅游产品的周期

1. 引入期。由于旅游产品尚未被消费者了解和接受,因此旅游者的购买很多是试探性的,几乎没有重复购买,导致销售量增长缓慢。并且为了使旅游者认识旅游产品,旅游企业又需要做大量广告和促销工作,使旅游产品的投入和销售费用较大,导致旅游企业往往利润极小,甚至亏损。
2. 成长期。由于前期旅游宣传促销的效果出现,旅游者对旅游产品逐渐熟悉,越来越多的人购买旅游产品,重复购买者也逐渐增多,使旅游产品在市场上开始有一定的知名度,旅游产品销售量迅速增加,销售额迅速增长,增长率在10%以上。
3. 成熟期。在这个阶段,由于很多的旅游产品进入市场,扩大了旅游者对旅游产品的选择范围,使旅游市场竞争十分激烈,加上一些新产品对原有旅游产品的替代性,使旅游产品差异化成为市场竞争的核心。但是销售额的增长幅度越来越小,一般在1%~10%之间。
4. 衰退期。是指旅游产品进入了更新换代的阶段,由于新的旅游产品已进入市场并逐步地替代老产品,除少数名牌旅游产品外大多数旅游产品销售量逐渐减少。这时,旅游企业若不迅速采取有效措施使旅游产品进入再成长期,以延长旅游产品的生命周期,则旅游产品将随着市场的激烈竞争以及销售额和利润额的持续下降而被迫退出旅游市场。

(四)旅游产品的选择②

旅游产品的选择,应同时使用波士顿矩阵和产品生命周期分析产品结构,能够帮助企业更好地认识产品特性,可以使企业制定更加全面、合理的销售策略。

---

① 谷慧敏. 旅游市场营销. 北京:旅游教育出版社,2006.
② 旅游产品的选择(网址:http://baike.baidu.com/view/48497.htm#refIndex_2_48497).

表 1-1-1-1　旅游产品的选择

营销策略	引入期	成长期	成熟期	衰退期
金牛产品	强化分销网络	大幅降低价格;强化分销网络;加快新产品推出速度;争取成为明星产品。	开发新的细分市场;扩展新的地区市场。	控制营销投入,最大限度获取利润;退出部分销售渠道。
明星产品	控制广告宣传的费用	及时降低价格,以市场份额为主要目标。	控制投入,追求效益最大化,可以牺牲一定市场份额。	严格控制投入;以利润为主要追求目标;退出部分销售渠道。
问题产品	强化分销网络;控制广告宣传的费用。	加大宣传力度;与主要竞争对手比,定价应该稍微偏低。	追求产品差别化和系列化,完善分销渠道。	严格控制营销投入;选择时机退出市场。
瘦狗产品	改进产品;强化分销网络;控制生产成本。	大幅降低价格;增加产品的技术含量和多样性。	推向市场	退出市场

四、任务准备

1. 准备相关书籍;
2. 配备电脑,进行网络查询;
3. 准备与旅游产品有关的图片。

五、任务实施

表 1-1-1-2　任务实施表

序号	实施步骤	实施内容	要求	备注
1	查找资料	通过书籍、网络等途径,寻找旅游产品的有关资料,细心阅读。	(1) 目标明确 (2) 思路清晰 (3) 资料来源可靠并且最好选择权威资料	(1) 注意书籍信息的实效性 (2) 注意网络资料的可靠性
2	内容归纳	归纳出旅游产品的含义、分类、周期以及旅游产品的选择策略。	归类合理	归纳有条理,具逻辑性。
3	整理完善	将归纳出来的旅游产品的含义、分类、周期进行整理和完善。可以将学生分成若干小组,分别描述本任务对旅游产品含义的界定,以及旅游产品的分类和周期。	(1) 准确定义旅游产品。 (2) 在理解旅行社旅游产品含义的基础上,正确说明旅游产品的分类、周期及其选择。	理解清楚,表达清晰。

续表

序号	实施步骤	实施内容	要求	备注
4	总结与分享	对任务实施过程、完成情况进行总结自评,并与他人分享。	(1)总结全面到位 (2)表达清晰流畅	每小组选代表发言

六、任务评价

表1-1-1-3 任务评价表(教师评价)

序号	评价内容	评价结果			
		优	良	合格	不合格
1	认真负责				
2	分工合理				
3	团队协作				
4	语言表达能力				
5	任务完成进度				
6	任务完成质量				
7	其他				

表1-1-1-4 任务评价表(自评)

序号	评价内容	评价结果			
		优	良	合格	不合格
1	认真负责				
2	分工合理				
3	团队协作				
4	语言表达能力				
5	任务完成进度				
6	任务完成质量				
7	其他				

七、问题及解决

表1-1-1-5 问题解决表

序号	问题	处理措施	预防措施	改进方法	备注
1					
2					
3					

八、拓展知识

【阅读材料1-1-1-1】

分析中国的旅游产品开发市场

如今,文化与旅游的结合催生出一个巨大的文化旅游市场,很多景区开始借助文化内涵提升旅游业的层次。相比较而言,作为文化与旅游结合的最直接载体,旅游纪念品却难以找到合适的定位,发展状况令人担忧。统计数据显示,旅游发达国家旅游纪念品销售额占旅游总收入比例超过30%,而我国仅占旅游总收入的5%。一个明显的事实是,国内旅游纪念品既无法满足市场需求,更难以让旅游者爱不释手,已成为制约国内文化旅游产业发展的"软肋"。

旅游产品开发市场存在如下几个问题:
1. 知识产权保护不足。
2. 缺乏有竞争力的品牌。
3. 质量低劣,文化内涵缺失。

任务二 认识旅游销售

一、任务描述

旅游销售是市场营销学的分支学科,是市场营销在旅游业的具体运用。旅游销售一般是指把旅游产品推销给消费者,是侧重于"旅游者的需求"而言的。认识旅游销售的内涵和特征是从事景区销售业务和旅行社销售业务的基础和前提。请说出旅游销售的内涵和特征。

二、任务分析

完成本任务的关键在于深入理解旅游销售的内涵,查阅相关书籍和旅游权威网站关于旅游销售方面的阐述,并将收集的资料进行分析、归纳、提炼和整理,形成知识系统。

三、相关知识

(一)旅游销售的内涵

旅游销售是指通过对旅游市场的调查、分析和预测,对旅游产品进行设计、包装和定价,推广和销售旅游产品,或是提供旅游服务。卖方通过附加值的提升发掘和扩大旅游产品或服务来满足旅游消费者的需求,这样的商业活动称为旅游销售。

从以上概念可知,旅游销售具有以下四个方面的含义:

1. 旅游销售的主体主要是各种旅游企业,如宾馆、饭店、旅行社和风景点等。
2. 所有的旅游企业或其他相关组织都有自身的营销目的,要实现其营销目的,就必须通过市场交换其旅游产品,以满足交换者的需要和欲望。
3. 旅游销售的旅游产品主要是服务产品,如导游服务、预订服务等,同时也有实物产品,如旅游纪念品。
4. 旅游销售是综合性、全方位的营销活动,涉及社会的方方面面。由于旅游产品是由食、住、行、游、购、娱六个要素组成的整体产品,因而,旅游销售活动会涉及餐饮、住宿、交通、娱乐、商业等行业。

(二)旅游销售策略

旅游销售策略的核心,是要达到包括产品、价格、广告、促销以及区位优势等要素在内的"最优组合",而非"最佳组合",亦即要突出优势和特色,如"区域优势"、"产品差异化"、"行销策略组合",等等。

成功的旅游产品销售人员,应成为一位行销专家,既需要掌握专业知识,也需要有高明的沟通技巧和善于倾听的能力,甚至要有相当的幽默感,能审时度势引发消费者的旅游欲望,挖掘出客户潜在的需求,得到消费者的认同,引发其购买行为。

(三)旅游销售的特征

1. 需求导向

旅游企业的一切经营活动都必须以旅游者的需求作为出发点和归宿。首先,旅游企业内部管理必须以了解顾客的需求为基础,在旅游产品设计、服务的提供和价格的制定上都必须以顾客的满意为前提;其次,旅游企业要把旅游消费者导向观念落实到旅游企业内部的每一个部门和每一个人,旅游企业的一切经营行为都要以满足旅游者的需求为目标。

2. 战略导向

旅游企业必须重视旅游者需求的长期满足,只有这样,才能够得到旅游消费者的认同,才能有利于旅游企业长远的发展。因此,经营管理旅游企业必须秉持正确的市场观念,要首先考虑社会效益,制定出有利于社会和旅游企业长期发展的战略,并加以实施。

四、任务准备

1. 准备相关书籍;

2. 配备电脑，进行网络查询；
3. 准备与旅游销售有关的图片和视频资料。

五、任务实施

表1-1-2-1 任务实施表

序号	实施步骤	实施内容	要求	备注
1	查找资料	通过书籍、网络等途径，寻找与旅游销售有关的资料，细心阅读。	(1) 目标明确 (2) 思路清晰 (3) 资料来源可靠并且最好选择权威资料	(1) 注意书籍信息的实效性 (2) 注意网络资料的可靠性
2	内容归纳	归纳出旅游销售的内涵、特征和策略。	归类合理	归纳要有条理，具逻辑性。
3	整理完善	将归纳出来的旅游销售的内涵、特征和策略进行整理和完善。可以将学生分成若干小组，分别描述本任务对旅游销售内涵的界定以及其特征和策略。	(1) 准确理解旅游销售。 (2) 在理解旅游销售内涵的基础上，正确说明旅游销售的特征和策略。	要理解清楚，表达清晰。
4	总结与分享	对任务实施过程、完成情况进行总结自评，并与他人分享。	(1) 总结全面到位 (2) 表达清晰流畅	每小组选代表发言

六、任务评价

表1-1-2-2 任务评价表（教师评价）

序号	评价内容	评价结果			
		优	良	合格	不合格
1	认真负责				
2	分工合理				
3	团队协作				
4	语言表达能力				
5	任务完成进度				
6	任务完成质量				
7	其他				

表1-1-2-3 任务评价表(自评)

序号	评价内容	评价结果			
		优	良	合格	不合格
1	认真负责				
2	分工合理				
3	团队协作				
4	语言表达能力				
5	任务完成进度				
6	任务完成质量				
7	其他				

七、问题及解决

表1-1-2-4 问题解决表

序号	问题	处理措施	预防措施	改进方法	备注
1					
2					
3					

八、拓展知识

【阅读材料1-1-2-1】

旅游销售的真谛

任何旅游产品及服务都是提供给旅游消费者使其真正获益和满足的工具或艺术。愉悦身心是旅游消费者最大的目的。所以旅游从业人员必须牢记,能满足旅游者圆他们的"绮丽之梦",使他们体验愉快的行程和感受,是最重要的。

"承诺"和"兑现"是旅游从业人员给旅游消费者最大的说服力,也是最基本的职业道德。

对于从事旅游业销售的人员来说,旅游销售的"真谛"可以归结为:

1."旅游销售"是能够有益人生和快速实现经济独立的工作。

2."旅游销售"是充满乐趣和挑战的工作。

3."旅游销售"是一种自由和高度自主的工作。

4. "旅游销售"是一种能够帮助别人和让人快乐的工作。

【阅读材料1-1-2-2】

旅游销售的发展前景

人类进入21世纪,面对日益严重的资源耗竭和环境污染问题,将更加重视绿色消费。消费观念的"绿色"趋向,对企业的传统营销方式提出了严峻的挑战。消费者日益增强的绿色意识使他们愿意以较高的价格购买绿色产品,而抵制普通产品。据调查显示,75%以上的美国消费者以环境保护者自居,愿意为无污染产品及能再循环使用的包装多付钱;67%的荷兰人、80%的德国人在购物时考虑环境问题;40%的欧洲人愿意购买绿色食品,而且这部分消费的比例日益扩大。而对消费者的绿色意识流,企业及企业家们不得不转变观念,开展以产品对环境的影响为中心的绿色营销策略,以适应消费者需要。

生态旅游在设计符合绿色化要求的旅游产品时,应遵循生态原则,建立旅游地的绿色形象,确立合适的旅游产品等。

旅游产品的设计总是以满足不同层面的"人"的需求为目的,鉴于此,生态旅游产品设计应遵循的原则是:尽量保证旅游地生态环境不受破坏;满足旅游者求知、好奇的欲望,体现教育性;满足旅游者健康、益智的需要;突出参与性、体验性,满足旅游者"自我实现"的需求;强调小规模、多批次、专业性、小尺度;尽可能让旅游地居民受益。

项目二 景区销售基本知识

【案例导入】

统一嘉园为何衰落?[①]

2012年"十一"黄金周,无锡旅游异常火爆。除了大家熟知的传统景区,更有千年崇安古寺、蠡湖中央公园、马山欧洲嘉年华以及薛福成故居、东林书院、钱钟书故居等新景点,一齐赚足游客眼球。1日至7日,全市接待旅游者达到210万人次,旅游总收入13.27亿元,同比分别增长23%和30%;日均旅游收入近2个亿,创出历史新高。

然而,就在城市旅游一片繁荣之际,开业不到四年的无锡统一嘉园景区,却在两个月前因资不抵债、经营难以为继而破产倒闭了。

该景区坐落于太湖之滨,跟央视无锡影视基地隔水相望,相距不过数百米之遥。景区依山傍水,气势恢宏。山顶上,高16.8米、耗费80多吨青铜建造的中华统一坛,庄严雄伟;山脚下,由六桥六亭二坊一树组成的千米"缘廊",曲回绵延直至湖心,如金龙戏水。

---

① 景区营销案例分析:统一嘉园为何衰落?(网址:http://www.doc88.com/p-785379785995.html)。

思考

这样一个占据了极佳山水资源的主题景区,在城市旅游环境日趋改善的今天,为什么会经营失败呢?

任务一 认识景区销售

一、任务描述

旅游景区是我国旅游业发展重要的生产力要素,是旅游吸引力的根本来源,也是旅游创汇创收的重要方面。旅游景区的销售是一个复杂的过程,它遵循市场销售的一般原则和程序,同时又具有自己的内容和特点。请说出景区销售的含义、现状及其重要性。

二、任务分析

完成本任务的关键在于通过阅读《风景名胜区管理暂行条例》、《中华人民共和国自然保护区条例》及相关行业规定,了解相关的法律、法规对旅游景区的要求,并查阅景区销售的现状、景区销售的重要性等相关资料,进行分析、归纳、提炼和整理,形成知识系统。

三、相关知识

(一)景区销售的含义

景区销售是指旅游景区企业综合应用各种有效的市场经营手段,把景区的产品和服务销售给旅游消费者,以使目标游客的需求得到满足的经济活动和动态管理过程。[1]

景区的市场营销活动包括从营销环境分析、市场调查和预测入手,通过市场细分,来确定目标市场,设计营销战略,做好营销方案的策划,继而进行营销活动的组织、实施与控制和评价这样一个完整的流程。

景区销售是旅游景区为满足旅游者需要,并为实现自身经营和发展目标,构建景区产品与旅游市场的联通渠道,通过旅游市场实现景区产品交换所进行的一系列有组织、有计划的社会和管理活动。

(二)旅游景区销售的实质

景区销售的实质是满足游客的需求。所谓需求是指人们在有购买能力的情况下购买某个具体产品的欲望。人的欲望很多,但其需求有限,只有当他具有购买能力时,其欲望才能转化为需求。景区销售所要做的就是影响游客的欲望,通过说明特定景区产品和服务的价值来促使游客产生前往景区的愿望,并通过增强景区的产品和服务的吸引力,来影响游客对特定景区的产品的需求。

---

[1] 禹贡,胡丽芳.旅游景区景点营销.北京:旅游教育出版社,2006:12.

景区销售的目标并不是满足任何游客的需求。由于游客的个性、偏好不同,旅游市场基本都属于集群偏好型的异质市场,景区销售是对适合景区的异质市场的发现和判断。

景区销售是对游客需求的引导。人们的旅游偏好倾向容易受周围人群的影响,从而形成趣味相投的游客集群。集群与集群之间还会发生相互影响,在一定地域范围内形成旅游消费时尚。景区销售在一定的地域范围内寻找游客群体,并引导游客需求,形成有利于景区销售的旅游消费时尚与观念。

游客的普遍性需求和个性化需求的增长拓展了旅游景区销售的空间。景区应开展多种经营,全方位满足目标顾客的需要,提升景区服务档次和拓展服务内容。

(三)景区销售现状

随着我国旅游业的发展,旅游景区的数目也在不断增加。截至2012年10月31日,我国有国家级风景名胜区225个;2013年6月27日,第37届世界遗产大会在柬埔寨召开,中国共有45项文化和自然遗产被列入《世界自然遗产名录》,位居世界第二。旅游景点在我国旅游业发展中起着重要作用,有些还成为地方经济的支柱。在竞争日益激烈的市场环境下,我国旅游景区的销售工作还存在着以下几方面的缺陷。

1. 旅游景区市场营销观念淡薄

我国旅游景区发展历史不长,旅游景区的销售还处于起步阶段,旅游景区的管理者没有明确的市场销售意识,其市场观念还停留在生产观念的阶段,认为只要开发好旅游景区的旅游产品,依靠旅游景区的独特旅游资源,就可以达到"酒香不怕巷子深"的效果,可以不断吸引旅游者的到来。这种落后的营销观念导致多数旅游景区在进行了旅游规划和开发后难以为继。

2. 旅游景区缺乏全面的销售管理

在政府主导型旅游发展模式指导下,旅游景区的营销往往与政府管理部门组织的旅游目的地营销、旅游企业实施运作的旅游产品营销结合在一起。通常著名的旅游景区的存在会促进整个旅游目的地的发展,因此,旅游目的地营销会围绕着旅游景区进行。而旅游景区是旅游产品中重要组成部分,旅行社在组织和宣传旅游产品的过程中也会加强对旅游景区的宣传促销。这种营销模式就使得部分旅游景区产生了依赖思想,把配合旅游目的地和其他旅游企业的营销活动当做是旅游景区营销,缺少了对营销活动的分析、计划、执行、控制的全面管理过程。

3. 旅游景区营销手段单一

目前的旅游景区营销往往依靠宣传促销或者价格策略等单一的营销手段,宣传促销也仅仅是推介会、旅游交易会或博览会等形式,而且广告也仅限于风景特色的宣传,缺乏新颖的创意,没有摆脱"风景照+广告"的宣传模式。在营销组合策略上,使用传统的营销组合策略,这种策略的易模仿性使其很快就失去了竞争力。

4. 不注重培养顾客忠诚

目前,多数旅游景区奉行传统营销观念,以旅游景区为出发点,以交易为核心,运用4P's理论开展旅游景区的市场营销工作。除此之外,旅游景区认为很多旅游者出游的动机是求新、求异、满足好奇心,旅游产品是一种顾客忠诚度相对较低的产品,它不同于一般的日常用品,顾客可以多次重复购买。因此,一般情况下,旅游者愿意去那些对他们来说有新鲜感的旅游景区,而不愿多次重复去一个旅游景区,尤其当观光旅游占据主导地位,游客更倾向于到新的旅游景区。也正因为如此,很多旅游景区缺乏关系营销的观念,甚至把旅游者当成一次性消费的对象,认为在游客关系维持方面进行营销投入是一种浪费。

5. 旅游营销中针对性不强,营销成本和收益不成正比

进行营销活动之前,几乎所有的景区景点都能明确自己的目标市场和营销活动的目标受众。而一旦进行营销宣传,很多的景区景点却无视自己的目标市场和目标顾客,其营销活动往往是铺天盖地式的全民宣传,投入的营销费用不少,但其宣传信息却无法顺畅地传递给目标顾客,营销投入和产出之间的比例不协调。

6. 旅游景区的开发层次不高

旅游活动是一种休闲娱乐活动,它是人们生活水平达到一定高度的产物,是一种高层次文化消费。世界旅游组织的《世界旅游报告》指出在21世纪,旅游市场对文化的需求不断增强,文化旅游正以每年10% ~20%的速度增长,现代旅游已从传统的观光旅游向文化旅游层次发展。但我国众多的旅游景点都出现了高水平的旅游资源和低水平的文化开发并存的现象,特别是风景名胜区和都市旅游普遍都存在景点开发缺乏文化内涵、开发层次无法满足顾客文化需求的问题。

虽然存在明显的不足,但景区销售已经开始受到重视,并取得了一定的成绩。许多景区建立了市场销售部或类似的部门,部分景区还聘请了销售顾问,将景区的销售计划活动开展得有声有色,销售业绩很好。

(四)景区销售管理的重要性

近年来,中国旅游业呈现良好的发展态势。旅游业是当今世界最大的产业,也是充满生机活力的新兴产业,以其强劲的需求、快速的增长、广阔的前景,被誉为朝阳产业。以友好的环境态度和人本经济为特征的旅游产业,整合着"食、住、行、游、购、娱"各个要素与环节。在这个整合的过程中,旅游景区居于核心地位,成为旅游产品的价值源、旅游消费的动力源、旅游产业的增长源。随着国内旅游基础设施的不断完善,旅游景区在产业发展中的核心地位和作用将进一步凸显出来。

对于旅游景区而言,旅游基础设施和接待设施建设已不是唯一重要的因素,旅游景区销售越来越成为关于景区发展成败的决定性因素之一。景区销售是市场经济条件下的一种理性思考和必然选择。

近年来我国各地发展旅游业的热情很高,有些地方甚至将之作为发展地方经济的龙头。地方旅游业的发展使旅游景区的供给能力大大增加,从而使游客的多元化选择成为可能。与此相应,每个景区都必须更加努力才可能维持其游客数量。一方面,旅游景区要与同一地区内的景区竞争;另一方面,旅游景区也要与周边地区的景区竞争。因此,旅游景区的经营者在关心竞争的同时,必须认真研究销售对策。

景区作为旅游系统中最重要的组成部分,是激发旅游动机的主要因素,是旅游产品的核

心。没有景区,其他的旅游服务也就失去了存在的意义。没有景区的旅游事实上是不存在的,因此对景区营销的研究不仅有利于景区自身的发展,也有利于相关的旅游服务业以及旅游目的地经济的发展。

随着社会进步和旅游业的不断发展,旅游者的旅游经历增多,对景区的要求也会越来越高。如何在旅游之前通过各种渠道了解更多的景区信息,改变信息不对称现状成为旅游者非常关注的问题。景区有必要通过销售工作的展开,加强与游客之间的信息交流,通过与游客之间的沟通,掌握市场需求的变化,更好地服务市场和发展企业。

此外,新技术的发展使得景区全方位销售工作的开展成为可能,如网络交流平台的构建,逐渐改变了景区与游客信息交流的闭塞不畅,从而促使旅游景区的销售手段走向多样化。

四、任务准备

1. 准备相关书籍;
2. 配备电脑,进行网络查询;
3. 准备与旅游景区销售有关的图片。

五、任务实施

表 1-2-1-1　任务实施表

序号	实施步骤	实施内容	要求	备注
1	查找资料	通过书籍、网络等途径,寻找与旅游景区销售有关的资料,细心阅读。	(1)目标明确 (2)思路清晰 (3)资料来源可靠并且最好选择权威资料	(1)注意书籍信息的实效性 (2)注意网络资料的可靠性
2	内容归纳	归纳出景区销售的含义、实质、现状以及重要性。	归类合理	归纳要有条理,具逻辑性。
3	整理完善	将归纳出来的景区销售的含义、实质、现状以及重要性进行整理和完善。可以将学生分成若干小组,分别描述本任务对景区销售含义的界定,以及景区销售的实质、现状及重要性。	(1)准确定义景区销售。 (2)在理解景区销售含义的基础上,正确说明景区销售的实质、现状和重要性。	要理解清楚,表达清晰。
4	总结与分享	对任务实施过程、完成情况进行总结自评,并与他人分享。	(1)总结全面到位 (2)表达清晰流畅	每小组选代表发言

六、任务评价

表1-2-1-2 任务评价表(教师评价)

序号	评价内容	评价结果			
		优	良	合格	不合格
1	认真负责				
2	分工合理				
3	团队协作				
4	语言表达能力				
5	任务完成进度				
6	任务完成质量				
7	其他				

表1-2-1-3 任务评价表(自评)

序号	评价内容	评价结果			
		优	良	合格	不合格
1	认真负责				
2	分工合理				
3	团队协作				
4	语言表达能力				
5	任务完成进度				
6	任务完成质量				
7	其他				

七、问题及解决

表1-2-1-4 问题解决表

序号	问题	处理措施	预防措施	改进方法	备注
1					
2					
3					

八、拓展知识

【阅读材料1-2-1-1】

2010年5A风景区旅游收入排行榜[①]

名次	景区	接待游客总人数（万人次）	同比增长	旅游总收入（亿元）	同比增长	省份
1	武夷山	635	9.4%	106.6	11.98%	福建
2	张家界武陵源	1524	25.99%	56.2	17.56%	湖南
3	青城山—都江堰	1150	20%	50.5	21%	四川
4	千岛湖	974.28	17.8%	45.4	19.2%	浙江
5	九华山	400	29%	39	25.8%	安徽
6	井冈山	453.61	10.1%	33.24	12.1%	江西
7	黄果树大瀑布	511	10%	30	10%	贵州
8	衡山	420.23	20%	27.75	20%	湖南
9	普陀山	478.42	26.40%	26.81	24.75%	浙江
10	五台山	321.4	34.45%	21.836	0.28%	山西
11	峨眉山—乐山大佛	500.36	312.35%	18.5	35.04%	四川
12	黄山	251.83	6.88%	16.52	14.72%	安徽
13	长白山	200	17.3%	6	23.4%	吉林
14	云台山	391.23	20%	2.95	18%	河南

【阅读材料1-2-1-2】

中国高铁旅游时代来临[②]

2013年3月29日，湖南省旅游局携长沙、株洲、岳阳、衡阳、郴州、张家界等高铁沿线市州旅游局、旅游景区、旅行社、酒店代表来到石家庄，向河北旅游市场推介湖南经典游、长沙休闲游、湘楚文化游、名人故里游、湘南山水游、寻根祈福游、湘菜美食游等"好美、好奇、好玩"高铁旅游产品。

---

① 2010年5A风景区旅游收入排行榜(人民网：http://travel.people.com.cn/GB/13950076.html)。
② 中国高铁旅游时代来临(乐活中国-中国网 http://lohas.china.com.cn/2013-03/29/content_5839392.htm)。

湖南省与河北省都是旅游资源大省,两地旅游具有较大的差异性和较强的互补性,高铁旅游成为湘冀两省旅游合作的重要主题。去年12月26日开通的京广高铁,纵贯河北、湖南等7个省市,有效连接了京津冀经济带、环渤海经济圈、中原城市群、武汉城市圈、长株潭城市圈、珠三角经济圈等区域,未来还将连接港澳地区。京广高铁为河北、湖南两省提供了巨大的旅游客源市场,湖南省旅游局局长杨光荣说,湖南将不断加强与京广高铁沿线重要省份河北的高铁旅游合作,共同打造高铁旅游产品,不断提升高铁旅游服务品质,大力推进高铁旅游配套建设。

湖南本次向河北旅游市场推出的"三好"旅游产品,包括:锦绣湘江——好美,突出湖南的山水风光,以独一无二的张家界、地质奇观崀山、五岳独秀衡山,以及湘江美景、八百里洞庭湖等为代表,对河北游客极具吸引力;人文潇湘——好奇,寻根探源的始祖文化、书香沁人的书院文化、伟人故里的红色文化、风情各异的民族文化,无论是岳麓书院、韶山,还是凤凰古镇、洪江古商城……都令人心生向往;快乐潇湘——好玩,娱乐之都长沙,"快乐大本营"、"天天向上"火爆全国,足浴、温泉、歌厅、看烟花、看表演,再来一桌地道的湘菜,快乐就是这么简单!

任务二 景区销售的特征

一、任务描述

旅游景区销售是旅游景区经营管理的重要组成部分,在某种程度上决定着旅游景区经营的成败。旅游景区的销售致力于观察需求变化趋势,以便更好地满足游客的需求,帮助游客形成对旅游景区的良好印象,进而提高景区的市场竞争力。请说出景区销售的一般特点和景区销售的新特征。

二、任务分析

完成本任务的关键在于通过阅读《旅游资源管理法律制度》等相关行业规定,了解相关的法律、法规对旅游景区的要求,并查阅景区销售的一般特征、当代社会发展的新形势对景区销售的影响等相关资料,进行分析、归纳、提炼和整理,形成知识系统。

三、相关知识

(一)景区销售的一般特点

1. 基于"口口相传"的景区形象

景区产品的无形性决定了潜在游客在购买旅游产品时都倾向于向亲朋好友咨询,所以必须注重提高游客出游后的满意度。只有很高的出游满意度,才能有好的口碑宣传效果,这样才有利于景区的销售宣传。

2. 景区产品的共享使用权和暂时使用权

不同于其他产品,旅游产品对游客只能提供暂时性的产品使用权,而且是以共享的方式提供给游客。由此导致不同目标市场的需求有发生冲突的可能性。鉴于此,在做景区销售时,工作的重点在于综合考虑目标市场的特征后,根据各自的需求采取不同的销售方案。不同的销售方案可和缓或解决不同目标市场需求之间的冲突问题。

3. 游客和员工都是销售的重要组成部分

景区的特点之一就是,游客是生产过程的一部分,而员工也是产品的一部分。游客是服务的对象,服务过程就是产品的生产过程,他们的态度和行为,不仅会影响自己的经历,也会影响其他游客的经历;而员工直接参与产品的生产和销售,员工直接和游客接触,他们的态度和行为会直接影响到游客是否喜欢该产品。因此,游客和员工都是销售的重要组成部分。

4. 易受时尚的影响

旅游景区易受大环境的影响特别是社会中时尚的影响。随着旅游业不断扩大,更多的旅游资源已经或正在开发,同时许多不知名的旅游景点却在影视剧的引导下受到了前所未有的关注,吸引着大量的游客。一部热播的影视作品往往可以带旺一个旅游点。例如:30多年前,一部电影《少林寺》使这个武林圣地名满天下,游客接踵而至,至今仍历久不衰。这是影视文化成功带动旅游业发展的典型个案之一。2008年,一部火爆荧屏的电视剧《闯关东》播出后,其拍摄基地——位于黑龙江南岸的锦河农场便成为人们选择的旅游胜地。仅2009年春节期间,来这里的游客就达到两万人次。景区如果能抓住机遇不断推销自己,就可以达到事半功倍的效果。2014年的大年初一,电影版《爸爸去哪儿》全国火热上映后,为其拍摄基地广州长隆野生动物世界带来了巨大的影响。

5. 可进入性的影响

交通工具便捷、可进入性强是景区成功的关键之一,恰当的路标和宣传产品都是旅游景区营销的重要工具。

6. 淡旺季的影响

景区营销常常是设法刺激"淡季"的需求,提高淡季时的使用率。由于旅游产品具有"不可储存性",淡旺季、团队与散客可以实行差价以实现经济效益的最大化。最后一刻打折出售,以确保能有一定的收入,因为产品一旦过时将失去其价值。但是,价格对供求关系的影响并不都很大。

7. 固定成本高,可变成本低

景区的固定成本一般都很高,旺季游客数量的剧增并不会大量增加成本;而当游客的数量锐减时,也不能大量地减少成本。这一规律对景区销售,特别是定价和促销策略的制定有基本指导作用。

8. 景区属性的差异化

激烈的竞争要求景区营销时突出自身的差异性,进行差异化营销以突出自己独特的形象。各景区的营销目的有很大的差别,这主要取决于景区的属性。私营景区通常是追求利润和市场份额,扩大产品的销售量或取得满意的投资回报率。国有景区的目的主要不是利润,其目的很广泛,包括为社区提供更多的休闲娱乐机会、鼓励贫困人口的参与等。不同属性决定了不同景区在销售力度和销售对象上的差异。

9. 景区销售主体的多元化

景区营销不仅是自己推销自己,还包括他人对自己的推销。比如,旅游经销商在其宣传册中利用景点鼓励人们外出度假;政府对国内主要景点做宣传销售,以鼓励外国人前往游览;地方政府和旅游管理部门将景区营销作为旅游目的地销售的主要内容。因此,景区销售要突出其独特性和地方性,使之成为区域旅游的代表景区,借势于相关营销主体扩大影响,使营销工作卓有成效。

10. 销售策略与资源保护的矛盾

旅游资源是旅游景区发展旅游的基础,许多旅游资源是不可再生的。所以旅游景区销售不仅要考虑旅游者的需求,而且要考虑旅游资源保护,要将市场需求与旅游资源保护结合起来,使市场销售运行与环境保护得到协调统一发展。

(二)景区销售的新特征

1. 联盟营销——团购的力量

联盟营销(Affiliate Marketing),通常是指网络联盟营销,也称联属网络营销,是一种按营销效果付费的网络营销方式,即商家(又称广告主,在网上销售或宣传自己产品和服务的厂商)利用专业联盟营销机构(如百通联盟平台)提供的网站联盟服务拓展其线上及线下业务,扩大销售空间和销售渠道,并按照营销实际效果支付费用的新型网络营销模式。

商家通过联盟营销渠道产生了一定收益后,才需要向联盟营销机构及其联盟会员支付佣金。由于是无收益无支出、有收益才有支出的量化营销,因此联盟营销已被公认为是最有效的低成本、零风险的网络营销模式,在北美、欧洲及亚洲等地区深受欢迎。

"旅游联盟"于2001年成立,联合广大的旅游景区、旅行社、旅游从业人员、旅游院校等,共建国内大型的旅游电子商务平台及旅游资源中心。目前业务网络及资源库已基本建成,并服务于广大企业及个人。同时,打造国内最专业、最大的旅游同行交易服务平台及资源网络,网址是 www.TourUnion.com。

2. 网络销售——全方位开展景区销售

随着网络与电子商务的迅速发展,旅游业市场竞争日益激烈和营销策略的多样化,旅游业也积极改变陈旧观念,跻身于网络销售的大潮之中。旅游业网络销售是利用电子网络这一载体进行的销售活动,是利用互联网,对旅游市场进行更有效的细分和目标定位,对分销渠道、产品的定价、服务和产品理念进行更为有效的规划和实施,达成旅游者与旅游产品销售者之间的交易。

旅游业发展网络销售具有产品和网络两大优势:一是旅游产品是一种特殊的服务产品,具有生产消费同步、远距离异地消费、消费者无法对产品预先感知等特性,成为最宜于网上查询、浏览、购买的产品类型之一;二是网络拥有丰富信息源和传递速度快、覆盖面广、自主性强、反应及时、营运方式更合理等优势,可以有效地降低产品生产、营销、销售成本,节约顾客精力、时间、资金成本。由此可知大力发展网络营销是旅游市场营销模式发展的必然趋势之一,尤其是在我国申奥成功后,奥运带来的巨大市场为旅游网络营销带来一个难得的机遇。

2008年11月底，有一组统计数据显示：中国网站总数已达到210万个，博客空间超过1亿，网民数量达到2.9亿，首次超过美国，排名世界第一。从这些数据中我们可以料想：如果充分利用好网络这个媒体，其传播的潜力是多么的强大，令人难以估量。在国外，60%的休闲旅游及40%的商业旅游都是通过线上预订的。而在国内，这个比例平均只有5%。麦肯锡预计，到2015年，接近40%的旅游销售将在网上完成。

3. 内涵品牌销售——深度挖掘旅游文化

现代企业越来越重视品牌的建设，以品牌为核心进行销售也成为现代企业竞争的核心。品牌销售是指企业通过利用消费者的品牌需求，创造品牌价值，最终形成品牌效益的销售策略和过程。

游客在购买景区产品之前无法体验或试用产品，游客对景区的全面了解要等到旅游活动结束之后。因此，景区销售是建立在形象和信息的基础上的。游客满意程度，对景区"回头率"的作用或许不大，但他们的"口碑推荐"对景区获得新的客源意义重大。景区吸引游客的最基本因素是景区的品质。国内游客对景区的选择往往集中在知名度、美誉度高的景区，而这种冷热线效应又很容易因为游客的从众心理而扩大。因此，景区销售要走品牌发展道路，景区品牌战略的核心在于提高景区本体的质量。创建名牌景区虽然需要较大的投入，但也意味着较高的回报。景区一旦有了知名度和美誉度，对游客的吸引力将会越来越大，获得的营业收入也将越来越多。目前，国内景区的收入主要靠门票，按优质优价原则，品牌景区标价大大高于一般景点，游客数量多，门票收益大，营业额就会提高。此外，景区一旦成为名牌，就会成为国内、国际旅游的宣传热点和销售热点，旅行社往往主动组装线路，大大降低了客源招徕及客户合作中的"确认成本"。

比如，河南开封的清明上河园主题公园，是宋代著名画家张择端《清明上河图》的再现，这个主题公园正是因为很好地挖掘了历史文化的内涵，在全国主题公园旅游处于低谷的情况下，却能以年均效益1500万元以上的规模发展。同时，要注意"深度"挖掘是一个循序渐进的过程，又是一个需要不断融入创新因素的过程，不是一成不变的对原有基础的延续。此外，在深度挖掘旅游文化内涵的基础上开发设计的旅游产品要走品牌化道路，要塑造和传播品牌形象，这是品牌营销的主要任务。依据我国旅游文化，策划具有中国特色的品牌形象，赋予旅游产品品牌强大的生命力，然后根据成功地塑造品牌目标形象的要求、目标市场状况以及自身的综合条件等各种因素，科学、合理地选择和组合传播的方式，所选择和组合的传播方式要能够全面、准确、直观地表现出品牌的目标形象特点来，同时也要充分考虑到企业自身经济条件，要注意对投入与产出效益的研究，尽量花最少的钱而取得最好的效果。

四、任务准备

1. 准备相关书籍；
2. 配备电脑，进行网络查询；
3. 准备与旅游景区销售的特征有关的图片。

五、任务实施

表1-2-2-1 任务实施表

序号	实施步骤	实施内容	要求	备注
1	查找资料	通过书籍、网络等途径，寻找与景区销售特征有关的资料，细心阅读。	(1) 目标明确 (2) 思路清晰 (3) 资料来源可靠并且最好选择权威资料	(1) 注意书籍信息的实效性 (2) 注意网络资料的可靠性
2	内容归纳	归纳出景区销售的一般特征及新特征。	归类合理	归纳要有条理，具逻辑性。
3	整理完善	将归纳出来的景区销售一般特征及新特征进行整理和完善。可以将学生分成若干小组，分别描述本任务中介绍的景区销售一般特征及新特征。	(1) 准确理解景区销售的一般特征和新特征。 (2) 在理解景区销售一般特征的基础上，正确说明景区销售的新特征。	要理解清楚，表达清晰。
4	总结与分享	对任务实施过程、完成情况进行总结自评，并与他人分享。	(1) 总结全面到位 (2) 表达清晰流畅	每小组选代表发言

六、任务评价

表1-2-2-2 任务评价表（教师评价）

序号	评价内容	评价结果			
		优	良	合格	不合格
1	认真负责				
2	分工合理				
3	团队协作				
4	语言表达能力				
5	任务完成进度				
6	任务完成质量				
7	其他				

表1-2-2-3 任务评价表(自评)

序号	评价内容	评价结果			
		优	良	合格	不合格
1	认真负责				
2	分工合理				
3	团队协作				
4	语言表达能力				
5	任务完成进度				
6	任务完成质量				
7	其他				

七、问题及解决

表1-2-2-4 问题解决表

序号	问题	处理措施	预防措施	改进方法	备注
1					
2					
3					

八、拓展知识

【阅读材料1-2-2-1】

台"观光局"锁定大陆5亿网民 开启网络营销宣传台湾[①]

据台湾省今日新闻网报道,台"观光局"积极经营网络平台,并与大陆网站进行合作锁定大陆5亿网民,透过网络让大陆的网民了解台湾各地好吃、好玩的最新旅游讯息。

台"观光局"2013年8月12日指出,上海办事处自去年11月成立以来,以多元方式积极推动大陆旅客来台,费时8个月,成功联合台湾各县市与大陆最大在线旅游网站携程旅行网(CTRIP)共建旅游信息平台,作为台湾各县市于大陆地区认证的第2官网,未来台湾各县市及其产业可随时更新其旅游信息并透过微博账号与大陆网友互动,直击广大的大陆旅游消

---

① 台"观光局"锁定大陆5亿网民 开启网络营销宣传台湾. 中国新闻网(网址:http://www.chinanews.com/tw/2013/08-13/5154960.shtml).

费市场,开启网络营销拓展大陆观光市场的新里程。

台"观光局"指出,自2008年开放大陆居民来台旅游,大陆赴台游客由之前的每日300人增加到今年每日5000人,5年来已有超过859万人次大陆居民到台湾旅游(累积至6月底止),两岸的交流已由量变提升至质变。根据大陆网站资料显示,来台自由行签证中有80%通过网际网络的通路办理,所以网络已成为推广旅游新兴及强势的宣传通路,台湾观光游在大陆推广自由行,更强化与大陆网络业合作。

台"观光局"表示,已积极与大陆各大网络搜索引擎、购物网站、社群网站、旅游网站、网络银行、百货商场等在线宣传平台多面向合作,吸引大陆游客来台各地自由行,让大陆的游客真实感受最深度、最真实的台湾。

【阅读材料1-2-2-2】

长隆打造旅游生态城[①]

2013年8月6日,长隆集团宣布将在现有广州长隆的"版图"上,斥巨资打造一个全新的集旅游、商业、休闲和居住于一身的中国首个世界级超大型旅游生态城市综合体。

据悉,旅游生态城新增投资超过200亿元,会新建三个新的主题乐园及亚洲地区最具旅游及生态特色、超百万平方米的超级购物中心等项目。

另据悉,长隆生态旅游城由世界顶级的专业设计公司加拿大Forrec公司整体规划设计。三个新的主题乐园包括:野生动物散养公园、室内水上乐园、室内主题乐园,主题公园的数量将达到八个,继续保持在亚洲和全国的领先地位。相关负责人表示,长隆旅游生态城每年吸引游客将超过2000万人次,带来综合经济效益超过400亿人民币,带动相关产业就业10多万人次。

任务三 景区销售的影响因素

一、任务描述

就旅游景区发展而言,旅游基础设施和接待设施建设已不是唯一重要的因素,旅游景区销售越来越成为关乎旅游景区发展成败的决定性因素之一。因此,弄清楚景区销售的影响因素刻不容缓。要求学生了解影响景区销售的外部因素和内部因素。

二、任务分析

完成本任务的关键在于通过阅读《风景名胜区管理条例》、《自然保护区条例》和《文物保护法》的相关行业规定,了解相关的法律、法规对旅游景区的要求,并查阅景区销售的影响因素的相关资料,进行分析、归纳、提炼和整理,形成知识系统。

---

① 长隆打造旅游生态城.中新网(网址:http://www.chinanews.com/df/2013/08-06/5130653.shtml)。

三、相关知识

（一）影响景区销售的外部因素

1. 消费者需求多样且多变

消费者对景区产品和服务的需求复杂多样，而且是经常变化的。因此，旅游景区必须注意研究消费者市场需求，并预测其变化趋势，不断开发新项目，提高景区的应变能力与竞争能力。例如：露营休闲旅游产业的发展使开着房车出游成为一种旅游时尚标志，随之而来的是相关房车旅游论坛、房车露营旅游网的建立等一系列服务的开展。

2. 科学技术的广泛应用

现代科技的快速发展给人们的需求带来更新更大的空间，也给旅游景区创造了更先进的营销管理手段和服务手段。

3. 市场竞争的日趋激烈

竞争是影响景区营销的重要因素之一。景区在经营过程中会面临众多竞争者，不同的竞争形势会对景区营销产生不同的影响。由于竞争对手会通过更先进的技术手段、更多的产品价值、更新的营销方式等与原有景区争夺某一细分市场，因此在这种竞争日趋激烈的市场中，景区要吸引更多的游客和开拓市场范围，就必须不断分析竞争对手的数量、规模与竞争手段，确定景区自身的相对竞争优势和劣势，通过景区形象的策划与传播、强势品牌的打造以及构造景区具独特性、排他性的核心消费价值，增强景区在旅游市场上的竞争能力。

（二）影响景区销售的内部因素

1. 经营的高固定成本和低变动成本

景区的初期投资通常较高，而随后经营过程中的成本却相对较低，因此游客数量的剧增并不会大量地增加景区成本，而游客数量的锐减也不能大量地减少成本。认识这一点对于景区营销，特别是定价和促销都很重要。

2. 受季节影响较大

许多以自然资源为主的景区，出于气候等因素的影响，存在着明显的季节性波动。针对这一特点，景区营销主要目的之一就是在旅游旺季之外创造尽可能多的需求。

3. 资源的不可再生性

由于许多景区的旅游资源属于不可再生资源，因此景区的营销战略不仅要考虑到旅游者的需求，还要充分考虑到对这些资源的保护，注意景区资源的可持续发展和利用。

4. 回头客比率低

有些景区具有吸引回头客的资源，而大多数景区是适合一次性参观的，尤其是那些参与性低的景区更是如此。随着旅游景区竞争的加剧，能在一年内重复光顾同一景区的旅游者是极少数的。

四、任务准备

1. 准备相关书籍；

2. 配备电脑,进行网络查询;
3. 准备与景区销售的影响因素有关的图片和视频。

五、任务实施

表1-2-3-1 任务实施表

序号	实施步骤	实施内容	要求	备注
1	查找资料	通过书籍、网络等途径,寻找与景区销售影响因素有关的资料,细心阅读。	(1) 目标明确 (2) 思路清晰 (3) 资料来源可靠并且最好选择权威资料	(1) 注意书籍信息的实效性 (2) 注意网络资料的可靠性
2	内容归纳	归纳出影响景区销售的内外部因素。	归类合理	归纳要有条理,具逻辑性。
3	整理完善	将归纳出来的影响景区销售的内外部因素进行整理和完善。可以将学生分成若干小组,分别描述本任务中介绍的景区销售的影响因素有哪些。	(1) 准确理解影响景区销售的内外部因素。 (2) 在描述影响景区销售的外部因素基础上,正确说明影响景区销售的内部因素。	要理解清楚,表达清晰。
4	总结与分享	对任务实施过程、完成情况进行总结自评,并与他人分享。	(1) 总结全面到位 (2) 表达清晰流畅	每小组选代表发言

六、任务评价

表1-2-3-2 任务评价表(教师评价)

序号	评价内容	评价结果			
		优	良	合格	不合格
1	认真负责				
2	分工合理				
3	团队协作				
4	语言表达能力				
5	任务完成进度				
6	任务完成质量				
7	其他				

表1-2-3-3 任务评价表(自评)

序号	评价内容	评价结果			
		优	良	合格	不合格
1	认真负责				
2	分工合理				
3	团队协作				
4	语言表达能力				
5	任务完成进度				
6	任务完成质量				
7	其他				

七、问题及解决

表1-2-3-4 问题解决表

序号	问题	处理措施	预防措施	改进方法	备注
1					
2					
3					

八、拓展知识

【阅读材料1-2-3-1】

俄罗斯宇航旅游

俄罗斯宇航中心向游人开放,并可供租借宇航员训练用的飞机。这架"伊尔-76"训练机,舱长14米,宽、高均为3.5米,共有20只轮子,50米翼展,载重量为40吨。停在机场上,看上去就像一只大鸟伫立在那里。希望体验宇航生活的游客,从陡峭的金属扶梯爬进半明半暗、没有座位也没有窗户的机舱。在飞机没有启动之前,空中导游小姐向游客说明,本次航行要经历五次失重体验,倘若哪位游客感到恶心和不适,机长无法中止飞行;请大家把口袋掏空,物品锁进柜子,以免物品乱飞。并告之大家,降落伞就在左右,一旦需要,会有人帮助你们。然后机舱门徐徐关上,4台发动机同时发动,轮子在跑道上由慢渐快地滚动起来,宇航开始了。当机舱内的黄色指示灯闪亮时,告诉游客第一轮失重体验就要开始了。刚进入失重状态,游客感到飞机在爬高,必须用双腿支撑强大的压力,略有疏忽,巨大的负荷就会把他们掀翻在机舱地板上。此时游客还能忍受。黄色指示灯第二次闪亮时,舱内所有的东西就开始飘浮。导游小姐告诉游客,不要马上松手,先体会一下失重的感受。接着机舱内的人就在里边到处飘荡,有的两腿朝下,有的两腿朝上,人们完全不能左右自己。此时,如若想把什么东西抓向身边一定要先固定好自己,然后再去抓,不然就会被拉过去。如想在墙上按一颗图钉,就会被墙面反推出去。20秒钟后,导游小姐催促游客赶快回到舱板上抓住扶手,不然28秒后将恢复地心引力,会使你们吃尽苦头。这种旅游,打破了历来都是宇航员独享失重感受的历史,普通人也有机会分享一下。

【阅读材料1-2-3-2】

晋江:城市品牌营销,该如何发力?①

晋江市地理位置优越,依山傍海,拥有源远流长的历史沿革、丰富独特的文化艺术,形成了以山、海、林为主的自然景观和以古文化、古建筑及民俗风情为主的人文景观,旅游资源相当丰富,是福建省富有开发潜力的旅游胜地之一。

晋江拥有众多的名胜古迹和自然景观,国家级文物、号称"天下无桥长此桥"的——安平桥;全国唯一、世界仅有的"保存最完整的摩尼教遗址"——草庵寺;世界罕见的深沪湾海底古森林遗址国家地质公园;藏有诸名家题字刻石的古檗山庄等旅游资源;还有南音、掌中木偶、高甲戏等民间文艺扬名海内外;鞋博会、糖酒交易会等初具雏形的文化;长长的海岸线、广阔的海域面积,等等。这些旅游资源品位高,开发潜力大,但晋江旅游开发严重不足。主要表现是:旅游规模较小,内容比较单一,只能满足"到此一游"的匆匆过客,游客只集中在两大群体,一是商务客人,二是探亲访友的人,而不是真正的"旅游者"。那些旅游资源未得到充分开发和利用,严重制约着晋江城市的发展。晋江先后获得了"中国纺织产业基地"、"中国伞都休闲服装名镇"、"中国内衣名镇"、"中国鞋都"、"中国陶瓷重镇"、"中国石材之乡"、"全国食品工业强市"等荣誉称号。这些无形资产都为打造晋江旅游知名度和美誉度奠定了良好的基础。但晋江并未把这些无形资产运用好,以打造城市旅游品牌,更谈不上用旅游资源带动城市资金流、信息流、人才流的流动,促进晋江城市的经济发展和晋江的品牌建设。

项目三 旅行社销售基本知识

21世纪的旅游业正逐步由资源时代进入营销时代。旅游业被形象地称为"点子"产业、"眼球"产业和"创新"产业,旅游资源深层次的开发、旅游市场的有效推广和旅游产业高效率的运营都离不开市场营销。显然,旅游市场营销,在未来的旅游产业发展进程中,将会起到越来越重要的作用。旅行社销售作为旅游市场营销中的重要组成部分,是旅行社经营活

---

① 晋江:城市品牌营销,该如何发力?.全球品牌网(网址:http://www.globrand.com/2009/288623.shtml).

动的龙头,关系着旅行社的生死存亡。

本项目简要地介绍了旅行社销售的概念,旅行社销售业务的环节以及旅行社销售的新趋势。作为一名旅游从业人员,应该掌握相应的旅行社销售知识,进而对旅游销售有一个全面的理解和认识。

【案例1-3-1】

旅行社促销成功案例研究让三江旅游营销步入正轨①

三江侗族自治县拥有浓郁的民俗风情,著名的侗族风雨桥及鼓楼被列入世界文化遗产名录,是重要的人文旅游资源。过去,由于三江地处偏僻的大山之中,交通不便,缺乏知名度,以致旅游不旺,外宾罕见。

20世纪90年代初,中国国旅联合北京、上海、桂林国旅针对东方文化给欧洲人带来的神秘感,在法国推出了桂林—三江风情旅游线的特种旅游产品。经过一段时间促销,该社驻巴黎办事处在检查促销效果时发现收效不大。通过调研,发现法国人特别崇拜时装名模。于是经过一系列策划后,邀请了数名法国当红知名服装模特到中国三江来拍摄广告照片。当法国某著名时装杂志登出了名模美女们头戴别满毛泽东像章的军帽、背倚侗家木楼悠闲相对以及在以侗族风雨桥为背景的水田中赤脚插秧等一组专题照片后,三江在法国的知名度大涨。

之后,外国旅游团队一直是三江县游客重要成分,在柳州市的入境游客人数中,三江县的外国游客人数保持领先地位。十余年过去了,由于三江县酒店档次和景点基础设施慢步提升,三江旅游虽仍裹足慢行,但唯有法国团是例外,只要到了桂林,法国团多半要去游览三江。法国旅游者们希望在品味东方神秘少数民族风情的同时,能寻找到当年名模们异国留影的足迹。

思考

1. 上述案例采用了何种促销策略。为了实现此次模特促销,旅行社要与哪些机构联系以共同实施促销计划?
2. 能将利用时装模特促销的模式推广到其他客源国吗,为什么?

【案例1-3-2】

旅行社产品销售渠道的案例②

长沙中国国际旅行社有限公司(以下简称长沙"国旅")立足长沙,放眼世界,注重质量,优化产品,积极拓展销售渠道,全面推行品牌战略,收到了良好的经济效益和社会效益,并进入全国国际旅行社百强。

长沙"国旅"重视旅游产品的开发、设计、包装、促销,先后向海内外推出"伟人故里之旅"、"走向红太阳升起的地方"、"仙山奇景——张家界之旅"等系列产品,在东南亚、日本、

---

① 旅行社促销成功案例研究让三江旅游营销步入正轨.广西壮族自治区旅游局(网址:http://www.gxta.gov.cn)
② 吴敏良,杨强.旅行社经营管理.科学出版社,2007.6.

韩国等市场上取得了丰硕的成果。长沙"国旅"先后派出业务骨干赴日本、韩国、新加坡、马来西亚、泰国、印度尼西亚、中国香港和中国台湾等国家或地区进行产品推介,使这些国家或地区认识和熟悉了湖南,并不断推出湖南的旅游产品。随着湖南旅游环境的不断完善,知名度的进一步提高,长沙"国旅"把眼光投向欧美市场,并在人才引进、资金投入方面予以相应配套。针对欧美旅游者参与性强、富于探险精神、专业性强的特点,长沙"国旅"依据长沙地理位置和在历史上的作用,突出其历史文化名城的特色、湖湘经济中心的特殊性,结合张家界独具魅力的自然特色,及时采用新技术制作张家界风光 VCD,运用 Internet 第一时间发布旅游信息,介绍湖南旅游产品的特色,近几年来已见成效。

长沙"国旅"已在全国建立了自己的经营、销售、接待网络,全面实行规范化管理,企业内部实行总经理、部门经理持证上岗考核制,导游人员实行资格等级认证制。高效、务实的管理机制曾先后受到省、市旅游局的肯定,并多次被授予"先进单位"、"最佳旅行社"等荣誉称号。

长沙"国旅"视旅游为先导性产业,与南方航空公司联合成立长沙"国旅"机票营运部,实现了旅行社与交通部门的跨行业强强联合,在"大旅游、大产业、大市场"上做大文章,与长沙市三十多家饭店、汽车公司、景区管理机构结成松散性的联合体,极大地提高了自身的竞争能力。

长沙"国旅"积极引导市民正确消费,推出"欢乐假期"品牌,设计开发出"爱我河山世纪行"系列旅游产品投放市场。针对青少年客源市场,推出"今天桃李芬芳,明天祖国栋梁,追寻革命历程,成就明天主人"的夏令营活动,取得了良好的社会效益和经济效益。

思考

通过学习上述案例,你如何理解旅行社产品的销售渠道?

任务一 认识旅行社销售

一、任务描述

旅行社销售是旅行社营销中的重要环节,必须理解什么是旅行社销售、熟悉旅行社销售业务、了解旅行社销售的新趋势。

二、任务分析

在理解旅行社销售含义的基础上,查阅旅行社销售业务及旅行社销售新趋势的相关资料,就制定产品价格、选择产品销售渠道、促销及销售业务洽谈四个环节进行分析、归纳、提炼和整理,形成知识系统。

三、相关知识

(一)什么是旅行社销售

旅行社销售是旅行社在市场营销观念指导下经由策划、促销、管理,而将旅行社产品以符合旅行社利益及市场规律的价格销售出去的一种以赢利为目的的现代企业行为。

旅行社所销售的旅游产品包含有形产品和无形服务两个方面。旅行社销售实际上就是买卖双方(旅游消费者和旅行社)进行货币对有形产品和无形服务的交换过程。

(二)旅行社销售业务

在实际运作中,旅行社销售业务包含制定产品价格、选择产品销售渠道、促销及销售业务洽谈四个环节。

1. 旅行社产品定价

每项旅游产品都具有一定的价值,制定旅游产品的价格,既要以产品的价值为依据,又要充分考虑顾客、产品成本、供求关系、市场环境、经营策略等各方面的影响因素。

旅行社产品定价一般采用差别定价、心理定价和促销定价等策略。旅行社要想获取长期的竞争优势,有必要采用非价格竞争手段。非价格竞争手段包括:主动进行产品创新,提供独特产品;提高产品的知识和科技含量,使其他企业难于模仿;提高产品质量;利用宣传促销手段树立企业形象,提高品牌知名度等。

2. 旅行社销售渠道

旅行社销售渠道,又叫分销渠道或配销渠道。指旅行社生产出来的产品,在适当的时间、地点,以适当的价格提供给游客,其产品所经历的各个中间环节连接起来的通道。

旅行社销售的关键,是以最合适的销售渠道、最少的流通费用、最快捷的流通速度将旅行社产品转移到消费者手中。目前我国旅行社产品销售渠道分为以下两种:

第一,直接销售渠道。这是旅行社将其产品直接销售给旅游者的一种销售方式,又称为零层次渠道,即在旅行社和消费者之间不存在任何中间环节。直接销售渠道一般有两种形式:一是采用直接销售渠道进行产品销售的旅行社,通常在其所在地直接向当地的潜在旅游者销售其产品;二是旅行社在主要客源地建立分支机构或销售点,通过这些机构或销售点向当地居民销售该旅行社的旅游产品。直接销售渠道是一种产销结合的销售方式,其优点主要是简便、及时、灵活、附加值高和利润较高等;缺点主要是覆盖面窄,只适合在本地或其他主要客源地使用,影响力相对较小。

第二,间接销售渠道。这是指旅行社通过组团旅游中间商将旅行社产品销售给旅游者的途径。间接销售渠道在实际运用中主要包括两种形式:通过旅游零售商或代理商向游客销售产品和通过旅游批发商或经营商向游客销售产品。间接销售渠道的优势表现为针对性强、覆盖面广和销售量大等,劣势主要是销售成本高。

旅行社的产品销售应以间接销售渠道为主。直接销售渠道只有在确保符合当地旅游行政法规,同时不会引起不良后果的前提下方能选用。鉴于采用直接销售渠道的利润可观,在可能的情况下,可以谨慎适当地采用。

3. 旅行社销售业务洽谈

业务洽谈是旅行社外联业务的主要工作之一，是旅行社外联人员与旅游客户进行业务联系，商讨交易条件，最终达成一项令双方都能满意的协议的过程。一般情况下，业务洽谈有两种形式：一种是面对面的洽谈；另一种是通过使用通信工具（信件、电话、传真、QQ、微信、因特网等）进行洽谈。旅行社的日常业务洽谈以后者居多。

（三）旅行社销售模式

旅行社的销售模式主要包括传统的线下模式和随着互联网飞速发展而形成的电子商务两大类销售模式，传统的线下模式中包括品牌及连锁门店模式和渠道模式，而电子商务模式则有通过中间代理商代理、自建电子商务平台以及通过第三方电子商务平台三种销售模式。

1. 品牌及连锁门店模式。即在人群聚集的地方设立营业部吸引客源，旅行社实施横向一体化战略，通过大规模建立营业网点或者通过并购、战略联盟的方式建立健全旅行社零售网络。门店多采用连锁加盟商业模式或者传统的承包营业部的模式。

2. 渠道模式。即旅行社通过与某些企业社团组织之类团体形成协议垄断该团体的旅行业务。这种模式有两个大的缺点，一是可以赚钱，但不能做大做强，因为通过渠道和关系网最难实施标准化，而且业务量也是有限的；二是老板负担重，因为渠道客户，都要老板自己去常年"维护"关系，关系网越做越大，往往难于应付。

3. 中间电商代理模式。该模式下旅行社通过与中间的电子商务企业谈判，通过电子商务企业代理销售自己的旅游产品，每卖出去一份产品支付一定的佣金。例如以携程为代表的旅游电子商务模式。

4. 自建官方 B2C 网站模式。该模式指在互联网时代下，批发商/组团社/地接社均可以通过互联网来接触终端用户，成本低廉，因此这些旅行社都纷纷建立有自己的官方 B2C 网站，通过直销，以最低的价格、最好的产品吸引消费者。

5. 第三方 B2C 平台模式。即媒体模式，指的是部分旅行社借助于第三方 B2C 平台（如淘宝旅游频道）来进行网络销售，这也是第三方 B2C 平台依托自身强大的用户规模进军旅游市场的表现。而旅行社通过吸收时下流行的团购概念，与团购网站合作推出旅游团购也属于该模式的范畴之内。

（四）旅行社销售的新趋势

1. 品牌国际化与销售市场全球化

无论从接待人数，还是从旅游总收入和人均消费额来看，20 世纪 90 年代以来，国际旅游业都保持着快速的增长势头。特别是中国，一方面正在成长为发达国家的旅游目的地；另一方面国内旅游、出境旅游快速发展。

2. 销售本土化与合作营销

在全球化发展的同时，整个世界经济的区域性合作越来越成为主流。这在销售人员的本土化与营销的合作，尤其是在与本土企业的合作上表现得十分明显。这一特点在旅游行业中同样地表现出来，原因主要是以下两个方面。一是本土化销售人员和本地旅行社具有天生的区域优势。无论是对当地旅游制度环境还是市场环境都比全球性的跨国大旅行社要熟悉。二是对国内旅游者的选择偏好把握准确。在这方面,本土的旅行社必然比境外旅行社要准确、敏感得多。

3. 网络化经营普及,科技含量增大

在世界发达国家,计算机网络被广泛地运用于预订机票、酒店客房、交通工具等服务,同时旅行社又通过计算机网络,一方面与相关企业实现即时业务联系,另一方面对企业内部实现科学管理,高效、快捷地完成交易票据分发和信息处理等日常事务,借助信息技术实现了旅行社的网络化经营。

4. 可持续发展的绿色营销观

旅行社绿色营销观的核心在于强调企业、旅游者与旅游目的地共享服务所带来的进步与繁荣,强调经济、社会与生态效益的有机统一,强调旅游业的可持续发展。通过绿色营销,旅行社也可以避免旅游者导向、企业导向等利润最大化营销观念而导致的旅行社与目的地居民、与相关主体的利益冲突,走向企业与产业、与自然生态系统的融合和互动发展。为此,旅行社在营销过程中应追求生态导向的旅游产品的研发与创新,采用温和适中的营销方式,有选择地满足旅游者的消费需求。

四、任务准备

1. 准备相关书籍;
2. 配备电脑,进行网络查询;
3. 准备与旅行社销售有关的图片。

五、任务实施

表1-3-1-1　任务实施表

序号	实施步骤	实施内容	要求	备注
1	查找资料	通过书籍、网络等途径,寻找与旅行社销售有关的资料,细心阅读。	(1)目标明确 (2)思路清晰 (3)资料来源可靠并且最好选择权威资料	(1)注意书籍信息的实效性 (2)注意网络资料的可靠性
2	内容归纳	归纳出旅行社销售的含义、旅行社销售业务的环节、旅行社销售模式及旅行社销售的新趋势。	归类合理	归纳要有条理,具逻辑性。
3	整理完善	可将学生分成若干个小组,将归纳出来的相关知识进行整理和完善。	(1)准确定义旅行社销售 (2)熟悉旅行社销售的环节 (3)理解旅行社销售模式 (4)了解旅行社销售的新趋势	要理解清楚,表达清晰。
4	总结与分享	对任务实施过程、完成情况进行总结自评,并与他人分享。	(1)总结全面到位 (2)表达清晰流畅	每小组选代表发言

六、任务评价

表1-3-1-2 任务评价表(教师评价)

序号	评价内容	评价结果			
		优	良	合格	不合格
1	认真负责				
2	分工合理				
3	团队协作				
4	语言表达能力				
5	任务完成进度				
6	任务完成质量				
7	其他				

表1-3-1-3 任务评价表(自评)

序号	评价内容	评价结果			
		优	良	合格	不合格
1	认真负责				
2	分工合理				
3	团队协作				
4	语言表达能力				
5	任务完成进度				
6	任务完成质量				
7	其他				

七、问题及解决

表1-3-1-4 问题解决表

序号	问题	处理措施	预防措施	改进方法	备注
1					
2					
3					

八、拓展知识

【阅读材料1-3-1-1】

旅行社经营模式需调整[①]

《旅游法》正式实施一个多月来,旅游产品报价集体上涨,团队游客量明显缩水,传统旅行社生意遇冷……伴随着这些新问题的产生,不同规模的旅行社也正在经历着转型。

《旅游法》的实施,让新版旅游合同成为人们关注的焦点。不少省区市的旅行社在政府相关部门正式下发旅游合同示范文本前,便开始对照《旅游法》的相关要求,增订相关内容,自行升级合同版本。

据福建省厦门市旅游协会旅行社分会工作人员介绍,厦门现使用的新"出境旅游服务合同"从1种增加到4种,增加了"出境旅游行程单"、"出境旅游安全须知"等内容。原来组团社与地接社只需签订1种合同,如今则要签订地接社委托合同、导游和汽车合同等20种左右的合同。

而山东省青岛市某旅行社制定的新版旅游合同,将自愿购物、参加自费项目的协议单独列出作为补充协议,购物店网址、产品价格、购物时长等详细信息都已注明在内,让消费者一目了然。同时,新版合同还对游客不文明行为进行了细化,告知游客如何尊重当地风俗习惯,将因不可抗力因素导致合同无法继续时旅行社、游客双方的责任和义务进行了细化,并将《旅游法》中的相关规定详细列出,明确双方要责任共担。

中青旅、凯撒旅游等大型旅游综合运营商,此前的旅游产品都相对规范。中青旅市场推广部总经理葛磊告诉记者,为了达到甚至超过《旅游法》的要求,现在公司对自费和购物两个环节进行了更严格的规定,"十一"长假之后推出的线路,都以"无自费、无购物、无小费"为主。

过去旅游行业存在产品单一、线路同质化等问题,价格战主导市场竞争,《旅游法》结束了低价混战的时代。而对旅游企业而言,要实现差异化经营,更好地吸引消费者,就需要在产品多样化、个性化方面多下工夫。

"《旅游法》实施后,不论是省内游、国内游还是境外游,价格都有不同幅度上涨,尤其是东南亚、韩国等线路更是翻倍涨价。"山东山水旅行社副经理孟凡伟说,"面对价格上涨,不少人更倾向于选择自由行和半自助式旅游。针对这样的变化,我们也将主要业务转向机票加酒店的订购,推出了一系列个性化旅游产品来吸引散客,提升服务品质,开发主题游、细化旅游项目等。"

在大受冲击的团队观光型旅游业务方面,中青旅则更加关注产品品质的提升和商业模式的创新。目前,中青旅的业务以旅行社为主体,划分出观光、度假、会展、商旅4大产品形态,在销售渠道上打造"三位一体"的网站、连锁店和呼叫中心,同时延伸发展景区投资和酒

[①] 旅行社经营模式需调整.经济日报(网址:http://travel.ce.cn).

店管理业务。根据中青旅的数据,10月份参团旅游的营收规模与去年相比基本持平,而自由行业务继续保持高速发展态势,较去年增长了20%。

业内人士表示,长期来看,《旅游法》的实施有助于自由行业务的发展。一方面,过去很多市场参团产品的价格低于自由行产品的价格,而《旅游法》实施之后,参团产品价格上浮,同一目的地的自由行产品均价将普遍低于参团产品,自由行产品的价格优势开始凸显,一些旅行经验丰富的客人对自由行产品的兴趣将更大。在互联网时代和移动互联网时代打造新平台、新渠道,将是中青旅今后努力的方向。

业内人士也指出,《旅游法》实施后,旅游产品的价格回归到合理范围,意味着旅行社将在同一合理的价格区间内竞争,经营者竞争的是服务、规模、经营策略,以及消费者的满意度,这样的市场环境将更为公平和健康。

任务二　旅行社销售的特征

一、任务描述

旅行社所销售的旅游产品包含有形产品和无形服务两个方面。旅游产品的特殊性决定了旅行社销售与一般销售的不同之处,因此,要学会正确理解旅行社销售的特征。

二、任务分析

查阅旅行社销售的相关规定,归纳、整理出旅行社销售的特征。

三、相关知识

随着我国旅游业的蓬勃发展,旅行社销售也呈现出日新月异的特点。具体表现在以下几个方面。

(一) 综合性

综合性主要体现在旅行社销售工作内容和涉及的工作对象上。工作内容方面,从市场调研、产品设计、报价、销售谈判到售后服务,要涉及这些业务的方方面面。

(二) 长期性

旅行社产品的无形性决定了它的销售往往无法在短期内一锤定音。因为一方面旅游者需要时间去反复比较各种旅行社产品的优劣,去打听旅行社的信誉;另一方面客户旅行社也可能会反复要求就某一具体产品修改交易的价格、优惠条件,有些欧美团甚至需要半年时间才能完成销售的全过程。对于新产品,不少客户旅行社,特别是日本、中国台湾的客户,经常要亲自踩点考察后,方肯签订合同购买产品。对新结识的潜在客户旅行社更是需要等待时机方能获得合作机会。

(三) 复杂性

复杂性主要体现在三个方面：一是旅游业的多变性造成销售的方法多变，如互联网时代，网络销售是销售人员不得不考虑的一个有效手段。二是旅行社供应商的价格波动，给销售带来了很大的不确定性，比如，航空公司给旅行社机票销售佣金的削减，旅游景点门票不断地涨价等，价格的变动会直接影响产品的品质。三是随着中国旅游业的不断发展，消费者的旅游心理和行为也发生了很大的变化，给销售工作带来新的挑战，如年青一代的消费行为呈现个性化的特点，购买方式更倾向于网络购买。

(四) 灵活性

由于客户旅行社在整体的产品销售合同签订后，有时会对具体的某个旅游团提出优惠附加条件，这就要求旅行社产品的实际售价必须带有灵活性。外联销售部的每一位人员，包括经理与电话值班人员，必须懂得产品价格的构成，掌握价格构成中哪些因素是可变数、哪些是定数，应该具有与客户在电话中口头谈判的能力。普通的电话值班人员遇到客户要求更改合同时，既要能独立作战，又要注意请示有关经理，未经授权不能擅自做主变更合同。

(五) 批量性

大多数旅行社的主要产品销售对象是客户旅行社，因为只有客户旅行社才能批量购买地接社的产品，才能长期组织系列团。而产品只有成批量、成系列，才能产生最大的经济效益。

(六) 时效性

当旅游市场上有旅行社产品的同类产品或替代产品时，每一次的具体销售就带有极强的时效性。因为组团社往往同时是同一个旅游目的地好几家地接社的客户，手头上还会留有更多的当地其他旅行社的联络电话，一旦某个旅游团具有某种影响到价格的特殊性时，组团社会同时与2~3家地接社联系，比较各社报价以确定该团交给哪家地接社接待。如果地接社的报价迟迟不到的话，就会失去参与竞争的机会。一般来说，回应组团社询问的具体报价是越快越好，这就要求外联销售人员必须掌握熟练的业务技巧与最新的市场信息及价格动态，最好是不经查询就可以直接计算报价，能当场在电话中答复组团社。如果需要查询旅游采购市场的服务信息，那么国内报价（多为一地游）应在半小时内，最迟不超过2小时答复国内组团社，国际报价（多为长线团）应在2小时内，最迟不超过1天答复境外组团社。

产品价格的时效性还体现在随行就市。例如，一个需求弹性小的新产品开始时运用高价定价策略定价，并取得了可观的利润。消息传开后很可能市场上就会出现其他社的仿制产品，需求弹性变大，此时就必须调整产品价格，使其适应市场的变化。当竞争过强时，甚至会被迫采用低价策略以保住原先占有的市场。所以旅行社产品的价格带有阶段时效性。

(七) 超前性

要占领市场，就必须事先研究市场需求，搜集信息，对市场进行调查、预测，根据市场情况作出相应的调整。同时，要根据市场的需求，了解各条线路、景点、餐饮、住宿、交通和风土人情，预先设计出适销对路的产品。

四、任务准备

1. 准备相关书籍；
2. 配备电脑，进行网络查询；
3. 准备与旅行社销售的特征有关的图片。

五、任务实施

表 1-3-2-1　任务实施表

序号	实施步骤	实施内容	要求	备注
1	查找资料	通过书籍、网络等途径，寻找与旅行社销售特征有关的资料，细心阅读。	(1) 目标明确 (2) 思路清晰 (3) 资料来源可靠并且最好选择权威资料	注意书籍信息的实效性 注意网络资料的可靠性
2	内容归纳	归纳出旅行社销售的特征	归类合理	归纳要有条理，具逻辑性。
3	整理完善	将学生分成若干小组，分别描述旅行社销售的不同特征，并举例说明。	正确理解并归纳出旅行社销售的特征	要理解透彻，表达清晰。
4	总结与分享	对任务实施过程、完成情况进行总结自评，并与他人分享。	(1) 总结全面到位 (2) 表达清晰流畅	每小组选代表发言

六、任务评价

表 1-3-2-2　任务评价表（教师评价）

序号	评价内容	评价结果			
		优	良	合格	不合格
1	认真负责				
2	分工合理				
3	团队协作				
4	语言表达能力				
5	任务完成进度				
6	任务完成质量				
7	其他				

表 1-3-2-3　任务评价表（自评）

序号	评价内容	评价结果			
		优	良	合格	不合格
1	认真负责				
2	分工合理				
3	团队协作				
4	语言表达能力				
5	任务完成进度				
6	任务完成质量				
7	其他				

七、问题及解决

表 1-3-2-4　问题解决表

序号	问题	处理措施	预防措施	改进方法	备注
1					
2					
3					

八、拓展知识

【阅读材料 1-3-2-1】

中小旅行社如何从门店销售走向网络营销[①]

旅行社的网络营销正在不断变化，越来越多的传统旅行社在营销方面，逐渐走向专业化，借助第三方网络平台，从门店销售升级到网络营销和品牌营销。

对于中小旅行社来说，因自身财力和资源的不足，在新产品开发、品牌宣传和员工培训等方面都处于更加明显的劣势地位，而使用网络后，旅行社可以实现用在线订团、订位系统来查询出票、出团的情况。价格、人数等细节也都一目了然，再也不用互相打电话，反复更

---

① 中小旅行社如何从门店销售走向网络营销.旅游桥（网址：http://www.lyqiao.com）.

新、确认，极大节省了沟通的成本和时间。

现在网络的发展程度，已经使网民习惯了享受在线订机票和在线订团、订位服务，旅行社如果无法实现网络下单、网上B2C交易，将会逐步增加沟通成本，最终被淘汰。相反地，如果中小旅行社把门店销售和网络营销、品牌营销结合起来将是最好的出路，通过网络推广，品牌的价值转化率能实现持久的顾客关系和更多的直接收益。

如今的时代，信息传递加速，消费者掌握的信息越来越充分，销售人员靠信息不对称忽悠客户的时代也将过去。消费者自己会通过网络、产品、品牌、服务等各方面的调查做出消费的判断，当然也不否认销售人员的引导，但是今天我们不得不承认现在销售员的引导作用正在日渐削弱，而消费者自己的判断力正在成为主导，旅行社必须从门店销售升级到网络营销和品牌营销，像中青旅推出了遨游网，广之旅一样也在互联网上打响了自己的知名度。

口碑营销是随着互联网的兴起而出现的一种营销方式。口碑营销也是中小型旅行社迅速成长，打造自身知名度的一种方式。利用社会化媒体，像微博、微信、论坛、社区等，就可以快速形成口碑营销。例如像厦门的珍珠奶茶，平常的小店只要七块钱一杯，但是"张三丰奶茶"却要36块钱一杯。

当然，每个渠道打造口碑的方式都不一样，但归根结底好的服务、好的产品还是第一位的。所以，在信息爆炸的年代做好质量的同时，也需要做好口碑营销，善于利用社交网络，更要善于危机公关。

信息化时代，建议旅行社关注不同的营销热点，通过多种途径跟旅游者进行互动，深度挖掘网络营销，抓住新的发展趋势，确保好自己的"线下"优势，紧跟时代"步伐"发展"线上"，双管齐下，才能获得更多的市场机会。

任务三　旅行社销售的影响因素

一、任务描述

旅行社的经营和其他企业一样，都会受到市场环境的影响。结合当前旅游业发展的新特点，明确影响旅行社销售的因素，主要包括外部因素和内部因素两方面。

二、任务分析

通过查阅旅行社销售影响因素的相关资料，从旅游营销的宏观环境、旅游消费者的需求、旅游企业内部环境等方面去分析，并进行归纳、提炼和整理，形成知识系统。

三、相关知识

（一）影响旅行社销售的外部因素

1. 旅游营销的宏观环境

旅游营销的宏观环境是指旅行社运行的外部大环境，包括社会环境、文化环境、政治法律环境、经济环境、科学技术环境、竞争环境、自然地理环境等。每个旅游企业都处于这些宏观环境因素的包围之中，不可避免地受到其制约和影响。这些宏观因素和发展趋势为企业的发展提供了机会，同时也对旅游企业的生存构成威胁。成功的旅游企业会根据外部环境中的各种因素及其变化趋势制定自己的营销策略，以达到企业的营销目的。

2. 旅游消费者的需求

旅行社提供的产品是满足人们精神需求的服务性产品，具有生产消费的同时性、不可储存性和不可转移性等特点。旅行社产品的特点决定了旅行社必须以市场为导向，以旅游消费者的需求为中心开展有效的营销活动。

旅行社的规范性、旅行社产品的价格、旅行社的服务质量、旅行社产品的丰富度和个性化程度、旅行社的诚信度、旅行社的品牌形象等都是影响旅游消费者购买旅行社产品的重要因素。进入新世纪以来，人们的旅游消费观念正在发生多方面的变化，其中之一就是旅游消费需求的多样化和个性化。传统的"团体标准等全包价旅游产品"对旅游者的吸引力越来越小，相反，那些能够为旅游者提供多种包价形式和旅游服务，尤其是能够提供根据旅游者特殊需要"度身定制"的旅游产品的旅行社越来越多地受到旅游者的青睐。越来越多的旅游者希望根据自己的特殊兴趣和爱好，选择有针对性、有主题、有重点的旅游方式。因此，旅行社一方面要针对旅游者新的消费理念和行为特点，结合本旅行社的经营实力，不断推出反映时代特点的新颖旅游线路产品，如"红色旅游产品"、"绿色旅游产品"、"修学旅游产品"等；另一方面要根据旅游者的具体需要开发旅行社产品的多种服务方式，比如在传统的全包价形式基础之上，可提供半包价、小包价以及散客服务等多种产品形态供旅游者选择，以满足各类不同旅游者的个性化需求。

（二）影响旅行社销售的内部因素

旅游企业是由多部门、多岗位及众多人员组成的整体，其间的分工协作、权力分配、责任承担、风险共担等对旅行社销售的成败起着重要作用。企业内部各个部门、各管理者分工是否明确、科学，协作是否和谐，企业的经营机制是否灵活，是否能适应竞争现状要求，企业的文化氛围是否浓厚等，都会影响旅行社销售管理的决策和销售方案的实施。

四、任务准备

1. 准备相关书籍；
2. 配备电脑，进行网络查询；
3. 准备与旅行社销售影响因素有关的图片。

五、任务实施

表1-3-3-1　任务实施表

序号	实施步骤	实施内容	要求	备注
1	查找资料	通过书籍、网络等途径,寻找与旅行社销售影响因素有关的资料,细心阅读。	(1)目标明确 (2)思路清晰 (3)资料来源可靠并且最好选择权威资料	(1)注意书籍信息的实效性 (2)注意网络资料的可靠性
2	内容归纳	归纳出旅行社销售的影响因素,包括外部因素和内部因素。	归类合理	归纳要有条理,具逻辑性。
3	整理完善	可以将学生分成若干小组,将归纳出来的旅行社销售的影响因素进行整理和完善。	在理解旅行社销售的基础上,正确说明旅行社销售的影响因素。	要理解清楚,表达清晰。
4	总结与分享	对任务实施过程、完成情况进行总结自评,并与他人分享。	(1)总结全面到位 (2)表达清晰流畅	每小组选代表发言

六、任务评价

表1-3-3-2　任务评价表(教师评价)

序号	评价内容	评价结果			
		优	良	合格	不合格
1	认真负责				
2	分工合理				
3	团队协作				
4	语言表达能力				
5	任务完成进度				
6	任务完成质量				
7	其他				

表 1-3-3-3　任务评价表(自评)

序号	评价内容	评价结果			
		优	良	合格	不合格
1	认真负责				
2	分工合理				
3	团队协作				
4	语言表达能力				
5	任务完成进度				
6	任务完成质量				
7	其他				

七、问题及解决

表 1-3-3-4　问题解决表

序号	问题	处理措施	预防措施	改进方法	备注
1					
2					
3					

八、拓展知识

【阅读材料 1-3-3-1】

《旅游法》引导价格回归　从博彩业回归服务业[①]

对《旅游法》的解读中有句比较流行的话:"不是涨价而是价格回归。"我的理解是《旅游法》让旅游行业从"博彩业"真正回归到服务业的业态中,是行业属性的回归。我们也相信,在市场的检验下,《旅游法》也会找到自己的执法尺度,在理性的引领下形成市场新秩序。

2013年"十一"假期,是《旅游法》实施后的首个黄金周,游客出游选择自由行的比例首创新高,但一些景区景点爆满、道路拥堵、用餐住宿难等种种乱象,令游客满意度在新法实施后不升反降,而此前饱受诟病的参团旅游又被热议有矫枉过正之嫌,人们呼唤重新认识旅行社价值。

[①] 《旅游法》引导价格回归 从博彩业回归服务业.新华网(网址:http://www.sogou.com).

根据中青旅的数据,"十一"黄金周参团旅游人数与去年相比略有下降,甚至出现一个奇怪的现象:投诉率下降了,参团客人回访满意度也略有下降。客人主要的问题集中在:导游人人自危、消极服务,自由活动不能合理安排以及游客购物需求得不到满足等。

团队客人反馈的导游在自由活动时间引导不够等问题恰恰是我们要在新的法制环境和市场环境下急需解决的问题。《旅游法》在改变着我们对旅游的认知,改变着旅游行业无序竞争的状态,引导游客理性消费,为旅游业态的长期健康发展保驾护航。《旅游法》给旅行社带来机遇,以游览效率高著称的团队观光旅游的空间更大,在新的法制环境下参团观光旅游会更舒缓、自主、便捷、高效。

当然,现在看来《旅游法》是一部超越型的大法,市场接受起来有点突然,但这丝毫不妨碍它逐渐显现出市场影响力,我们能做的就是与新的法律环境捆绑在一起,再次投入市场,赢得市场。

作为中国旅行社协会会长单位和国内领先的旅游综合运营商,面对《旅游法》,中青旅考虑更多的是怎样实现从规范经营到追求卓越的提升。对于受冲击的团队观光型旅游业务,中青旅提出了"四个一点"优化,即:合理安排行程让旅行的节奏舒缓一点;适度安排自由活动时间让客人的选择自主一点;导游的服务积极一点;让客人的感受温馨一点。

这"四个一点"将构成未来团队旅游市场的核心竞争力。对于这"四个一点"的具体方法论,即:行程紧凑适度舒缓、内容丰富适度自主、服务积极不可替代、价格合理突出价值——这也将是中青旅观光产品类型的基本原则。如果团队旅行的价格优势不存在了,如果导游领队的服务也无法让客人感到必需且温馨,如果大把的时间安排在没有引导的自由活动上面,那参团旅行的优势还有什么呢?自由活动本来是团队旅行的调味品而不是主菜,否则我们就是将参团客人拒之门外;同时,在自由活动时间安排上,如果我们不是做"一点",而是"全部",那么我们就将失去这部分客人。

为了实现这样的提升,中青旅着手开展了大量的具体工作:

一、行程优化:团队行程中不是单纯拿掉以往购物和自费的部分,仅仅打造一个"合法的"旅游产品,而是充分运用同理心真正关注游客的感受,打造含金量更高的行程,如:加入合理的购物体验,如DFS免税店、当地大型shopping mall、文化商业街等;经典景点安排充足时间游览,避免走马观花;增加目的地服务资讯,辅助游客在自主游玩时也能得到良好的旅游体验。

二、产品细分:价格已经不是影响消费行为的首要因素,取而代之的是产品内涵。面对多元化的客户需求,只有不断打造差异化、主题化的产品,才能让游客跟着产品走。中青旅提出"从游客选择产品到产品选择游客"。游客根据自身对旅游的理解和诉求以及消费能力等,标签化选择对应产品,如夕阳红老年团就可以将新婚夫妇拒之门外,摄影团对于追求旅游效率的人来说显得拖沓缓慢,首次前往欧洲的游客对于一国深入式游览就觉得性价比不高,等等。

换句话说,过去那种"人人新马泰"错位的时代将一去不返。

三、服务激励:导游服务是影响游客感受的重要因素。中青旅重新梳理了全球范围内的合作供应商,以期理念同向,行动同步。一方面加强导游的管理和培训,设计合理有效的激励政策,营造温馨的服务。建立健全一套包含"游客评价,表扬信,提供有价值建议和辅助产品创新"等内容的综合评估体系,令导游的收入更加透明化及可衡量,对导游服务进行正向激励。

　　四、价格稳定:认同中青旅品牌文化的消费者,已开始认可旅行社服务价值,认同为服务埋单的理念。中青旅一直强调产品品质,能在"十一"全线涨价的态势中,保持一个相对稳定的价格涨幅。以中青旅出境长线市场为例,包含旺季特定的涨价因素,"十一"欧洲市场价格涨幅总体控制在4%~10%之间,中东非洲市场、美洲和澳洲市场基本无涨幅。

模块二 景区销售业务

【案例导入】

广东西樵山风景区以节庆活动营销文化品牌

西樵山风景区是国家 AAAAA 级旅游区、国家森林公园、国家地质公园。位于广东省佛山市南海区的西南部的西樵镇。西樵山风景区以其美好的生态环境和优越的地理位置,被称为整个"珠江三角洲"的"后花园"。西樵山地处广州、佛山、顺德、江门、高明之间,北距广州市区仅45公里,汽车1小时内即可抵达。西樵山自然风光清幽秀丽,旅游文化底蕴厚重,民俗风情古朴自然。自清代以来,文人雅士,趋之若鹜,旅人游子,纷至沓来,使秀丽的西樵山成为名噪南粤的旅游热点。休闲度假、修身养性、健体长生,已成为西樵山"绿色文化"的一道亮丽的风景线。

西樵山风景区以节庆活动营销文化品牌已初步形成了品牌效应。对于旅游经济的拉动带来了明显的效应,但是对于产业的综合拉动力则没有显现出来。如何将节庆活动打造成为现代文化产业发展的驱动力,这是西樵下一阶段要重点思考的问题。真正做到办节为文、办节为业、办节为游,通过节庆活动营销西樵文化品牌,带动文化产业与旅游产业的发展。

西樵镇主管宣传文化旅游工作的党委委员龙华强谈到,目前西樵已经比较成熟的节庆品牌,包括岭南新春民俗文化节、农历四月十四大仙诞文化节、"五一"和"十一"的狮王争霸赛、南海观音文化节、松塘村翰林文化节,就好比是天空下众多炫目的星星,这时就需要一个月亮来统率这些星星,形成众星拱月、星月同辉的美,而这个月亮就是樵山文化节。第四届"樵山文化节"拟通过整合与优化西樵多个文化活动子品牌,打造成为西樵文旅活动的"旗舰",找准地域特色、文化特色和时代特色,吸引最广泛的民众与游客参与,打造能够走向国际的文化活动品牌。将目前西樵众多品牌节庆活动统一纳入到樵山文化节这个大旗之下,以资源产业化、品牌效益化、旅游节庆化为发展思路,政府擎好大旗、搭好平台,让旅游节庆活动呈现勃勃生机与灿烂前景。让游客在西樵充分感受到节庆活动的魅力,体验西樵旅游的精彩,由衷生出几份"来了就不想走"、"来了还要再来"的理由。从而真正达到提升城市形象,传承地域文化,拉动产业发展,带动"食、住、行、游、购、娱"旅游综合消费的目的。通过这些节庆活动塑造西樵的城市品牌,带动西樵的文化产业、旅游产业发展。将西樵打造成为历史悠久、文化深厚、民俗浓郁、民风淳朴以及城市文明、文化产业发展良好的中国著名文化旅游名镇。

(资料来源:人民网 http://travel.people.com.cn/n/2013/1012/c41570-23178042.html)

思考

景区销售的有效策略包括哪些?请列举出来。

【学习目标】
- ★能描述旅游者的消费行为
- ★能正确对景区目标市场进行细分
- ★能正确进行景区目标市场的选择
- ★能正确运用景区目标市场的理论进行目标市场的选择
- ★能正确运用销售知识进行景区市场定位
- ★能描述景区整体销售流程
- ★能描述景区商品的基础知识
- ★能正确运用景区销售知识进行景区推销
- ★能描述景区商品销售服务流程
- ★能正确处理景区商品的售后服务
- ★能描述景区门票销售的基本知识
- ★能灵活掌握散客门票销售流程
- ★能正确掌握散客门票销售技巧
- ★能正确掌握团队门票销售流程
- ★能描述景区酒店销售的模式
- ★能熟练掌握景区酒店销售的流程
- ★能灵活掌握景区酒店销售的策略和技巧

项目一　景区整体销售业务

旅游景区在整体旅游产品中处于核心地位,人们对景区产品的需求构成了旅游的根本性需求。景区管理的首要目的在于激发旅游动机、创造顾客满意的产品和提供物有所值的感受,因此,将销售理念导入景区产品销售业务中具有十分重要的意义。景区销售前需要了解顾客,分析、预测顾客想要什么,顾客购买的目的是什么,什么时候买,怎么买等一连串的问题。旅游景区销售业务主要包括景区商品销售业务和景区门票销售业务,从销售技巧的角度来考虑,景区商品、门票和景区酒店销售策略应有所不同,掌握其中的销售业务知识显得尤为重要。

任务一　旅游者消费行为分析

一、任务描述

在学习景区销售相关业务知识之前,学生首先需要了解旅游者消费行为的概念和特点,了解分析影响旅游者消费行为的因素。

二、任务分析

完成本任务,关键在于通过对销售书籍的大量阅读,了解旅游者消费行为,进行分析、归纳、提炼和整理,形成知识系统。

三、相关知识

(一)旅游者消费行为的概念

从概念的范围看,旅游者消费行为有狭义和广义之说。

狭义的旅游者消费行为强调旅游者消费行为的外在表现形式,具体指旅游者旅游的行为和旅游中的实际消费。

广义的旅游者消费行为则涵盖了旅游者旅游产品购买的前后过程,即游客旅游需求的产生、旅游的预算、旅游费用的来源、旅游信息的收集、旅游线路的确定,以及旅游者心理和行为活动的全过程。旅游者行为分析具有明显的边缘性特点,其所依据的原理来自多种学科理论,如心理学、经济学、社会学、地理学、统计学等。

(二)旅游者消费行为的特点

分析旅游者消费行为是旅游销售工作的必要环节。随着社会经济和文化的发展,旅游者的消费行为越来越呈现以下特征。

1. 注重旅游产品的综合价值。如旅游者注重旅游景区、景点的文化价值、审美价值、旅游服务等,同时也注重旅游的附加价值。

2. 个性化鲜明。旅游个性化特点,已经成为现代旅游者的一大明显特征。人们首先自己掌握知识,在旅游过程中则是寻求、确认、肯定自身知识的过程。为了获得此过程,个性化的旅游受到现代旅游者热捧。

3. 信息便捷化。随着互联网的广泛使用和发展,目前信息不对称和信息成本给旅游者带来的困扰和不便正逐步减少和消除。在互联网作用下,旅游者几乎足不出户便可以最方便、最快捷、最便宜的方式获得所需的景区信息。

(三)旅游者消费行为的影响因素

旅游者的旅游消费行为是在消费心理的支配下发生,并随着消费心理的发展变化而变化的过程。同其他消费行为一样,旅游消费行为有其自身的特点和规律。影响旅游消费行为的主要因素有以下这些。

1. 经济因素

在分析限制旅游者消费行为的经济因素时,我们把限制旅游者消费行为的非经济因素看做是已知的不变条件。有的研究表明,影响旅游者消费行为的经济因素有收入、价格和利息率。

(1) 收入

收入水平决定着一个潜在的旅游者能否实现旅游及其消费水平的高低。然而一个人或一个家庭的收入并非全部都可用于旅游,因此决定其能否实现旅游的家庭收入水平,实际上指的是其家庭的可随意支配收入的水平。许多相关研究表明,当一个家庭的收入不足以购买基本生活必需品时,该家庭很少会外出旅游。然而一旦这个家庭的收入水平超过这一临界点,该家庭用于旅游的消费便会迅速增加且增加比例超过收入增加比例。

此外,收入水平不仅影响着人们的旅游消费水平,而且会影响到人们的旅游消费构成。一般来说,较富有的家庭会在食、住、购、娱等方面花较多的钱,从而使交通费用在其全部旅游消费中所占的比例缩减;而经济条件次之的旅游者消费构成中,交通费用所占的比例则较前者为大,其原因在于食、住、购、娱等方面节省开支比较容易,而在交通方面省钱则比较困难。

(2) 价格

旅游产品的价格及其变化影响着旅游者的消费行为。经济学的需求规律同样也反映在人们对旅游产品的购买上。首先,旅游产品同其他某些商品和服务之间存在替代关系,旅游产品的价格同这些商品或服务价格的不同变化会导致人们对旅游产品需求量的变化。其次,由于人们的收入毕竟是有限的,因此当旅游产品的价格上升时,人们往往会减少对外出旅游的需求,这是由于价格变化所导致的收入效应。

(3) 利息率

利息率包括存款利息率和消费者贷款利息率。银行存款利息率的变化对于消费行为会产生较大的影响,会改变消费者在消费与储蓄之间的选择。近年来,我国银行利息率连续多次下调,存款利息税也已开始征收,其目的不外乎刺激消费。

2. 非经济因素

这里仅以消费者为中心,分析限制其旅游消费行为的心理和环境因素。根据相关研究,我们认为这些因素包括动机、态度、个性特征、消费习惯、闲暇时间和信息。

(1) 动机

导致旅游消费行为的动机很多,这源于人们需要的复杂性和目标的多样性。旅游行为的产生原因多种多样,但不管出于何种动机,都反映了旅游者内在和外在的需求。

(2) 态度

态度对旅游消费行为的限制主要表现为对旅游决策的影响。心理学研究表明,个体态度一旦形成,就会导致某种偏爱或某种方式的行为倾向,并进一步影响旅游决策。这一观点对旅游经营者的启发是:要想通过改变旅游者的态度影响其旅游决策,就必须设法使消费者了解到旅游经营者所提供的具体服务项目和内容,并设法使消费者相信这些项目和服务是可以得到的。这样,消费者在进行旅游决策时就会把它们作为解决旅游问题的可行性选择。旅游者态度的转变也影响着旅游消费行为。实际工作中,可以从改变旅游产品的形象和旅游者的个体情况两方面入手,促使个体的态度转变方向和强度。

(3) 个性特征

个人身上经常表现出来的本质的、稳定的心理特征即个性特征,主要包括能力、气质、性格等,其中以性格为核心。这些特征影响着个体的举止言行,反映出一个人的基本精神面貌和意识倾向,集中地体现了人的心理活动的独特性。在心理学研究的基础上,加拿大政府旅游局为了揭示不同的个性品质与旅游行为的关系,用统计方法进行调查研究,结果表明:两者之间在交通工具、旅游目的地、旅游活动内容以及季节等项目上存在着高度相关。这项研究不仅验证了个性品质确实影响着旅游者的旅游行为,而且回答了为什么在同一旅游环境下人们采用的行为方式是不同的。

(4)消费习惯

消费者属于什么样的团体,他的消费行为也会体现出这个团体的特征,遵从所属团体的诸多行为规范。一个特定的团体所具有的价值准则或行为惯例以各种方式影响着成员的行为,在旅游情境中具体表现为属于某一特定团体的人们寻求他们所属群体惯常的利益。旅游经营者应了解旅游者所属的特定团体,了解这些团体之间的各种差异,了解他们的习惯和需求,使销售和服务工作适合于不同类型团体的需要。

应当指出的是,由于划分的角度不同,团体的性质也存在差异。有按经济收入来划分的团体;有按受教育水平来划分的团体;有按职业来划分的团体;有按社会阶层来划分的团体;有按文化群体来划分的团体。

(5)闲暇时间

人们在日常工作、学习、生活及其他必需时间之外,可以自由支配的时间即为闲暇,它是实现旅游消费行为不可缺少的重要因素。闲暇时间大体上包括每日闲暇、每周闲暇、公共假日和带薪假期,其中除了每日闲暇时间因为很零散不可用于旅游之外,其他三类均为旅游消费行为提供了便利条件。虽然并非所有的闲暇时间都一定用于旅游,但对旅游者而言,一定数量而且比较集中的时间才有可能实现外出旅游,完成消费行为。

(6)信息

信息对旅游消费行为的限制体现在获取的信息量与选择的余地上,旅游经营者与旅游消费者信息的不对称使旅游者在决策上产生困难。信息主要来自两个渠道:商业环境和社会环境。商业环境包括广告和推销。旅游经营者应通过具有吸引力的信息传递方式增强消费者原有的动机,促使他们接受并赞成这些信息,从而做出计划外的瞬时决策;也可以通过劝说消费者改变决策的方法来影响他们的旅游决策。旅游消费者的社会环境,主要包括家庭成员、亲属和朋友,这是个体获得信息的重要来源。与商业环境的信息相比,旅游消费者更愿意相信来自亲友的信息,因为他们用自己的亲身经历和第一手材料,向消费者宣传、介绍、推荐,在很大程度上影响了消费者的旅游选择,这对缺乏经验的消费者尤为重要。

四、任务准备

1. 准备相关书籍;
2. 配备电脑,进行网络查询;
3. 准备相关表格。

五、任务实施

表2-1-1-1　任务实施表

序号	实施步骤	实施内容	要求	备注
1	查找资料	通过书籍、网络等途径,查找有关销售、景区销售等方面的资料,细心阅读。	(1)目标明确 (2)思路清晰 (3)资料来源可靠并且最好选择权威资料	(1)注意书籍信息的时效性 (2)注意网络资料的可靠性
2	内容归纳	归纳旅游者消费行为的概念、特点和影响因素。	归类合理	归纳要有条理,具逻辑性。
3	小组讨论整理完善	将归纳出来的旅游者消费行为的概念、特点进行整理和完善。可以将学生分成若干小组,讨论旅游者消费行为的影响因素。	(1)描述狭义和广义的旅游者消费行为 (2)分组讨论、记录、总结	要理解清楚,表达清晰。 组员参与性强,积极发言,讨论效果明显。
4	总结与分享	对任务实施过程、完成情况进行总结自评,并与他人分享。	(1)总结全面到位 (2)表达清晰流畅	每小组选代表发言,得出最后的总结。

六、任务评价

表2-1-1-2　任务评价表(教师评价)

序号	评价内容	评价结果			
		优	良	合格	不合格
1	认真负责				
2	分工合理				
3	团队协作				
4	语言表达能力				
5	任务完成进度				
6	任务完成质量				
7	其他				

表 2-1-1-3 任务评价表(自评)

序号	评价内容	评价结果			
		优	良	合格	不合格
1	认真负责				
2	分工合理				
3	团队协作				
4	语言表达能力				
5	任务完成进度				
6	任务完成质量				
7	其他				

七、问题及解决

表 2-1-1-4 问题解决表

序号	问题	处理措施	预防措施	改进方法	备注
1					
2					
3					

八、拓展知识

【阅读材料 2-1-1-1】

神农架进一步规范探险旅游户外运动

据悉,神农架林区人民政府根据《全民健身条例》、《经营高危险性体育项目许可管理办法》、《湖北省神农架自然资源保护条例》的规定,就规范探险旅游等攀岩类户外运动发布通告,以切实保障户外运动爱好者的生命财产安全,加强生态环境保护。

通告指出,在神农架境内经营探险旅游等攀岩类户外运动的机构应当取得高危险性体育项目许可证,违者由文体行政主管部门依法给予行政处罚;合法经营探险旅游等攀岩类户外运动的机构,应落实主体责任,完善应急预案,增强安全保障能力。严禁以个人名义组织探险旅游等攀岩类户外运动或担任向导,造成安全事故者,自行承担相应的法律责任。严禁捕猎、盗采珍稀动植物,严禁非法采集岩石、化石、矿石标本,严禁在森林防火期内野外用火,违者依法追究其法律责任。

通告要求,旅游行政主管部门应切实履行监管职责,严厉查处旅行社违规经营户外运动的行为,大力宣传探险旅游常识,增强户外运动爱好者安全防范意识。其他相关部门应各司其职,加强对探险旅游市场的规范和引导,努力营造和谐、文明、有序的旅游环境。

神农架位于我国地势第二阶梯的东部边缘,由大巴山脉东延的余脉组成中高山地貌,区内山体高大,由西南向东北逐渐降低。神农架平均海拔1700米。山峰多在1500米以上,其中海拔3000米以上的山峰有6座,海拔2500米以上山峰20多座,最高峰神农顶海拔3106.2米,成为华中第一峰,神农架因此有"华中屋脊"之称。西南部的石柱河海拔仅398米,为境内最低点,相对高差达2708.2米。神农架因此也成为户外运动爱好者开展攀岩、登山、探险的理想之地。

(资料来源:中文国际网 http://www.chinadaily.com.cn/hqgj/jryw/2013-09-04/content_10028935.html)

任务二 景区市场细分

一、任务描述

把全班同学分成四组,分别归纳、分析、总结、汇报景区市场细分的步骤,最后得出结论。

二、任务分析

完成本任务的关键是了解景区市场细分的概念、细分的原则、细分的标准,在此基础上,总结出合理、可操作的市场细分步骤。

三、相关知识

(一)景区市场细分的概念

景区市场细分是指旅游企业根据旅游者特点及其需求的差异性,将一个整体市场划分为两个或两个以上具有相类似需求特点的旅游者群体的活动过程。在景区销售过程中,存在着一个明显的矛盾:景区旅游消费者需求的多样性与旅游景区资源的有限性的矛盾。旅游景区可以为一类或者几类需求提供服务,而旅游消费者需求的多样性则决定了消费者需求的差异性,景区不可能满足所有消费者对某种产品的互有差异的整体需要。在制定旅游景区销售策略之前,需要科学、合理地对整体市场进行细分,在此基础上确定旅游景区的服务对象,即景区的目标市场。

(二)景区市场细分的原则

1. 实效性原则

旅游景区市场细分的范围大小必须合理,即细分市场的规模大小应该适当,既要保证有利可图,又要具有相当大的发展潜力。

2. 可衡量性原则

用来划分旅游景区市场的标准必须是可以确切衡量的,因此必须对游客各方面的旅游消费需求作全面、准确的了解,以使确定的划分标准能够准确合理。

3. 稳定性原则

旅游景区市场细分必须在一定的时期内保持相对稳定,不能经常变化,以便能在较长的时期内制定有效的营销策略。

4. 可接受性原则

在进行旅游景区市场细分时,应根据旅游景区的具体情况选取调研活动的范围,选择有效的目标市场。

5. 差异性原则

按照不同标准划分的细分市场要有一定的性质差别。

6. 相似性原则

划分的同类市场之间要体现性质的相关性、类似性。

(三)景区市场细分的标准

1. 按地理环境细分

所谓按地理环境细分,就是按照旅游消费者所在的地理位置作为市场细分的基础,然后选择其中的一个或几个作为目标市场。从国内看,主要有华东旅游区、华南旅游区、华中旅游区、华北旅游区、东北旅游区、西北旅游区、西南旅游区等。从国际来看,世界旅游组织将全世界划分为六大区域,即欧洲旅游区、美洲旅游区、东亚及太平洋旅游区、南亚旅游区、中东旅游区以及非洲旅游区。

2. 按人口特征细分

人口特征包括性别、职业、年龄、收入、宗教、家庭结构、受教育程度等,其所包含的变量十分明确,因此按人口特征进行细分的方式是市场细分中最流行的。以年龄为标准来划分,有儿童旅游市场、青年旅游市场、中年旅游市场、老年旅游市场等;按职业、文化程度划分,有商务旅游市场、职工旅游市场、科教旅游市场等。

3. 按购买行为细分

如可按旅游者出游时间、旅游目的以及旅游后的感受来划分。按旅游目的可分为度假旅游市场、观光旅游市场、教育旅游市场和探亲访友旅游市场等;按旅游购买方式可分为团体旅游市场、散客旅游市场;按旅游消费者所追求的利益细分,可分为经济型旅游市场、享受型旅游市场、时髦型旅游市场等。

4. 按心理因素细分

按心理因素细分就是按照旅游者的个性、爱好、兴趣等心理因素来细分市场。心理因素属于旅游消费者主观心态,比较复杂难测。根据旅游消费者不同的心理需求,细分市场主要有安逸者市场、冒险者市场、廉价购物者市场。如果按照旅游消费者的生活方式进行划分,可以细分为基本需求者市场、自我完善者市场和开拓扩张者市场。

表2-1-2-1　旅游景区市场细分标准及细分因素

细分标准	细分因素
地理因素	空间位置、城市大小、经济地理环境、自然气候、人口密度、城乡分布
人口统计因素	年龄、性别、家庭人数、经济收入、教育程度、职业、宗教、国籍、民族、社会阶层
购买行为因素	购买动机、购买类型、购买形式、购买频率、品牌依赖度
心理因素	个人的性格、气质、生活方式、价值观

（四）旅游景区市场细分的步骤

根据景区特点再结合美国市场营销学家麦卡锡提出的市场细分程序，总结出以下旅游景区市场细分的步骤。

1. 产品市场范围的选择

景区产品的市场范围一般是在区域旅游业总体市场分析的基础上，针对景区产品的特点确定。这个范围一般是地理范围的概念，即首先根据区域旅游业的市场状况确定境外市场和国内的一级市场、二级市场和机会市场的大致范围，然后根据景区所能提供的旅游产品和旅游服务对以上市场范围做出必要的调整。例如，如果该景区具有世界级的资源禀赋和发展条件，则可以把市场吸引半径充分放大来考虑；但如果该景区只具备地方级的吸引力，则应该聚焦于周边区域的市场进行拓展，然后再根据相关情况进行动态调整。

表2-1-2-2　不同级别景区吸引半径

景区级别	大多数游客的吸引半径
地方级	0~250公里左右
省区级	500公里左右
全国级	1500~2000公里左右
世界级	无限远

2. 现有及潜在顾客需求分析——顾客的分析

针对选定的景区产品的市场范围，列举该市场范围内旅游者现实的和潜在的旅游需求状况，它是景区市场细分的原始依据。有关旅游者现实的和潜在的旅游需求情况的基础资料可以通过景区市场调研获得，掌握了这些资料以后再对旅游者的不同需求进行细致的分析，确定旅游者的基本需求和最重要的基本需求，作为市场细分的基础。

3. 确定细分市场——确定顾客范围

在以上分析的基础上，分析对旅游者消费行为的差异具有重要影响的因素，选出更具有现实性且更能反映市场需求特点的因素，作为景区市场细分的主要标准，然后根据这些标准对市场进行细分。

4. 各细分市场的特点分析

进一步认识细分市场的特点就是在确定细分标准并对市场进行初步细分的基础上,按照细分变量的特征,仔细深入地分析具有这种细分变量特征的旅游者的消费特征和消费习惯,将其与景区产品进行对照,对于景区产品能否满足这些旅游者的需求形成一定的判断,并对细分市场进行重新筛选。

5. 测量不同细分市场的规模

一般情况下,测量细分市场的规模可以有两种方法:第一种,首先要根据地方旅游市场发展状况、景区的历史数据、景区外部环境变化等,对景区总体市场规模进行预测,然后,需要根据各种细分市场发展的规律和趋势赋予其相应的权重,比如:景区是以接待高档游客为主,以接待中低档游客为辅;或者是以接待团队游客为主,以接待散客为辅等。对于这样一些不同的细分市场,就需要景区营销人员对它们在景区总体市场规模中所占的比重做出判断,然后根据相应的比重进行测算。第二种,是结合景区所在区域各种细分市场的总体规模,景区营销人员根据景区自身在这些细分市场上的竞争力状况和景区历史数据推断出景区将可能在市场上占据的份额,并据此对景区细分市场规模做出测算。

四、任务准备

1. 准备相关书籍;
2. 配备电脑,进行网络查询;
3. 笔记本,整理;
4. 分组。

五、任务实施

表2-1-2-3 任务实施表

序号	实施步骤	实施内容	要求	备注
1	查找资料	通过书籍、网络等途径,查找景区市场细分的相关知识,细心阅读。	(1)目标明确 (2)思路清晰 (3)资料来源可靠并且最好选择权威资料	(1)注意书籍信息的时效性 (2)注意网络资料来源的可靠性和参考价值
2	内容归纳	归纳景区市场细分的概念、原则、标准。	归类合理	归纳要有条理,具逻辑性。
3	小组讨论	将学生分成四组开展讨论,讨论市场细分的合理步骤。	(1)讨论热烈 (2)围绕主题 (3)有记录	小组成员踊跃发言

续表

序号	实施步骤	实施内容	要求	备注
4	代表发言	小组代表把小组讨论出的结果与全班同学一起分享	(1)代表发言自然大方 (2)总结内容无太大偏差	归纳各小组发言的内容
5	总结	最后全班根据各组发言进行最后的总结,得出合理、科学的景区市场细分步骤。	(1)总结合理 (2)内容准确 (3)可行性强	做成PPT展示

六、任务评价

表2-1-2-4 任务评价表(教师评价)

序号	评价内容	评价结果			
		优	良	合格	不合格
1	认真负责				
2	分工合理				
3	团队协作				
4	语言表达能力				
5	任务完成进度				
6	任务完成质量				
7	其他				

表2-1-2-5 任务评价表(自评)

序号	评价内容	评价结果			
		优	良	合格	不合格
1	认真负责				
2	分工合理				
3	团队协作				
4	语言表达能力				
5	任务完成进度				
6	任务完成质量				
7	其他				

七、问题及解决

表 2-1-2-6　问题解决表

序号	问题	处理措施	预防措施	改进方法	备注
1					
2					
3					

八、拓展知识

【阅读材料 2-1-2-1】

从女性旅游消费者看旅游市场开发

随着商品的日益丰富和人们购买力水平的不断提高，人们的消费观念和需求层次也在变化。在很多消费领域，消费者在追求高新技术带来的物质享受的同时，更加关注人的精神需要和个性的充分满足。特别是旅游消费，随着社会经济的发展，妇女地位的提高，女性就业人数增多，受教育程度提高，家庭收入特别是家庭可自由支配收入明显改善，使女性外出旅游的人数呈上升趋势。旅游企业应认识到这一现状，针对不同的市场，提供满足女性游客需要的优质产品和服务，以便在激烈的市场竞争中取得优势地位。

一、女性消费旅游产品的内涵

旅游产品是旅游市场交换活动中的基本内容，是旅游市场营销活动的轴心。对旅游产品的认识不仅会影响到对旅游市场营销的一系列理论研究，还会影响到旅游营销实践。

1. 旅游产品的概念

旅游业是服务业中的一个行业，旅游业所生产的旅游产品具有服务产品的共同特性，但旅游也不同于其他行业，尤其是生产物质产品的行业。因此，旅游业一个显著的特点，就是旅游产品供求双方即旅游企业与旅游者对旅游产品的看法和感受不同。一般来说，我们可以从两个方面来理解旅游产品：从旅游者一方看，旅游产品是旅游者为了获得物质和精神上的满足通过花费一定的货币、时间和精力所获得的一次旅游经历。从旅游企业一方看，旅游产品是旅游企业在旅游市场上销售、满足旅游者在旅游活动中的各种需要的物质产品和服务产品的总和。旅游企业供给的旅游产品，有的是物质商品，如旅游纪念品和其他物品；有的是物质形态的劳动产品，如景观等。而大量的是具有非物化形态的劳动产品及服务产品，如旅行社、交通部门、旅游饭店等提供的各种服务产品。必须强调的是，这里所说的旅游产品是一个总体概念，是指为了实现一次旅游活动所需要的各种物质产品、服务产品的组合。对于旅游产品，市场营销观点强调的重点是产品所能给予人们的满足，而不是产品的本身。

2. 旅游产品的构成要素

旅游产品是由多种要素组合起来的一种特殊产品。它能满足旅游者吃、住、行、游、购、娱六大基本要求。因而,它也就由相应的行业提供的实物和劳务组合而成。旅游产品包括以下要素。

旅游餐饮。为了满足人们饮食基本需求而由饮食服务业提供的饮食及各种服务,构成了旅游产品不可缺少的一个基本要素。随着旅游活动的发展,餐饮服务不仅满足人们的物质需求,而且成为一种饮食文化,其本身构成了一种旅游资源,出现了"饮食旅游"、"烹调旅游"等,已上升为一种精神享受了。

旅游住宿。旅游者在旅游期间近三分之一的时间在饭店、宾馆度过,因而,饭店、宾馆所提供的产品和服务成为旅游产品的另一个基本要素。饭店、宾馆在住宿、游乐以及文体活动等方面能否为旅游者提供舒适满意的服务,是关系到旅游产品质量好坏的重要一环。因此,饭店产品的结构、档次是否合理严重影响着旅游产品质量。

旅游交通。旅行构成了旅游活动的前提。由交通部门提供的客源地到目的地的位移服务及景点之间的位移服务成了旅游产品的重要内容。现代化、安全、准点的旅游交通已成为一件好的旅游产品的保证。

旅游景观。如同旅行一样,旅游的另一个主要内容是游览,而旅游景观则是满足这一需求的主体产品。景观是否丰富、独特,直接决定着旅游产品的质量好坏。旅游景观是旅游产品的吸引物,这一吸引物构成了旅游产品最直观的部分。

旅游购物。旅游期间,在旅游地购买旅游纪念品、美术工艺品、土特产品、生活用品、食品及药材等活动均为旅游购物。它是旅游产品设计、生产中不可缺少的一个重要内容。据旅游部门统计资料显示,国际旅游市场中旅游购物占旅游支出的70%左右,而我国不到30%。香港、新加坡更是以购物天堂而享誉全球旅游业。旅游购物不仅能直接增加旅游业的收入,满足旅游者的需求,而且一些好的旅游商品更能起到意想不到的宣传效果。

旅游娱乐。娱乐项目是旅游产品的基本构成要素,也是现代旅游中一项重要的、非观光性的重要内容。只有娱乐项目多样化、知识化、趣味化、新颖化,才能广泛地吸引各类旅游者。娱乐项目应因地制宜,充分发挥资源优势,体现现代科学技术水平。

二、女性旅游消费者的类型及营销策略的建议

通过分析可知,影响女性旅游消费者的自我概念的因素有五个因子:能力展现因子、情感因子、外在表现因子、情绪因子和传统保留因子。再通过聚类分析,把具有不同自我概念因子的女性旅游消费者分为五个类型:情感至上型、内敛顺从型、外强中干型、传统现代结合型、领导气质型。

1. 情感至上型女性

这类女性最看重情感,而情感在女性消费态度中的作用就是使女性消费者对待产品和服务时比较重视自己的主观感受,她们会偏好能够抒发或表达自己内心感受和体验的产品和服务,喜欢能够满足情感需求的消费类别。一般而言,女性消费者情感满足来自于亲人、朋友或相应的替代性商品。比如有来自夫妻双方情感深厚和谐的满足,有来自朋友(男性或者女性)的情感满足,也有借助消费来实现的情感需要。消费是一种表达情感的媒介。消费

的商品或品牌是这类女性寄托情感、表达情感和满足情感需要的工具和途径。通过消费的途径，女性也能够达到与家人、朋友之间理想的情感回报。对旅游中的这类女性而言，具有一定象征意义的旅游产品和服务通常会引起她们的兴趣。例如，开展与亲情、爱情、友情有关的活动，赋予人文景观和自然景点不同情感色彩，充满人情味的服务和导游等都会是吸引这类女性的好途径。另外，专门针对女性消费者的旅游产品，比如旅游杂志和纪念品也是一种理想的情感类产品。而酒吧这些比较有情调的地方也可以成为很好地满足情感需求的替代物。如果能够激起这类女性消费者丰富的联想和无尽的想象，实现了情感共鸣，那么这样的旅游策划活动就应该算是比较成功的。另外，价格也要适中，这样才更能满足她们的消费心理，毕竟这类女性属于比较节约的类型。

2. 内敛顺从型女性

这类女性的比例相比之下是最多的，她们的形象比较接近于家庭妇女。尽管女性的思想已经发生了很大的变化，但是在中国社会文化环境中，贤妻良母式的女性形象是多数人所接受和欢迎的。以家庭为主的女性常常会表现出顺从的生活态度，她们安静、怠惰、保守的生活方式使她们在旅游中显得比较低调，因此在五个类型中她们也是能力展现因子得分最低的一类。但她们同时也是非常富于表现自我的一类，这类女性消费者在消费生活中，表现为：喜欢借助于商品和品牌来展示自己的个性、品味和独特的生活方式；喜欢交际聚会，喜欢群体性的活动等。她们喜欢能够提升外表形象的产品、服务或品牌，也喜欢能够表现自己独特个性的产品和服务。因此，对这类富于表现自我的家庭主妇形象的女性而言，旅游主题应该围绕着平凡之中显现美丽来组织和策划，这样才能有效地实现她们对自我的追求，既满足了她们做平凡女性的心理，又能引发她们的表现欲望。比如开展展现男性领导气质的活动，女性作为第二参与者，通过声东击西的方式表现女性的魅力；评选旅游中的家庭丽人或者同事中的丽人，表现普通女性的魅力；设计衬托女性外表美的价格适中的旅游纪念品，等等。当然，旅游产品也要适合其他相关消费群体，因为这类女性通常会很注重她所关心的家庭成员或者同行的其他人的共同消费，这些人的言行举止也是她们表现自我的一个方面。

3. 外强中干型女性

这类女性是五个类型中显得最浮躁和冲动的一类，她们在购物的时候不会对事物加以联想，而是决策果断，对事物的价格也不太计较。她们最不喜欢的消费就是通过大量方式求得外在美的形象。但是她们很注重自己能力的展现，有着多层次、多方面的文化追求。因此对这类女性产生吸引力的旅游方式应该更多强调女性能力的表现。由于这类女性是比较奢侈的一类，因此在旅游产品的设计和活动的策划中就不用太多受价格的限制。比如可以开展女性做主的主题活动，营造出让她们展现能力的氛围，体现她们的修养和学识。特别应该注意的是避免出现强调展现时尚感和美丽外表的活动和旅游产品，因为她们对这些可能并不感兴趣。当然，尽管她们不注重外表美，但是体现高贵身份和生活品位的产品和服务也会为她们所青睐，而体现她们的地位和能力。因此也可以借助于特定的产品、服务和品牌来提升这类女性消费者的社会形象、地位和价值，同时，也可以通过产品和服务的消费来展示她们的成功、努力和现实的或理想中希望达到的社会地位和生活品位。由于她们的购物风格比较浮躁和冲动，她们做出决策的速度比较快，因此在旅游活动和产品的策划上就应该特别注重给她们留下第一视觉效果和听觉效果。所以,产品的外在形象和服务对吸引她们而言是尤为重要的。

4. 传统现代结合型女性

这类女性和第二类型女性不同的是,她们不仅顺从、保守、节约、爱表现自己,她们同时还愿意表现自己的能力和情感,这正是现代女性所追崇的特质。因此,她们在旅游中会显得更加兴奋活泼,有着一些情感类的联想,并且较第二类显得更加见多识广。但是她们的这些表现更多的是为了能够表现自己,使自己引人注目,得到他人的重视。所以,她和第二类女性又存在着共性,我们可以借鉴针对第二类女性展示自我的营销策略。当然我们还可以加入一些适合现代女性参与的元素,比如开展比较时尚动感的旅游主题活动,推出富有文化气息的针对女性的旅游产品。当然也应该包括家人和朋友的自我展示,富于表现的女性具有的一点共性就是这种表现不仅来自于自己,而且来自于与自己比较亲密的人。另外还可以组织一些旅游知识问答的互动节目,重要的是加入简单的时尚类知识,这些被第二类女性视若无睹的东西对这类传统现代结合型女性而言却是钟爱有加。另外,别忘了她们也是最精打细算的一类,所以在旅游主题策划中,切记以让她们"划算"为原则。

5. 领导气质型女性

这类女性同样属于女强人的类别,有很强的能力和领导欲望,遇事决策果断,而且出手相对大方,不计较价格。但她们同第三类女性不同的是她们还有更多作为女性角色的特征,情感丰富,追逐时尚,有表现自我的欲望。另外尽管她们都属于决策果断型,但是这类女性更加稳重和理智,相比第三类而言,更加具有领导者的风范。所以,要抓住这类女性消费者的心,就不能简单地在旅游产品的第一印象上下工夫,还要真正从情感、文化内涵、时尚等功能性方面打动她们。在整个旅游过程中,要营造出以她们作为核心的氛围,并且加入一些情感成分、时尚成分,给她们表现自我的机会和场所。通过先引导、后介绍的方式使她们对旅游产品产生兴趣并参与购买和使用。还可以策划一些具有情感色彩、文化色彩、时尚色彩的主题活动,或者把人文景观、自然景点和一些现代社会比较流行、受社会上层人士关注的元素融合起来进行推荐,一定会引起她们的热情关注。

三、女性消费者的旅游营销启示

我们通过对五个类型女性消费者的分析,可以得到很多启示。同时它对于商家如何组织女性消费者的旅游也会起到一定的借鉴作用。

(1)具有观光度假、科考、科普教育等多重功能,以欣赏自然、不破坏其生态平衡为基础的生态旅游,日益成为人们热衷的新兴项目。这表现出了人们在追求知识增长、登高望远的同时还有追求健康的欲望,在健康的环境中得到自我的实现,这样的消费欲望与国家越来越重视环保的大环境是密切相关的。因此,在洞察消费者的内心世界,深挖她们对自我看法的同时,还需要与时俱进,结合最前沿的变化和流行趋势。对重知识、重发展的消费群体而言,国家的重大政策是不能忽视的,而对重外在表现的消费者,时尚类的气息捕捉更重要。

(2)"享受'随心所欲'的奥妙",已经成为有车一族选择的主要旅行方式。国庆期间,不少有车族驾车到郊区县,吃农家饭、住农家屋、享农家乐,采摘水果、蔬菜,集体验民俗、领略风光、休闲放松于一身。这种策划活动的成功在于它紧紧抓住了一部分消费者希望自己做主,不受他人牵绊的需求,同时也借此表现了旅游者自己的能力,在自己的意志主导下享受了时下流行的回归自然的喜悦。这样的娱乐方式在现代都市人中越来越受用了,因为这部分人每天大都奔波于高楼大厦和忙碌的工作中,听从着上司和领导的安排和嘱咐,没有太多机会和时间来做一回本色自我,实现自己做主、自由自在的愿望。而对商家而言最有效的就是利用假期旅游帮他们实现梦想,做他们自己想做的事情,实现他们心中对自我的看法和愿望。借当前最时尚的交通工具——自驾车,过一天回归田园的生活,从而实现随心所欲的梦想。这样的策划主题有谁会拒绝呢?

（3）一些商家开始利用消费者的心理在旅游产品的外形上大做文章,比如佛像的外形就很受欢迎。很多旅游心理调查资料显示,最能体现中国人好"大"心理的,莫过于那些屹立在全国各地的一尊尊巨大佛像了。多少年来,人们乐此不疲地议论着大佛们的座次,就像为梁山泊英雄好汉排座次一样,也试图从中寻找自己的位置,从中获得满足、自豪、快慰。看到这样的报道无疑会让人眼前一亮,这又是抓住了消费者心理的一个典型。然而,爱表现、爱炫耀是很多人都具有的特质,从前面提到的五种女性消费者类型来看,大多数都是喜欢表现、喜欢自己被人所注目和重视的。在中国的传统意义上,它可以是神圣权力的象征,也可以是人格尊严的象征,与消费者对自我形象的联想遥遥相应。因此,在旅游产品的策划和定位上,一定要结合消费者的心理需求,抓住他们内心对自我的看法和渴望,使他们产生联想,引起共鸣。

现代女性在经济、人格上的独立,让她们更加敢于创造,敢于消费,参与到各种经济活动中。而都市女性作为女性中的杰出群体,由于拥有较稳定的经济收入、超前的消费观念和自由的消费选择,使她们表现出强大的消费能力和潜力,成为当今城市经济中的一个新亮点。

（资料来源:旅交汇网站 http://www.17u.net/bbs/show_2_861709.html）

思考
1. 阅读本文后,你在景区销售方面受何启发?
2. 如何设计出符合女性消费者口味的旅游产品?

任务三　景区目标市场选择

一、任务描述

了解景区目标市场选择的三种策略,掌握选择时应考虑的因素。

二、任务分析

完成本任务的关键是阅读旅游市场营销方面的相关书籍资料,进行分析、归纳、总结,形成知识系统。

表 2-1-3-1 景区目标市场选择的策略

序号	策略	优点	缺点	适合景区类型
1				
2				
3				

表 2-1-3-2 景区目标市场选择考虑的因素

序号	考虑的因素	过程分析	备注
1			
2			
3			

三、相关知识

(一)景区目标市场选择的策略分析

1. 无差别市场策略

这种策略不考虑旅游者的需求差别,只强调他们的共性。即景区只推出一种类型的旅游产品,或只用一套市场营销办法招徕游客。当景区营销人员经过市场分析后发现各个细分市场之间的差异比较小的时候,就能采用这种市场营销策略。

无差别市场策略的优点在于,不必对市场进行细分,不但可降低景区营销和管理成本,而且容易形成垄断性旅游产品的声势和地位,所以容易形成一定的品牌。发展初期用,可先发制人。无差别市场策略不足的地方在于,景区只针对最大的细分市场提供单一的旅游产品和服务,当几个旅游企业同时参与竞争时必然会加大竞争的激烈程度,最终导致利润降低。

所以,此策略不能满足目前日益增长的旅游多样化要求。这种方法适合于资源种类较多、规模较大、资源特色突出、资源品位较高、区位条件较好、竞争对手较弱、服务能力较强的旅游景区选用,这种旅游景区往往以生产大众旅游产品为主。

2. 密集性市场策略

这种策略指景区将一切市场营销努力集中于一个或几个有利的细分市场,采用不同的市场营销策略组合的过程。这种策略对于经济实力不够强、处于市场开拓的初级阶段的景区更为适用。

密集性市场策略的优点在于:占用景区的资金比较少,资金周转相对比较快,有利于提高景区的投资收益率和利润率;市场针对性强,景区可以更加深入地了解这部分旅游者的需求,从而在景区产品设计上能更好地、更有针对性地满足旅游市场的需求;景区将所有的营销精力集中于少数几个市场,使得景区得以充分发挥自身的优势,在这些市场上形成比较强劲的竞争力和比较高的市场占有率。密集性市场策略也有不足的地方,这种策略由于过分依赖少数几个市场,景区将来的经营会比较脆弱,一旦这些市场出现危机,都会对景区造成致命的打击。

3. 差异性营销策略

差异性营销策略指景区根据各个细分市场的特点,增加旅游产品的种类,或制定不同的营销计划和办法,以充分适应不同消费者的不同需求,吸引各种不同的购买者,从而扩大景区产品的销售量。

这种策略的优点在于,景区产品设计或宣传推销能有的放矢,分别满足不同地区消费者的需求,增加产品的总销售量,同时可使景区在细分市场上占有优势,从而提高市场占有率,在消费者中树立良好的景区形象,有利于降低景区的经营风险。由于景区经营同时针对多个细分市场,即使部分市场的旅游者消费偏好发生变化,也不会造成太大的损失。这种策略的不足之处在于:将增加景区的各种费用,如产品规划设计和开发的成本、管理费用等;另外,要同时满足不同细分市场的需求,总会在景区的经营管理过程中出现这样或那样的问题和矛盾,对景区的管理能力将会是一个非常大的考验。因此采用差异性市场营销策略的景区一般都是拥有比较强的经济实力和比较丰富的管理经验的景区。

(二) 景区目标市场选择应考虑的因素

上述三种市场策略各有优缺点,适用于不同类型、资金实力不同的景区。景区在具体选择目标市场时,可重点考虑如下因素。

1. 景区自身的竞争实力

如果景区资金实力强,品牌效应广,而竞争者少或竞争者处于弱势状态,则可选择较大的目标市场范围,采用无差别目标市场策略。如果企业实力较弱,资金供应不足,而竞争者多或者强,则可采取差异性目标市场策略。如果竞争对手采用差异性或集中性目标市场策略,景区则可在更有效细分市场的基础上,实行更深层次的差异性或集中性目标市场策略。

2. 景区产品特点及其生命周期

比较大众化、替代性强的旅游景区产品,可以考虑选择无差别目标市场策略,对于景区的特色产品,则可采用差异性或集中性目标市场策略。景区产品处于投入期和成长期阶段时,若竞争者较少,可采用无差别目标市场策略进入或者打开市场。当景区产品进入成熟期时,应采取差异性目标市场策略,从而有利于开拓新的目标市场,适当延长景区的产品生命周期。若景区进入产品衰退期,则须采用集中性目标市场策略,以便企业能集中力量经营少数有利可图的细分市场,节约财力、人力和物力以开发新产品。

3. 景区市场营销环境

营销环境影响市场的供求关系和旅游者消费行为,由此影响到景区对目标市场策略的选择。在供不应求的卖方市场上,一般可采用无差别目标市场策略,以尽可能节约成本,提高销售额。而在供过于求的买方市场上,则可采用差异性或集中性目标市场策略,以吸引特定的游客群体。

总之,景区在选择目标市场策略时,要在深入分析市场的基础上,结合景区自身的实际做出慎重的考虑和决策。

四、任务准备

1. 准备相关资料;
2. 准备笔记本、笔;
3. 分成四小组。

五、任务实施

表 2-1-3-3 任务实施表

序号	实施步骤	实施内容	要求	备注
1	查找资料	通过书籍、网络等途径,查找景区目标市场选择的相关知识,细心阅读,获取有效信息。	(1)目标明确 (2)思路清晰 (3)资料来源可靠	(1)注意书籍信息的时效性 (2)注意网络资料来源的可靠性
2	内容归纳	归纳景区目标市场选择策略的优点与缺点	归纳合理	归纳要有条理,具逻辑性。
3	小组讨论	将学生分成四组展开讨论,讨论不同类型景区选择目标市场策略的影响因素。	积极参与讨论;围绕主题;有记录。	小组成员踊跃发言
4	代表发言	小组代表把小组讨论出的结果与全班同学一起分享	代表发言自然大方,表达清晰。	做成PPT展示
5	点评	最后根据各组发言进行最后的总结。	总结合理;内容准确。	学生互评、教师点评

六、任务评价

表 2-1-3-4 任务评价表(教师评价)

序号	评价内容	评价结果			
		优	良	合格	不合格
1	认真负责				
2	分工合理				
3	团队协作				
4	语言表达能力				
5	任务完成进度				
6	任务完成质量				
7	其他				

表 2-1-3-5 任务评价表(自评)

序号	评价内容	评价结果			
		优	良	合格	不合格
1	认真负责				
2	分工合理				
3	团队协作				
4	语言表达能力				
5	任务完成进度				
6	任务完成质量				
7	其他				

七、问题及解决

表 2-1-3-6 问题解决表

序号	问题	处理措施	预防措施	改进方法	备注
1					
2					
3					

八、拓展知识

【阅读材料 2-1-3-1】

中小景区市场营销必须抓住三大目标市场

大卫·奥格威说："任何一个广告都是对广告品牌的长期投资,广告的诉求重点应具有长远性。"品牌形象的建立是一个长期的、系统的工程,因此,在品牌的宣传上,中小景区应进行系统性、阶段性的宣传。

一个景区的发展,需要一个良好的外部发展环境,但同时,也必须加强内部的管理。两翼齐飞,才能塑造品牌形象,以品牌拉动市场的消费,从而带动当地经济发展,这应该是景区的发展之道。

一、中小景区的市场定位要准确

一直以来,旅游景区投资跟风现象严重。从 20 世纪 90 年代至 2003 年,在一些主题公园、城市公园内引入机械乐园,曾经风靡一时,带来了一波投资机械乐园热。作为一种新兴的项目,机械乐园项目曾经引起消费者兴趣,特别是少年消费者群体更是对机械乐园产生了极大的兴趣。但机械乐园投资大,在项目更新上难以保持新鲜感,进而引发了机械乐园热闹开张、落寞退出的结局。几年后,机械乐园倒闭的倒闭、歇业的歇业。这几年,随着回归大自然、亲近大自然的旅游消费观念的兴起,许多地方开始看好户外旅游或乡村旅游,各地相继涌现出一批或以农庄项目为主的、或以户外拓展运动项目为主的旅游景区,大家对其投资热情不亚于当初的机械乐园。

　　盲目跟风在旅游业中普遍存在,这种现象的出现,说明旅游项目投资者在市场运作上的投资短见。看到什么热就投资什么,还有些人抱着捞一把就走的心态。如果以这种目的来投资,这个企业的生命周期注定是短暂的。

　　对中小景区而言,市场定位非常重要。只有对市场进行准确定位,锁定目标消费群体,才能获得较大的发展空间。市场定位是建立在市场调查的基础上。旅游景区的调查,应收集当地人群的旅游消费习性、地域环境、交通情况,以及早期进入这一市场的先行者,也就是竞争对手的情况(竞争对手的调查包括:旅游项目、经营策略、价格、消费人群及其合作伙伴——旅行社的情况)。只有对这些资料进行调查分析,才能制定有效的经营策略与市场定位。通过市场定位,找到空白市场,这样,中小旅游景区的发展空间才大,才能获得较宽松的发展环境。

二、品牌宣传要到位

　　一般来说,中小旅游景区投资规模小,资金不是很充足。因此,在品牌的宣传上,要掌握诀窍,把有限的资金用在"刀刃"上,对其品牌有效地进行宣传。

　　(1)区域广告宣传。中小景区的主要客源来自景区附近的人群。因此,在广告宣传上,可选择区域性的媒体,集中优势,重点突破。在媒体的选择上,要注重多样性。现在每个城市,每个行业,差不多都有自己的杂志。建议首先选择本地或行业杂志,一方面,可以有针对性地通过行业杂志将景区信息免费投递到旅行社、高档写字楼、住宅小区、酒吧等具有一定消费水准的准客户手中;另一方面,行业杂志相对于大众媒体来说,广告宣传费用要低一些。在节假日,可在大众媒体上投入广告。这样,将杂志的窄众传播与报纸媒体的大众传播相结合,能在区域品牌宣传上,形成强劲的优势。

　　(2)户外广告宣传。可以选择车体广告、候车亭广告等载体。在选择这一类宣传载体时,需考虑是否有针对性。

三、市场开拓与营销策略的目标

　　中小景区的市场目标群主要是三大市场:

　　(1)旅行社。作为景区来说,旅行社是其主要客户来源。景区在市场开拓上应把重点放在与旅行社合作渠道的建设上。如果能与各旅行社建设好合作关系,其市场份额也得到了保证。与旅行社合作,关系到彼此的利润空间,因此,景区在给旅行社定价时应充分考虑到这一点。

　　(2)散客。散客已经成为一个庞大的市场。要抓住这一客源市场,中小景区必须靠营销宣传活动,才能带动这一消费群体,待客人来后,以过硬的产品和服务继续带动市场。

(3) 以各种形式组织起来的协会联盟等。各种形式的协会联盟是景区较大的准客户群,但协会联盟等在现在的市场中到底起到多大的作用,一定要根据市场情况判断。

在景区营销策略上,中小景区宜开展事件营销、优惠促销等活动。事件营销因其特殊性,常常能引起公众的关注。而优惠促销则是一种比较普遍的营销手段,如折扣优惠等。只有针对目标消费群体,运用有效的市场开拓与营销手段,才能进一步扩大市场份额。

值得注意的是,中小景区要根据不同的区域、不同的市场情况制定不同的营销办法。面对如今旅游区遍地开花、旅行社急剧增加的现状,中小景区如果还停留在一次性投资后就等着数钱的旧思维里,景区肯定不会有未来。

(资料来源:第一旅游网 http://www.toptour.cn/tabid/66/InfoID/16255/frtid/240/Default.aspx)

任务四　景区市场定位

一、任务描述

了解景区市场定位的概念以及定位过程中须考虑的因素,最后了解市场定位的多种有效方法。

二、任务分析

完成本任务的关键是准确理解景区市场定位的内涵,掌握市场定位须考虑的因素,最后确定不同景区进行有效市场定位的方法。

三、相关知识

(一) 景区市场定位的概念

景区市场定位,是指已确定目标市场的前提下,根据景区自身条件和竞争者的现状分析,为景区及其产品、服务确定一个正确的位置,树立独特的市场形象,并在预期的游客目标群体中确定景区的形象和地位。旅游景区要在竞争激烈的旅游市场中取得优势,就必须把自己的特色传达给目标游客,并牢牢吸引目标游客,让自己的产品占据一定的市场地位。

景区市场定位的实质在于取得目标市场的竞争优势,树立独特的景区形象,把自己与对手区别开来,在游客心目中确立适当的位置,从而吸引更多的游客。

(二) 景区市场定位须考虑的因素

景区市场定位的目的是为了吸引游客,赢得自己的市场。实现有效的市场定位,需要考虑以下因素。

1. 景区市场形象

有效的景区市场定位必须为景区产品树立一定的市场形象。形象的树立可以从景区产品本身的有形特征和无形属性入手,强调景观特色、景区区位条件和设施、服务等方面的特征,也可以从旅游者对景区的需求方面入手,如景区游览过程的视觉效果、一次体验、刺激的感受等。

2. 游客预期效果

有效的景区市场定位应能确保游客购买一定的景区产品时所获得的预期效果。这是市场定位中应考虑的重要因素。这种预期效果包括核心预期效果与附加预期效果。其中,核心预期效果是游客参观景区的根本原因所在,包括美好的视觉享受、愉快的体验过程、知识的增长等。

3. 景区产品特色

有效的景区市场定位要充分显示出该景区产品与市场上同类产品的区别,即形成本景区产品的特色,否则会形成同质竞争而无法取得竞争优势。

(三)市场定位的有效方法

1. 领先定位

景区在市场定位时,首先想到的应该是领先定位,但领先定位一般只适用于拥有独一无二或无法代替的旅游资源的景区,这种垄断性还要分一定的区域概念,即景区可能在世界范围内或者是全国范围内还是更小的区域内采用领先定位,这都要取决于景区旅游产品的某项特征在多大的市场范围内具有领先地位。比如5A级或者世界遗产类的景区。

2. 比附定位

比附定位是一种"借光"的定位方法。它借用著名景区的市场影响来抬高自己,比如"东方夏威夷""北方的千岛湖""东方瑞士风光"等。采用这种定位方法并不是去占据比附对象的市场定位,与其发生正面冲突,而是以与比附对象有所不同的比较优势去争取比附对象的潜在旅游者群。采用这种方法的景区在区位上不可与比附对象距离太近,因为这种定位是吸引比附对象的远途的潜在旅游者。另外,对于已经出名的旅游景区和独具风格的旅游景区不能随便采用这种方法。

3. 心理逆向定位

心理逆向定位是根据消费者的一般思维模式,以相反的内容和形式塑造市场形象的过程。所强调和宣传的定位对象一般是消费者心中第一形象的对立面和相反面,同时搭建了一个新的易于旅游者接受的心理形象平台。例如:"出售荒凉"的宁夏镇北堡影视城,以及有"全国第一家返璞归真开放式动物园"的深圳野生动物园。

4. 差异定位

比附定位和心理逆向定位都要与游客心中原有的旅游形象阶梯相关联,而差异定位则是新开辟的一个形象阶梯。旅游点的形象定位更适合于采用差异定位。差异定位的核心是树立一个与众不同并且从未有过的主题形象。四川雅安的碧峰峡景区针对其面向的主体市场,推出了"天府之肺"的形象定位。

5. 狭缝市场定位

狭缝市场定位是旅游景区不具有明显的特色优势,而利用被其他旅游景区遗忘的旅游市场角落来塑造自己旅游产品的市场形象。

6. 变换市场定位

变换市场定位是一种不确定的定位方法。它主要针对那些已经变化的旅游市场或者根本就是一个易变的市场而言的。市场发生变化,景区的特色定位就要随着改变,并相应地设计不同的营销组合。

四、任务准备

1. 网络、书籍;
2. 笔记本、笔。

五、任务实施

表 2-1-4-1 任务实施表

序号	实施步骤	说明	要求	备注
1	了解概念	清楚概念的界定	概念界定准确	
2	分析概念	分析景区市场定位须注意的因素	(1) 思维活跃 (2) 准备充分	
3	掌握市场定位的方法	参考大量资料	概括合理	
4	知识转化	学习把课本理论知识转化为实践知识	把知识灵活运用到案例分析中	

六、任务评价

表 2-1-4-2 任务评价表(教师评价)

序号	评价内容	评价结果			
		优	良	合格	不合格
1	认真负责				
2	分工合理				
3	团队协作				
4	语言表达能力				
5	任务完成进度				
6	任务完成质量				
7	其他				

表2-1-4-3　任务评价表(自评)

序号	评价内容	评价结果			
		优	良	合格	不合格
1	认真负责				
2	分工合理				
3	团队协作				
4	语言表达能力				
5	任务完成进度				
6	任务完成质量				
7	其他				

七、问题及解决

表2-1-4-4　问题解决表

序号	问题	处理措施	预防措施	改进方法	备注
1					
2					
3					

八、拓展知识

【阅读材料2-1-4-1】

旅游景区形象知识

一、旅游景区形象概述

(一)旅游景区形象的概念

旅游景区形象是一定时期和一定环境下社会公众(包括旅游者)对旅游景区形成的一种总体评价,是景区的表现与特征在公众心目中的反映。即景区形象应该包括能够被社会公众所感知的有关景区的各种外在表现。这种外在表现既包括有形的硬件设施,如景区的空间外观、标志标识、服务设施等,也包括无形的形象要素,如文化背景、人文环境、服务展示、公关活动等。这些形象因素相互融合,形成综合的感知形象,带给公众全方位的体验和感受。

景区形象是一个整体概念,向公众传播的是一种抽象概括的模糊信息,是景区经营组织本身的营销理念、企业文化、产品特色、服务品质、管理模式及社会贡献等诸多因素的综合体现,因此具有很强的可塑性和持久的影响力。

(二)旅游景区形象的构成要素

景区形象的构成是个复杂的系统,我们以景区形象的具体表现形式为依据,将其大致分为以下构成要素。

1. 景区景观形象

景区景观形象主要是游客对景区内各种景观外貌特征、自然地理成因、历史文化背景、民俗风情特色等要素的直接感知,这是景区形象的基础。例如风景名胜区的山水景观、主题公园的建筑风格等,它们是景区形象的主导吸引因素。

2. 景区的服务产品质量形象

景区的服务产品质量形象主要是指景区所提供的基础设施和服务产品质量的水平。其中服务产品质量包括两方面内容:一是对于食、住、行、游、购、娱六大旅游要素的衔接状况所提供的服务;二是在提供服务的过程中所表现出的管理水平和员工之间的协调合作。这是景区形象的核心内容。

旅游产品的无形性决定了游客在购买前无法试用产品,因此景区所提供的服务产品质量成为直接被游客感知的对象。随着景区功能综合性的增强和游客需求水平的提高,塑造良好的服务产品形象成为景区良好口碑的决定因素。

3. 景区的社会形象

初到一个陌生的地方,人们往往希望感受到温暖和亲切,以消除陌生感和恐惧感。这种感知主要通过人与人之间的交往行为来实现。因此景区所在地社区的参与,包括旅游景区居民的文化素质、对旅游者的态度、社区参与旅游的保障机制等因素,都会成为影响旅游景区整体综合形象的因素。

4. 环境因素

旅游景区所在地的政治、经济和社会环境影响着旅游者对旅游景区以及整个所在地的形象认知和评价。旅游景区及其所在地的安全状况、治安条件、消费条件和水平、公共设施的完善程度、旅游业的管理水平、旅游法规的实施状况、社会的政治状况等,都会对旅游行为决策产生较大的影响。

旅游区所在地居民的文化素养、对旅游者的态度、社区参与旅游的保障机制等都影响到游客对景区形象的感知,从而决定景区口碑和旅游消费者重复购买的可能。

二、景区形象定位管理

(一)旅游景区形象定位的含义

旅游景区形象定位是建立或塑造一个与目标市场有关的品牌形象的过程。形象定位实质是明确旅游景区应当在消费者心目中产生何种印象、何种地位。一个独特形象和强势品牌必须以一种始终如一的形式将形象的品牌功能与旅游者心理上的需求连接起来,以其鲜明的特征将旅游景区形象的定位信息明确地告诉旅游者,达到增加旅游景区知名度以及顾客对旅游景区形象和品牌的忠诚度的作用。旅游景区形象定位的目的就是要在广大游客心目中确立景区形象的特定位置或显著概念。景区形象的魅力主要来自于景区向公众展示的自然、人文旅游资源的独特内涵和优质旅游服务及其体现的精神风貌。它是一个景区区别于其他景区的关键因素，同时也是景区能否进入或攀上旅游者心目中已存在的最高层"形象阶梯"的关键。当然，景区形象在游客心目中确立的"特定位置"是某个特定景区同其他同类旅游地或景区相比较而言的。

（二）旅游景区形象定位方法

（1）对旅游者进行细致的分析是景区形象定位的基础。那么，在旅游发展的不同阶段，游客的需求心理是不同的。在大众旅游阶段，旅游者具有一致的大众化的需求。由此，针对"大众"旅游者，旅游服务中的标准化、一致性得到旅游理论界和旅游企业的普遍重视。但随着游客自身旅行经验的丰富，在不断经历各种旅游服务之后，需求的分化和差异就会产生，追求个性化旅游方式的需求成为时代的主导。面对"分众"旅游者，旅游景区重要的工作就是要对该地客源市场进行细分，识别分众，然后确定自己的目标市场，并针对不同的细分目标市场进行不同的形象定位。

（2）结合地理文脉和空间层次，分析旅游景区在同类型景点中的优劣势。景区形象是旅游景区本身向公众展示的自然、人文旅游资源的独特内涵和优质旅游服务及其体现的精神风貌。但是，一个景区是被旅游者接受了、记住了，还是被遗忘了、放弃了，在实践中，主要取决于旅游者将该景区与同类景区或同地区其他景区的比较。所以，只有结合对景区在同类或同一区域内竞争实力的优劣势分析，才能清楚自己目前旅游形象的真正状态（形象模糊、形象不利、形象过时、形象优良）以及自己应该采取哪种合适的形象定位和定位战略。一般情况下，在同类型的景点的个体数量不断增长、可供旅游者选择的旅游目的地数量日益膨胀的竞争格局中，景区在形象定位时应该通过差异化策略，突出自己的独特性或地方性，以吸引旅游者的足够注意，进而形成和发展为他们心目中的景区形象阶梯。

（三）旅游景区形象主题口号的确定

旅游景区形象主题口号确定应注意分析的事项：

1. 地理文脉分析

旅游景区形象定位口号必须是建立在对旅游景区所在的地理文脉仔细分析的基础上，突出地方特色。所谓"地理文脉"简单地说就是一定的地理空间在地域、文化、资源等方面所形成的一种较为稳定的地方的、历史的前后相互承继的脉络关系。正是由于"地理文脉"存在，常常使人在认知形象过程中产生一种替代关系。

2. 市场特征分析

景区旅游形象口号的制定，主要目的是向广大旅游者和潜在旅游者进行推介。所以形象口号的制定必须充分了解广大旅游者的心理需求和偏好，并针对旅游行业特征，设计出既满足旅游者心理需求，又能充分体现旅游行业特征的形象主题口号。同时还要注意形象口号要充分体现出一种和平、友谊、交流和欢乐的吸引力。

3. 形象口号要具有强烈的广告效应

旅游景区形象口号必须能打动旅游者和潜在旅游者的心，激发他们的需求欲望，并能形成永久而深刻的记忆。所以，形象口号的设计一定要具备广告词的凝练、生动和号召力，口号的字体设计要充分体现艺术效果,形象口号语言要具有极强的煽动性和有效传播旅游地形象信息的功能。这样,通过浓缩的语言、精辟的文字、绝妙的创意和艺术效果以及独特的要素组合,构造出一个有吸引魅力的旅游景区形象。

4. 形象口号的制定还要体现时代感

旅游景区形象口号的设计在表达上要体现时代特征,具有时代气息,要反映现代旅游需求的特点、主流和趋势。

(资料来源:郭亚军.旅游景区管理[M].北京:高等教育出版社,2006.)

任务五　景区整体销售

一、任务描述

景区销售是景区赖以生存的重要凭借。本任务要求学生认识景区销售的常见形式。

二、任务分析

完成本任务的关键是首先了解景区销售的流程,在此基础上熟悉景区销售渠道有哪些类型,最后掌握常见的景区销售形式。要求学生能够灵活运用各种销售渠道的知识,以便为景区销售做好知识的铺垫。

三、相关知识

(一)景区销售的流程

1. 确定景区的目标群体

营销信息的传播者必须一开始就要在心中有明确的目标群体,目标群体可能是景区产品的潜在购买者、现实购买者、购买决策者和影响者,可能是个人、小组、特殊公众或一般公众。目标群体将会极大地影响信息传播者的决策,如准备说什么、如何说、什么时候说、在什么地方说、谁来说等。

2. 确定信息传播达到的目标

当确认了目标市场群体及其特点后,景区营销信息传播者必须确定寻求什么样的反应,需要知道如何把目标群体推向准备购买阶段。营销人员可能要寻求目标群体的认知、感情和行为反应,换言之,营销人员要向旅游者头脑里灌输某些东西来改变旅游者的态度,或者使旅游者产生购买行为。

3. 设计销售的有效信息

期望群体的反应明确后,信息传播者就应设计确定有效的信息。最理想状态下,信息应能引起注意、提起兴趣、唤起欲望、导致行动。确定信息一般需要解决4个问题:叙述什么信息内容、如何合乎逻辑地安排信息结构、以什么符号作为信息格式及由谁来叙述信息源。

4. 正确选择传播渠道

一类是人员的信息传播渠道,包括两个或更多人相互之间直接进行信息传播。人员信息传播渠道由提倡者渠道、专家渠道及社会渠道组成。景区可以采取的刺激人员影响渠道的措施有:确定有影响力的个人和景区,向他们提供额外工作;提供给某些人优惠条件以产生意见带头人;通过有影响的社会团体进行工作,如节目主持人;在广告中使用有影响的人物所写的见证广告;采用具有较高"谈论价值"的广告;发展口碑渠道来建立业务;建立电子论坛等。

另一类是非人员信息传播渠道,包括媒体、气氛和事件。大众信息传播通过两步法的信息流程来影响人们的态度和行为:概念常常从电台和印刷物映入意见带头人的脑中,再由此映入较少主动性的那部分人的脑中。

5. 预算促销所需资金

景区面临最困难的营销决策之一,是在景区促销方面应投入多少费用。其常用的方法有以下几种。量入为出法:在估量本景区所能承担的能力后再安排景区促销预算;销售百分比法:以一个特定的销售或销售价(现有或预测)百分比来安排景区促销费用;竞争对等法:按部分竞争对手的大致费用来决定自己的景区促销费用;目标和任务法:经营人员要明确自己特定的目标,确定达到这一目标而必须完成的任务以及完成这些任务所需要的费用。

6. 决定景区促销组合

主要考虑以下因素:设计景区促销工具时考虑的因素(广告、销售促进、公共关系与宣传、人员推销与直接营销)、确定景区促销组合时考虑的因素(景区产品市场类型、采用推动还是拉引战略、消费者购买行为阶段、景区产品在景区产品生命周期中所处的阶段、景区的市场地位等)。

7. 衡量景区促销成果

景区促销计划贯彻执行之后,信息传播者必须衡量它对目标受众的影响。其主要方式是询问目标受众以及收集受众反应的行为数据。

8. 优化销售过程

对以上环节进行动态的综合分析和监控,不断进行反馈和优化促销过程,以实现景区销售的最佳结果。

(二)景区销售的渠道类型

景区渠道,即景区分销渠道,是旅游者转移到旅游景区实现景区产品销售的全过程所经历的各个环节和推动力量的总和。它的起点是景区企业,终点是旅游消费者。中间环节包括各种代理商、批发商、零售商以及其他中介组织和个人,及旅游中间商。景区渠道的运动方向与传统商品不同,是旅游者向景区的移动。

景区销售渠道的常见类型见下表。

表 2-1-5-1 景区销售渠道的常见类型

序号	类型	优缺点	备注
1	直接渠道	不经任何中间环节直接销售给旅游者	如景区售票处
	间接渠道	有两个或两个以上中间环节	目前景区最主要的销售渠道
2	长渠道	环节多	即产品最终到达旅游者的过程所经过的中间环节多少
	短渠道	环节少,即直销	
3	宽渠道	网点多	景区产品销售网点数目或分布格局的多少
	窄渠道	网点少	
4	多渠道	采用不同的营销渠道	渠道多少取决于中间商的活跃程度
	单渠道	景区直接销售或全部交给批发商	

(三)景区整体销售的常见形式

根据以上对景区销售渠道的分析,这里主要介绍对应第一种销售渠道的直接营销(简称直销)和间接营销(也称分销)两种销售形式。

1. 直销

直销是无任何中间环节,直接销售给游客。游客是景区营销的最终目标受众,景区通过各种渠道进行营销,其最终目的都是要吸引游客。在当前旅游市场进入"散客时代"的背景影响下,以旅行社为主要渠道、专注于团队市场的营销模式和传统理念亟须转变。景区与游客之间必须建立直接营销渠道。景区必须随时关注目标市场的变化趋势,并相应地制定营销策略。景区对游客的直接营销,相对于其他营销渠道来说更具有针对性和影响力,可以提高景区的品牌知名度,加深游客对景区产品的印象,取得较好的营销成效。

2. 分销

分销是景区最主要的销售形式,有两个或两个以上中间环节。根据分销的对象不同,分销常见的形式有以下几种。

(1)旅行社

它是景区分销渠道地理多元化的最佳工具,旅行社作为景区的主要客源输入点,是景区发展的生命线。虽然,景区与旅行社的关系也很微妙,随着市场竞争的白热化,两者在利益方面的冲突也日益加剧,然而,旅行社仍是多数景区的首选渠道,也是关系最稳固的一个渠道。景区应该与旅行社加强沟通和多方面的合作,以"双赢"为理念提升这一渠道的价值。此外,景区也应从自身发展的角度出发,拓展其他渠道的建设,避免这种单一渠道给景区经营带来的风险。

(2)其他旅游媒介

除旅行社外的其他旅游媒介通常包括住宿和交通运输、就餐和娱乐等。它们可以通过提供推销队伍,使景区能以较小的成本开支接近许多散客;有时可以为景区提供财务援助,如提早订货、按时付款等;由于其拥有所有权因而承担了景区的若干风险;它们可以向景区和旅游者传递各种活动、新产品、价格变化等方面的情报和信息;可以帮助景区改进其经营活动。

(3) 政府以及行业协会

这里的行业协会,包括景区协会、旅行社协会和导游协会等行业组织。它的作用主要在于向市场提供信息,在全国或更大范围内促进旅游景区的发展。政府是景区营销渠道关系中最为特殊的一个,它可以为景区发展提供强有力的支持和保障。近年来,世界范围内的政府参与旅游营销已成趋势,国内许多省、市、自治区和大部分旅游城市都在进行层次、规模和水平不一的政府营销行为。

(4) 网络

景区电子商务,是旅游景区借助互联网科技的发展,将计算机技术、电子通信技术与企业购销网络系统运用于旅游景区分销渠道的一种新型商业活动。具体包括网上传递与接收信息、订购、付款、客户服务等网上销售,网上售前推介与售后服务,以及利用因特网开展景区市场调查分析、财务核算及旅游产品开发设计等内容。如在线销售、网上零售、网上拍卖,以及网上团购等方式。

四、任务准备

1. 通过网络、书籍途径收集资料;
2. 准备笔记本、笔;

五、任务实施

表 2-1-5-2　任务实施表

序号	实施步骤	说明	要求	备注
1	了解景区销售流程	清楚流程的每一个环节	熟悉整个流程	
2	分析景区销售的常见类型	了解每种类型的划分依据	要求学生能说出每种类型的特点	景区销售渠道的选择一般不是单一的,而是多管齐下。
3	掌握景区整体销售的形式	参考信息和资料,整理、归纳、总结。	概括合理	
4	知识转化	学习把课本理论知识转化为实践知识	把知识灵活运用到景区销售的案例分析中	

六、任务评价

表2－1－5－3　任务评价表（教师评价）

序号	评价内容	评价结果			
		优	良	合格	不合格
1	认真负责				
2	分工合理				
3	团队协作				
4	语言表达能力				
5	任务完成进度				
6	任务完成质量				
7	其他				

表2－1－5－4　任务评价表（自评）

序号	评价内容	评价结果			
		优	良	合格	不合格
1	认真负责				
2	分工合理				
3	团队协作				
4	语言表达能力				
5	任务完成进度				
6	任务完成质量				
7	其他				

七、问题及解决

表2－1－5－5　问题解决表

序号	问题	处理措施	预防措施	改进方法	备注
1					
2					
3					

八、拓展知识

【阅读材料2-1-5-1】

景区网络营销发展势头迅猛

近年来,中国旅游业虽然遭受了金融危机和各种突发事件、不利因素的冲击,但整个中国旅游业市场发展依然迅猛。在2008年旅游业总收入仍然达到了1.16万亿元人民币,比2007年增长5.8%;到2009年,总收入约为1.26万亿元,比2008年又增长了9%。

与此同时,随着互联网时代到来,旅游业与互联网,这两支中国新兴产业显示出强强联合态势,并组成一股强劲的跨行业合作力量,在21世纪初的这几年呈现发展迅猛的势头。

据中国互联网中心2010年初发布的中国第25次互联网报告显示,截止到2009年12月底,网民使用互联网工具在网上的行为排名在前的虽然仍是音乐、新闻、搜索三大项,但增幅排名第一和第二的却是网络支付和旅行预订,旅行预订的年增幅是77.9%,网上支付用户年增幅达到了80.9%。

可见,网络正成为几亿网民进行旅游出行的第一信息来源及选择渠道。相比较于传统媒介,网络媒介的优势是显而易见的,它具有传播范围广、速度快的特点,无时间和地域的限制,也无版面和数量的约束,它的内容详尽、多媒体传送形象生动,并且可以和目标群体进行双向交流,及时得到反馈,有利于提高营销信息传播的效率和传播效果,降低营销的成本。因此,适应新时代背景的景区网络营销也应势进入了高速迅猛的发展时期。

现在,我国许多比较大的旅游景区都已经建立了自己的专业旅游网站,包括景区情况及特点介绍、网络信息实时发布、提供专业旅游预订服务等多方面内容,如安徽黄山、山西五台山、四川九寨沟、云南石林等。

景区专业性网站,在推广景区品牌和形象,加强网络信息时代景区整体运营能力的提升方面,都有积极而巨大的意义。但单一的景区网站,在面对旅游客户的服务及营销方面,它的不足和缺陷也是明显的,比较突出的问题就是局限于对景点、宾馆、交通、旅行社等旅游要素的平铺直叙的图片或文字式的介绍,在信息量的传播方面固然直观、鲜明,在市场营销的运营上,却仅仅是只能引起旅游者的注意,产生相关的兴趣,而在营销关键性的培养购买欲望和促成购买行动方面,这类网站的效果甚微。

因此,就需要有一个平台既能够整合各个景区的各种旅游资源,为景区提供综合展示的舞台,提供品牌策划、形象推广的专业性服务,又能够整合潜在的旅游者资源,为旅行者提供多方位全方面旅游产品服务,可以让消费者根据自己的特点和需求在全国乃至全球的范围内不受地域、时间的限制,快速全面地寻求自己旅游需求的线路及服务,并在进行充分了解、比较的基础上,在线进行交易。也就是说,能够在景区和消费者之间建立一个及时沟通、交易的绿色通道,为景区和旅游者搭建一个互动、交流的平台。

中国的新时代创业者在捕捉市场风向、赢得市场先机方面，一向具有非常敏锐的洞察力，成立于2004年的景域国际旅游运营集团，一直致力于中国景区的旅游规划咨询服务，在经历了几年的跳跃式发展后，景域集团看到了当时还未兴起的景区网络营销的巨大潜力，于是，在2008年率先成立了新型的B2C旅游电子商务网站——驴妈妈旅游网，进军旅游电子商务领域。其董事长洪清华认为，以"游"为主的电子商务未来会大有作为，因此"驴妈妈旅游网"从一开始就明确了要以景区门票分销作为这个新的商业模式的一个切入点，建立一个服务于景区和游客的一步式旅游服务平台。

景域集团给"景区网络营销"下的定义就是旅游景区借助互联网科技的优势，将电脑技术、电子通信技术与企业购销网络系统运用于旅游景区分销渠道而形成一种新型的电子商务模式。它包括景区在网上传递与接收信息；订购、付款、客户服务等网上销售，网上售前推介与售后服务；以及利用因特网开展景区品牌宣传、市场调查分析、财务核算及旅游产品开发设计等内容。经过几年的迅速发展，截至2010年底，与"驴妈妈旅游网"建立合作的景区已达2600多家，覆盖了中国26个省级行政区，每天通过驴妈妈网预订出游的游客约10000人次。

综合这几年景区网络营销的产业现状，可以总结出以下几点景区网络营销的优势及特点：

一、景区可以利用互联网的特性，不受地域和时间的限制，将景区产品向旅游者进行直接的展示和宣传，尤其可以使用三维虚拟技术，将不可移动的景区景观和产品，变成一幅幅在互联网上流动的风景，使点击者仿佛置身于景区现场一样，深化游客对景区的了解，激发旅游者的意向兴趣。

二、景区网络营销相当关键的部分，是让很多的搜索引擎能够直接、快速地搜到景区所要宣传的产品和内容，这就要用到网站的SEO优化（Search Engine Optimization，简称SEO），所谓SEO优化就是一种利用搜索引擎的搜索规则来提高目的网站在有关搜索引擎内的排名的方式。这需要专业性网站不但从编程技术上进行优化，也要设定精准的关键词，并定时根据搜索引擎的统计结果适当调整，做到针对目标人群的有的放矢。

三、由于网络营销具有开放性、互动性、及时性等传统营销所不具备的优势，因此，景区网络运营可以在营销的过程中通过互联网清晰直接地把握游客的需求和意向，通过博客、论坛、即时通信工具等与游客进行行前的沟通以及行后的反馈，最大限度地发挥网络营销的市场监测、调节职能，这是景区网络营销的又一个特有的优势。

总之，中国的景区网络营销在发展的短短几年中，取得了令人瞩目的成绩，也积累和形成了一些较为成熟的营销手段和模式，驴妈妈旅游网的成立和发展就是一个最好的例证。但景区网络营销绝不止于现在的成绩，它还有很多地方需要不断完善和改进，它还有更加广大的美好远景需要业界同人共同努力去创造。

项目二　景区商品销售业务

【案例导入】

景区旅游商品如何摆脱"大众脸"

《经济参考》2013年10月16日报道：去一个地方旅游，总想带回一些浓缩地方特色的旅游纪念品作留念。但现实的情况也许是，从海南岛买到黑龙江都是某些"小商品基地"类似模子制造出来的初级工业产品，带回家后常常被遗忘在角落，甚至很快成为生活垃圾……

新《旅游法》实施以后，强制购物被明令禁止，人们在庆幸再也不用买价高质廉的旅游纪念品的同时，买不到特色旅游商品的困惑依然挥之不去。旅游购物是旅游的重要组成部分，而在中国各大景区充斥着"大众脸"的旅游纪念品成为制约旅游业发展的软肋。

旅游纪念品长着一张"大众脸"

中国最美小城凤凰13日拉开了第四届苗族银饰服饰文化节的帷幕，向全球游客展示苗族特色的银饰和服饰产品。作为代表苗族文化精神的银饰服饰等纪念品，因其传统特色和纪念性，广受来凤凰古城旅游的世界各地游客的青睐。不过，在凤凰景区满眼望去，仍能看到中国其他景区都熟悉的"大众脸"纪念品。

实际上，手镯、木梳、挂件、玉石以及T恤等，已成为中国各大景区购物点的"标配"，游客寻觅半天，也很难挑选到有创意、有特色的纪念礼品。这些似曾相识的小纪念品实际上反映了中国旅游商品的"大问题"，即同质化现象日趋严重，纪念品的"纪念"特征在退化。

喜欢到处观光的"驴友"王倩每到一地都要买点小纪念品，作为体验生活的见证。可是近几年来，她不愿意在景区购买纪念品了，"每个景区卖的东西都大同小异，品种一样，就连产地都是一样"。王倩对记者流露出了对旅游纪念品高度同质化的失望。她表示，既然是纪念品，就一定要突出"纪念性"和当地特色，同质化的旅游商品显然会降低整个中国旅游的内涵。

记者李丹从凤凰古城的商铺了解到，大部分的旅游纪念品都是从义乌等小商品生产基地批发而来，很少有人真正用手工去制作纪念品。多数店主表示，"这主要是出于成本考虑"。

凤凰古城一位服装店女老板告诉记者："我们也出售手工制作的传统服饰，但由于价格较高，销量并不好，游客嫌贵不愿买，商户嫌卖不动不愿意销，从而使得景区大部分都是从外地批发商品。"

地域特色和创意才能避免文化误读

旅游纪念品买的是地方特色和文化，这才是旅游纪念品的价值及核心竞争力所在。"过了这村就没这店"的纪念品才会让人念念不忘。

在凤凰古城举办的苗族银饰服饰文化节上，来自湖南、广西、云南和贵州四省苗族聚居区的 17 支代表队,穿戴着各自最有特色的银饰服饰进行表演。文化节上展示的极具苗族特色的银质小饰品、小布兜、披肩等纪念品颇受游客的青睐,很多人都驻足观看。

凤凰县委副书记、宣传部长时荣芬对记者表示:"凤凰向外推广苗族银饰服饰的一个重要目的是,通过打造具有民族特色和反映当地传统的产品,来突破旅游商品日益严重的同质化瓶颈,以进一步体现凤凰古城旅游的内涵,彰显凤凰古城旅游的特色。"

长沙中国国际旅行社总经理马昕表示,世界著名景点的旅游纪念品深受中国游客追捧,而其中 90%都是"中国制造"。相反在国内,从海南岛到黑龙江的旅游纪念品许多都是类似模子做出来的塑料制品,这些商品显然不能被称作旅游纪念品,因为没有任何纪念价值。

"中国每个地方都有自己的民族、民俗特色。同样是苗族,因为气候、物产不一样,在海南的苗族和在湖南的苗族生产的纪念品就不一样。设计者只要结合当地的历史、文化等因素应该可以设计出万花筒式的旅游商品。"马昕说。

有专家表示,要突出旅游纪念品的"地方性",还必须保持旅游纪念品所传递文化信息的确切性,而目前旅游纪念品市场存在的一个突出问题就是纪念品所承载的文化信息紊乱,比如在西北的许多景区景点游客还能买到蓝印花布这一极具江南水乡特色的旅游纪念品。此外,一些粗制滥造的纪念品也会让旅游者对中国文化产生误读。

"变脸"才能吸引游客"主动掏钱"

今年 10 月 1 日生效的新《旅游法》从法律层面上重拳治理"强制购物"等困扰旅游行业多年的"顽疾"。如何从"强制掏钱"变为吸引消费者"主动掏钱",成为旅游商品生产者亟待解决的难题。

据世界旅游组织预计,2015 年中国将成为全球第一大旅游目的国,但旅游业存在结构不合理、旅游收入分配明显不均的弊端。在发达国家,旅游购物要占到旅游经济的 40%至 60%,而在中国却不足 20%。在旅游产业诸要素的经济形态当中,旅游购物仍然是制约中国旅游业发展的软肋。

在凤凰古城内的一家民族乐器社里,前来参观和购买的游客络绎不绝。乐器社老板吴建华对记者表示:"我店铺售卖的笛子、箫、葫芦丝等乐器都是纯手工打造的,价格相对较高,但质量绝对高于外边工厂大规模生产的旅游纪念品,前来购买的游客都觉得钱花得值。"

实际上,中国游客一直被称为"最舍得花钱的游客"。世界旅游组织的资料显示,从 2000 年到 2010 年,国际游客在美国消费市场所占比例从 17%下降到 11%。与此相反,中国游客在美国消费则逆势上升,平均每个中国游客的消费额为 6000 美元,而世界其他国家游客平均消费额为 4000 美元。

武汉大学旅游市场营销系博士李晟表示,一方面现有的国内旅游纪念品市场由于同质化和假冒伪劣制品泛滥,难以满足游客的需求;另一方面旅游纪念品由于品种杂、更新快、生产规模小,令许多生产厂家不愿过多投入发展这一产业。要发展旅游纪念品产业,还需依靠政府在信贷、税收等方面的支持,调动企业的生产积极性。

"旅游纪念品是一个庞大的市场,但创意设计与市场销售的严重脱节阻碍了它的发展。生产企业应该与景区点对点合作,有针对性地去开发设计旅游商品,地方旅游部门也应该加大对特色旅游商品产业的支持,这样才能全面挖掘出旅游纪念品产业的潜力。"李晟说。

(资料来源:经济参考 http://jjckb.xinhuanet.com/2013-10/16/content_471323.htm)

思考

景区购物日益成为旅游消费的重要组成部分。作为景区,该开发、设计何种旅游特色商品,才能既体现景区地方特色,又提高景区商品销售额,创造景区的经济效益呢?

任务一　认识景区商品

一、任务描述

了解旅游商品的划分,熟悉景区商品的特点。

二、任务分析

完成本任务的关键在于查阅景区商品及销售方面的相关资料,进行分析、归纳、提炼和整理,形成知识系统。

三、相关知识

(一)认识景区购物

景区购物是景区的一个重要内容,指游客在景区游览中为了满足其需要而购买、品尝商品,以及在购买过程中的观看、娱乐、欣赏等一系列旅游消费行为。景区购买作为一种旅游行为,对景区及当地社会经济、文化以及旅游政策都会产生影响。对景区而言,发展旅游购物是提高景区整体经济效益的重要途径之一,是丰富景区旅游资源的重要手段。景区购物在景区销售中占有重要的份额,因而显得尤其重要。

(二)景区商品的相关知识

总的来说,景区内部所售的商品包括两部分,一是旅游商品,二是日常生活用品。旅游商品是景区购物的主要组成部分,产生一定的经济效益。

1. 旅游商品的划分

旅游商品是指旅游商品销售者向旅游者提供留作纪念,或用于旅途生活消费的商品,包括工艺美术品、旅游纪念品及土特产品等。具体来说,可以作如下划分:

按旅游者的购物用途,可分为旅游纪念品、工艺美术品、旅游生活用品、旅游食品等四大类。

(1)旅游纪念品。一般是指具有旅游纪念意义、适于送礼而又便于携带的中小件商品。从其题材、材料、工艺特点来看,有体现风俗民情的民间旅游纪念品,有表现名胜古迹的文物复制、仿制品,有表现自然风光及各种旅游活动(如运动会、风筝节)的纪念品等。由于旅游区往往具有几方面的特色,如自然风景同时又是名胜古迹和少数民族区域,因而一件旅游纪念品往往同时兼备几种题材或特点。

(2)工艺美术品。是观赏性和陈设性较强,艺术价值较高的旅游商品,包括雕塑工艺品、织绣工艺品、金属工艺品、漆器工艺品等。中国工艺品是中国文化艺术宝藏的一个组成部分,也是中国主要的旅游商品。它具有悠久的历史传统,浓厚的地方特色与民族特色。

(3)旅游生活用品。主要是为旅行者旅途生活需要服务的实用性与纪念性相结合的商品,包括穿着和用品两大类。如各种旅游服装、鞋帽、器械、洗涤用品、化妆用品、娱乐用品等,但它又不同于一般日用品。旅游生活用品要求实用且艺术化、具有纪念意义,带有礼品性质。以轻工、纺织产品居多。

(4)旅游食品。是指旅游者旅途食用或带回的食品。如名酒名点、土特食品、软硬包装饮料、名贵药材等。由于旅游食品不一定都是旅游者的必需品,而且经常作为礼品带回,因此要求质量高,大多是名(名牌)、特(特色)、优(优质)、新(创新)商品,对游客有很大的吸引力。

按旅游商品的生产行业管理划分,包括工艺美术旅游商品、轻工旅游商品及纺织旅游商品三大类。

(1)工艺美术旅游商品。包括织绣、雕塑等大类。每一大类又包括若干细类,如雕塑分为玉雕、象牙雕、木雕、石雕等。

(2)轻工旅游商品。包括玻璃制品、搪瓷陶瓷、日用化工产品、旅游食品、旅游烟酒饮料等类。

(3)纺织旅游商品。包括丝绸、针棉制品、毛纺织品等。

此外,生产旅游商品的部门还很多,如文物、文化部门等。

2. 旅游商品的特点

旅游商品因具有商品本身的特性,加上只在景区内部出售的范围限制,总结起来有以下特点。

第一,具备地方特色。地方特色是指旅游商品所反映的中国各地的风俗民情、文化艺术和工艺技术的特点。

(1)题材上的地方特色。

中国各地的名胜古迹具有不同的地方特征,如以西湖象征杭州、秦代墓葬象征陕西、漓江象征桂林、黄山象征安徽等。表现这些旅游景观题材的旅游商品,如西湖绸伞、仿出土兵马俑等就反映了不同的地方特色。此外,由于中国历史悠久、文化古老,各地都流传着大量脍炙人口的历史故事和民间传说,如《刘三姐》、《白蛇传》、《苏三起解》、《小刀会》等,反映这些题材的旅游商品,也就表现出了各地的不同特色。

(2)商品的艺术美与技艺处理上的地方特色。

由于历史、民俗、文化素质的不同,各地优秀的旅游商品都有自己独特的艺术美和独特技巧。除了各地独有的商品,如广州象牙球、浙江青田石雕、北京景泰蓝、云南斑铜、酒泉夜光杯等之外,即便是同一类商品各地也有不同特色。如中国的"四大名绣",在图案、针法、绣工方面都有自己的地方风格。

(3)材料上的地方特色。

由于各地出产不同,材料各异,形成了地方的独有产品。如广东肇庆端砚,浙江湖州湖笔,安徽徽墨、宣纸、辽宁抚顺煤雕、海南椰雕、兰州刻葫芦等,都反映了地方特色。

除了地方特色以外,中国各地的旅游商品同时又反映中国不同民族的文化、艺术、工艺技巧的特征。中国是个多民族国家,有 56 个民族。除汉族外,少数民族多分布在中国的西南、西北及东北地区,有内蒙古、广西、西藏、宁夏、新疆等少数民族自治区域。各民族的服饰、日用品、工艺品等的用料、技法、造型、色彩、纹样、装饰都有不同之处,形成了鲜明的民族风格。

第二,具备时代特色。

旅游商品传统特色是指旅游商品在题材、材料、工艺技术上反映出来的中国传统特征。中国旅游商品中,有相当多的传统产品,如景泰蓝、漆器、陶瓷、地毯、刺绣、织锦等。这些产品历史久远,历经演变延续至今,有较高的艺术价值,多为享誉古今中外的名品,其题材、材料、工艺都有一定的传承性。产品的传统特色还表现于一部分古今结合的或传统改造、变异的产品。这些产品吸收了传统艺术的精华,并与现代新技术、新的审美意识融为一体。比如,"银晶蓝",它是改变了景泰蓝的某些工艺,采用透明新材料的工艺新品种,比景泰蓝更加鲜艳、透明和光洁。

随着社会发展,旅游商品在题材、材料、工艺技法上正在不断反映出现代科学技术和现代艺术特色。特别是轻纺产品,往往具有鲜明的当代技术特色。例如,塑料花、涤纶花、光导纤维花、夜光、荧光、留香纺织品、防雨、阻燃、免熨服装等。在保持和发扬优秀传统特色,生产传统产品的同时,发展具有现代特色的商品,是丰富中国旅游商品的一个重要方面。

第三,具备艺术特色。

在旅游商品的构成中,大部分是工艺美术品和轻纺旅游纪念品。这些商品大都带有很强的观赏性,具有一定的艺术价值。如可供陈设的玉石雕刻工艺品、字画、壁毯、壁饰等,能够给人以艺术享受。除了纯欣赏品外,旅游商品中还有大量的实用性商品,如服装、旅游用具等。根据旅游者的需求及人们生活方式的变化,艺术性与实用性的结合越来越成为旅游商品的一个重要特色与发展方向。大批实用的艺术品不断问世,如针对古老的景泰蓝产品,除了传统的主要供欣赏的瓶、炉、罐、鼎外,又开发出了具实用性的茶具、酒具、灯具、钟、笔等品种。又如,抽纱刺绣、编织品、工艺伞扇、漆制器皿、陶瓷制品等,都在向艺术性与实用性相结合的方向发展。

四、任务准备

1. 准备相关书籍;
2. 配备电脑,便于网络查询;
3. 笔记本、笔;
4. 准备一些景区商店、旅游商品的图片及实物。

五、任务实施

表 2-2-1-1 任务实施表

序号	实施步骤	说明	要求	备注
1	了解概念	清楚概念的范围	准确	
2	分析景区商品	掌握景区商品的相关知识	(1)思路开阔 (2)分析到位	
3	掌握景区商品销售的知识	参考大量资料	概括合理、全面	
4	知识转化	学习把课本理论知识转化为实践知识	把知识灵活运用到案例分析中	

六、任务评价

表 2-2-1-2 任务评价表(教师评价)

序号	评价内容	评价结果			
		优	良	合格	不合格
1	景区购物				
2	景区商品划分				
3	景区商品的特点				
4	任务完成进度				
5	任务完成质量				
6	其他				

表 2-2-1-3 任务评价表(自评)

序号	评价内容	评价结果			
		优	良	合格	不合格
1	景区购物				
2	景区商品划分				
3	景区商品的特点				
4	任务完成进度				
5	任务完成质量				
6	其他				

七、问题及解决

表2-2-1-4　问题解决表

序号	问题	处理措施	预防措施	改进方法	备注
1					
2					
3					

任务二　景区商品的销售技巧

一、任务描述

了解游客在景区购物时的心理特征,熟练操作商品销售流程,掌握商品销售的技巧。

二、任务分析

完成本任务的关键在于通过实操训练,熟悉景区商品销售流程,强化景区商品销售的技能。

三、相关知识

(一)游客景区旅游购物心理

1. 求实心理

求实心理即追求商品的使用价值。游客购买商品看中的是实用、实惠,并不十分注重商品外观。尤其是中低收入阶层的游客,在旅游过程中购买所需要的用品时,特别注意商品的质量和用途,要求购买的商品具备经济实惠、经久耐用、实用方便等特点。

2. 求名心理

求名心理即追求名牌和有名望的商品。优质名牌商品、具有纪念意义的商品、可炫耀身份的商品,都会使有这类心理特征的消费者爱不释手。对于有求名动机的消费者来讲,往往不大在意商品的效用和价格,而是注意商品的名望、象征意义和纪念意义,并在感情冲动时做出购买决定。这类游客希望在景区购买到具有纪念意义的工艺美术品、古董复制品、旅游纪念品等旅游商品。一方面是为了留作纪念,因为很多旅游者都喜欢把在旅游点买的纪念品连同他们在旅行中拍的照片保存起来,留待日后据此回忆他们难忘的旅行活动;另一方面是为了带回去馈赠亲友,并以此提高自己的声望和社会地位。

3. 求美心理

求美心理即重视商品的艺术欣赏价值。俗话说:"爱美之心,人皆有之。"爱美是人的本性。对游客来讲,离开自己的居住地参加旅游活动,不仅希望欣赏到美的风景,同时也希望能购买到一些富有美感的旅游商品。有这类消费心理特征的旅游者比较重视商品的款式、包装。

4. 求新心理

求新心理,是指游客购买商品时追求商品的新颖、奇特与时尚。在游客购物的过程中,好奇心起导向作用。游客大多喜欢新奇、新颖的商品,这些商品具有新的款式、新的质量、新的材质,可以满足人们求新的心理,调节枯燥、单调、烦闷的生活。因此,人们在旅游地看到一些平时在家看不到的东西时,就产生对商品的好奇感和购买的欲望。如在广州旅游喜欢购买牙雕,在云南旅游喜欢购买缅甸玉,在韩国旅游则喜欢购买韩国化妆品等。

5. 求廉心理

求廉心理即消费者对商品的价格特别敏感,喜欢追求价格低廉、经济实惠的商品。怀有这些动机的游客在购物时,注意力主要放在价格上,他们希望能用更少的钱购买同等价值的商品,并且喜欢买简易包装或不带包装的商品。这样,既不影响实用,又节约开支。当然,旅游活动本身是一种高级的、高消费的享受活动,游客通常不会像普通消费者那样过分追求廉价。他们希望商店销售人员介绍商品的特色、制作过程、生产年代、制作者的逸闻趣事以及鉴别商品优劣的知识,等等。持这种心理的游客对当场作画或刻制的旅游商品及商品地有关资料说明特别感兴趣。

(二)景区商品销售技巧

1. 抓住销售对象——了解客人

商品部服务员除注意自己的着装和仪容仪表外,更要善于与客人沟通。一般来说,客人刚一进店,服务人员不可过早向客人打招呼。因为过于接近客人并提出询问,就会使客人产生戒心,而过迟则往往使客人觉得服务人员缺乏主动和热情,使客人失去购买兴趣。

接触客人的最佳时机,是在客人认知与喜欢商品之间。通常表现为:

(1)当客人长时间凝视一种商品的时候。
(2)当客人从注意的商品上抬起头来时。
(3)当客人突然止步盯着某一商品看时。
(4)当客人用手触摸商品时。
(5)当客人像是在寻找什么的时候。
(6)当客人的眼光和自己的眼光相碰的时候。

商品销售人员一旦捕捉到以上的某一时机,应马上微笑着同客人打招呼。销售员必须善于察言观色,通过对客人的言行、年龄、穿着、神态表情等外在表现的观察,学会揣摩顾客的心理,分辨顾客性格类型与购物喜好,有针对性地为客人提供购物服务。

下面归纳了部分顾客类型及接待方法:

(1)见多识广型顾客:赞扬、保持谦虚。

(2)慕名型顾客:热情、示范、尊重,不要过分亲热。

(3)性格未定型顾客:大方、适当的热情,保持一定距离。

(4)亲昵型顾客:赞扬、亲切、宽容。

(5)犹豫不决型顾客:鼓励、引导、助其决断。

(6)爽朗型顾客:热情、大方推荐,快速成交。

(7)沉默型顾客:保持亲切感、有问必答、注意动作语言。

(8)聊天型顾客:亲切、平和,在问答中不经意推荐。

(9)爽快型顾客:鼓励、建议、替其决断。

(10)慎重型顾客:少说,多给客人时间考虑。

(11)讲道理型顾客:多提供商品知识,理性推荐。

(12)谦虚型顾客:鼓励、赞扬、保持距离感。

(13)腼腆型顾客:主动接触、引导、多问。

2. 熟练展示销售的商品——激发购买兴趣

接近客人的目的就是为了向客人介绍、展示商品,让客人观看、触摸、嗅闻。客人看、摸、嗅商品,看清商品特征,产生对商品质量的信任,引起其购买欲望,加快成交速度。

展示商品是一项技术性较高的工作。需要销售人员具有丰富的商品知识和熟练的展示技术。展示动作要敏捷、稳当,拿递、搬动、摆放、操作示范等动作不可粗鲁、草率,否则会显得服务人员对工作不负责任,对商品不爱惜,也显示出对客人不尊重。

3. 热情介绍商品——增进客人的信任

当客人对某一商品产生喜欢情绪并对商品进行比较、评价的时候,服务员应适时地介绍商品知识,如商品的名称、种类、价格、特点、产地、生产年份、品牌、原料、式样、颜色、大小、使用方法等。

所谓适时介绍,就是在分析客人心理需求的基础上,有重点地说明商品,以便"投其所好"。事实表明,销售人员积极热情、详细生动的介绍,可以激发客人的购买欲望,使商品成交的几率增大。有些时候,客人不一定有需求买何种商品,但由于销售人员的主动热情、详细、专业的介绍,使客人对商品有了更多的认识,或者因盛情难却,最终达成交易。反之,服务人员若漫不经心,不主动介绍商品,就可能失去达成交易的机会。

(三)旅游商品销售员的岗位职责

(1)介绍商品要注意严格遵守商业职业道德规范,维护消费者利益。实事求是地介绍商品,不夸大商品的优点,也不隐瞒商品的缺点。

(2)不张冠李戴,不能为迎合顾客购买心理,将杂牌货说成是名牌产品。

(3)不以次充好,不将积压滞销商品说成是紧俏商品。

(4)尊重顾客的习惯、兴趣、爱好。有针对性地介绍商品,不盲目介绍或过分纠缠,给人以强买强卖的感觉。

(5)语言要简明扼要,语调语气要体现出热情、诚恳和礼貌。

四、任务准备

1. 查阅资料；
2. 整理资料；
3. 景区实地参观考察或观看录像；
4. 准备进行商品销售技巧讨论时所需的笔记本、笔、录像、案例。

五、任务实施

表 2-2-2-1　任务实施表

序号	实施步骤	说明	要求	备注
1	准备工作	准备好资料、书籍、笔、笔记本等	准备充分	
2	景区实地考察或观看录像	观察商品销售过程	(1) 观察细致 (2) 边观察边记录 (3) 分析	
3	分组讨论	(1) 讨论顾客类型及对应的销售技巧 (2) 讨论销售中的语言技巧	讨论有效、分析合理	
4	知识转化	学习把课本理论知识转化为实践知识	把知识灵活运用到案例分析中	

六、任务评价

表 2-2-2-2　任务评价表（教师评价）

序号	评价内容	评价结果			
		优	良	合格	不合格
1	准备工作				
2	景区实地考察或观看录像				
3	分组讨论				
4	知识转化效果				
5	任务完成进度				
6	任务完成质量				
7	其他				

表 2-2-2-3　任务评价表（自评）

序号	评价内容	评价结果			
		优	良	合格	不合格
1	准备工作				
2	景区实地考察或观看录像				
3	分组讨论				
4	知识转化效果				
5	任务完成进度				
6	任务完成质量				
7	其他				

七、问题及解决

表 2-2-2-4　问题解决表

序号	问题	处理措施	预防措施	改进方法	备注
1					
2					
3					

八、拓展知识

【阅读材料 2-2-2-1】

营销价格敏感性的因素

"价格战"是很多企业热衷的竞争手段。然而，"爱打"不等于"会打"。如何聪明地利用价格弹性玩转价格杠杆？

通常，当商品价格上涨时，会导致需求量减少；价格下跌时，需求量增加。这是消费者对于商品价格变动的反应。消费者对于某些商品价格的变动较为敏感，而对于另外一些商品价格的变动则不那么敏感，这被称为"价格弹性"。

研究表明：共有九种因素影响消费者的购买意愿，使得消费者在进行购买决策时或多或少对价格和价值之间的差异有些敏感。对于每一种因素，企业都有可以使用的战术，以减少消费者对其提供的价值与其价格之间的差异的敏感性。

一、参考价格效应(reference price effect)

经济价值就是充分了解所有替代品信息的消费者认知的、感受的某商品的价值。参考价格效应是指,商品的价格相对于消费者认知的其他替代产品越高,消费者对价格就越敏感。

反之,消费者则对价格不敏感。例如:缺乏购买经验的消费者对商品信息的了解要远远少于那些有购买经验的消费者,他们通常会支付相对较高的价格。所以,在消费者对消费没有经验时,则可采取高价策略。最典型的例子是旅游胜地的饭馆,它们面临的价格压力往往要小得多,因为偶尔路过的顾客对相关情况不十分了解,因此这些饭馆的价格往往要高于其他饭馆的价格。

商品的分销方法也能够影响消费者对替代品的认知。例如:消费者对于通过互联网销售商品的价格要敏感得多,因为这些消费者很容易获得相关信息,从而能够有效地将之与替代商品的价格进行比较。但通过产品目录进行销售的商品,顾客则很难将之与其竞争对手的商品加以比较。

在零售店里销售商品,经销商可以通过商品陈列的不同方式来影响消费者对替代品的认识。例如:在将同类商品放在一起进行销售时,消费者很容易与替代品的价格进行比较,从而价格较低的商品往往销量很大,而价格较高产品的销量相对会小一些。因此,很多知名品牌的商品选择了在专卖店进行销售,有效控制消费者对替代品的认识。而一些超市则采取了另外一种思路,它们将价格较低的大众品牌放在货架中不起眼的地方,而将知名品牌的商品放在更显眼的地方。

此外,消费者的参考价格还依赖于他们对未来价格的期望。例如:某汽车公司对汽车暂时进行打折促销会比简单的降价更好地刺激购买。因为,打折使得低价格看起来是暂时的,从而会加速消费者的购买决策。但如果重复使用打折促销的方法,那么消费者会很快学会继续等待而不是马上购买,因为他们预期以后的价格可能会更低。这也是为什么一些知名的服装品牌从不降价促销的原因。

二、对比困难效应(difficult comparison effect)

在购买之前要确定一个产品或服务的真正质量是非常困难的。在各种品牌之间,价格也是难以比较的,这同样降低了价格敏感性。

对比困难效应是指,当消费者很难比较替代品的优劣时,其对已知的或声誉较好的供应商的商品的价格敏感性较低。一般来说,消费者在购买某种商品之前要确定其真正质量是非常困难的。例如:消费者愿意买他们信得过的商品,而不愿冒风险去尝试市场上不熟悉的替代品。这种对某种品牌的信任,可能来自于消费者自己或他们所信任的人的使用经验。这也是为什么这些年来口碑营销越来越受到企业重视,并得以快速发展的原因之一。

如果商品或服务较难评价,并且尝试后失败的风险又很大,那么对比困难效应就比较明显。知名品牌由于在市场上已经建立起了良好的声誉,因此即便它们所提供的使用价值与其他替代品牌类似,消费者也愿意为之支付更高的价格。其主要原因是这些知名品牌减少了消费者对于质量或价值的不确定性。

对于较为贵重的商品来说,对比困难效应也是十分明显的。消费者往往更倾向于在熟悉的经销商那里或口碑较好的经销商那里购买商品。那么,对于一些新产品来说,为了克服对比困难效应,企业可以采取出租等方式降低消费者的不确定性风险,从而有效激励消费者的购买行为。

三、转换成本效应(switching cost effect)

更换供应商的附加成本(货币和非货币)越大,购买者对产品的价格敏感性越低。许多产品需要购买者进行一系列的配套投资以保证使用,更换新供应商,需要的成本比较高,如需要进行人员培训等。

转换成本效应是指,更换供应商所需要的投资越大,消费者对于现有供应商的商品的价格敏感性越低。换句话说,更换供应商的附加成本越大,消费者对商品的价格敏感性越低。这是因为,许多商品需要消费者进行一系列的配套投资以保证使用。例如航空公司一般不愿意更换飞机供应商,因为如果将波音换为空客,那么重新培训机械师、投资购置新的备用部件等会增加很多成本。

当然,与转换成本联系在一起的忠诚并不是永恒不变的。当辅助投资环境发生改变时,消费者的价格敏感性就会提高。例如,在电子商务时代,那些仍然只依赖于传统渠道进行销售的企业可能会逐渐丧失其优势,而那些将传统渠道与电子商务渠道结合起来的企业则获得了较快的发展。

为了削弱转换成本效应给企业带来的负面影响,企业可以通过吸收或降低转换成本的方式来激励消费者的购买行为。例如:给予顾客更多的折扣或者提供附加价值更高的服务等。当转换成本被有效降低时,企业就可以与市场上的替代产品进行竞争。

四、价格—质量效应(price - quality effect)

价格只代表购买者必须支付给销售者的货币。可对某些产品来讲,价格还具有其他的意义,这些产品可以分为三类:形象产品(image products)、排他性产品(exclusive products)、只有价格能代表其相关质量的产品。在这里,价格不仅代表一种费用负担,它还是一种购买者能够获得的价值的象征。对于这些产品,价格敏感性是受价格—质量效应影响的:当高价在某种程度上代表高质量时,购买者的价格敏感性会较低。这三类商品受价格—质量效应的影响较大。

例如:那些购买纯金劳力士手表的消费者不仅仅是为了看时间,那些购买劳斯莱斯汽车的消费者也不仅仅是为了代步,他们更多的是为了向他人表明自己能够购买得起这些商品。因此,我们可以将这些商品称为形象商品,它们在一定程度上可以象征或者显示拥有者的经济实力和社会地位。消费者对这些商品的价格敏感性就很低。

除了形象因素之外,在较高的价位购买商品,可以尽可能避免与他人共享同样的商品。这种排他性也可带来附加价值。很多人不明白为什么一些人在旅行的时候愿意支付高价而乘坐头等舱,因为他们认为头等舱的宽敞座位和美味食物提供的价值不足以弥补票价的差异。实际上,很多商人选择乘坐头等舱是因为其排他性所带来的价值。也就是说,乘坐头等舱可以避免与喧闹的小孩或醉汉在一起,从而使他们在飞行过程中的工作或休息不受打扰。

研究发现,很多消费者在购买新产品之前无法确定其客观质量如何,这时他们往往将价格作为反映其质量的标准,他们通常假设这些商品是由于质量高才会价格高。消费者越将价格作为质量的判断标准,他们的价格敏感性越低。

五、支出效应(expenditure effect)

支出效应是指,当某种商品的费用支出较大或占家庭收入的比例较大时,消费者的价格敏感性较高。一件商品价格越高,顾客精心挑选能获得的利益越多。这就是为什么消费者往往会花费更多的时间和精力去比较和挑选贵重的商品,而对于一些价格较低的日用品则不太愿意花费较多的时间和精力进行挑选。

我们可以发现,支出效应受消费者个人或家庭收入的影响较大。随着人们收入的增加和生活水平的提高,食品支出占家庭支出的比重越来越小,从而人们对于食品的价格敏感性也在降低。但人们对住房、汽车这类商品的价格敏感度相对较高。

六、最终利益效应(end-benefit effect)

最终利益效应是指,商品价格占最终利益总成本的比例越大,消费者对价格越敏感。我们来看一个实际研究的例子:第一种情况下,如果你预订了一台报价10 000元的计算机,但后来却发现一家同样值得信赖的公司报价为9000元,你会取消原来的订单吗?第二种情况下,如果你预订了一台报价100 000元的服务器,但后来却发现一家同样值得信赖的公司报价为99 000元,你会取消原来的订单吗?实际上,两个场景中的价差均为1000元,但调查结果发现:更多的人选择在第一种情况下更换卖主。因为他们认为节省1000元对于10000元的购买来说价值更大。

实际上,最终利益效应不仅是一种经济效应,还是一种心理效应。例如:在一家高级饭店庆祝结婚纪念日后,妻子看到丈夫用半价优惠券结账时肯定会不太高兴,因为这顿饭局往往会与感情联系在一起。当最终利益与情感联系在一起时,多数人会认为花费很多的时间和精力去寻找低价是非常俗气的事。

企业可以有效地利用最终利益效应的心理因素开展促销活动。例如:当大众汽车公司在广告中更多地强调汽车安全的利益后,消费者对于价格的敏感度会降低。

七、分担成本效应(shared-cost effect)

分担成本效应是指,商品价格中消费者自己实际支付的比重越小,消费者对其价格越不敏感。例如:在那些父母或其他人愿意为其分担一部分支出的商品购买中,消费者对于商品价格的敏感度明显降低。也就是说,如果消费者在购买一件商品时自己所需要支付的比例越小,则他们对该商品的价格敏感度就越低。同样的,目前很多企业为其职员承担了MBA或EMBA课程的费用,因此这些学员对于MBA或EMBA课程价格的敏感性就较低。

八、公平效应(fairness effect)

公平效应是指,某种商品的价格越不"公平",消费者的价格敏感性越高。也就是说,如果商品的价格超出消费者理解的"合理"、"公平"的价格范围,消费者的价格敏感性会较高。一些垄断性行业的商品定价往往会受到消费者的批评,因为他们认为这些商品的价格不公平或者不合理。例如:电信行业等。

有研究发现,价格是否被认为是公平的与当时所处的情况有关。在一个非常著名的实验中,人们被要求假设自己正躺在海滩上,非常想喝一种知名品牌的啤酒,他们的朋友愿意到附近的一个地方去买。他们其中有一半人被告知啤酒是从一个"高级酒店"买来的,而另外一半人则被告知啤酒是从一个"简陋的小食品杂货店"买来的。当他们被问到愿意出的最高价格时,那些认为啤酒是从"酒店"买来的人愿意出的平均价格是 2.65 美元,要远远高于那些认为啤酒是从"杂货店"买来的人愿意出的平均价格(1.5 美元)。

九、框架效应(framing effect)

框架效应是指,当消费者感觉某一价格带来的是"损失"而不是"收益"时,他们对价格就更敏感。

为了解释框架效应,我们来看下面的例子:在加油站 A,每升汽油卖 5.6 元,但如果以现金的方式付款可以得到每升 0.6 元的折扣;在加油站 B,每升汽油卖 5.00 元,但如果以信用卡的方式付款则每升要多付 0.60 元。显然,从任何一个加油站购买汽油的经济成本是一样的。但大多数人认为,加油站 A 要比加油站 B 更吸引人。因为,与从加油站 A 购买汽油相联系的心理上的不舒服比与从加油站 B 购买汽油相联系的心理上的不舒服要少一些。这是因为,加油站 A 是与某种"收益"(有折扣)联系在一起的,而加油站 B 则是与某种"损失"(要加价)联系在一起的。

研究发现,形成上述差异的原因是当衡量一个交易时,人们对于"损失"的重视要比同等的"收益"大得多。因此,企业在定价或促销时,应该将之与"收益"而不是"损失"联系在一起,从而有效激励消费者的购买行为。

(资料来源:http://blog.sina.com.cn/s/blog_4c0e3d590100083t.html)

任务三　景区商品销售服务

一、任务描述

在模拟情景中完成景区商品销售的过程,注意介绍商品特色,抓住客人的心理特征,掌握开发票的注意事项。

二、任务分析

完成本任务的关键在于多观察、多分析、多动脑筋,有针对性地为不同的游客提供商品销售服务,耐心介绍商品,熟悉销售流程,熟练开具销售发票。

三、相关知识

(一)景区商品销售流程

景区商品销售人员应严格按照销售流程,完成商品交易,以免出现差错。
1. 主动热情地迎接客人,耐心周到地服务客人。
2. 主动介绍旅游商品特色、性能、用途、产地、生产年份、价格等基本情况。
3. 耐心解答顾客提出的各种问题,不能表现出不耐烦的情绪。

4. 在顾客多的情况下,销售人员要做到"接一应二联系三",让顾客感觉到你时刻都在关注他们。

5. 当顾客犹豫不决时,要多为顾客提建议和意见,适时为顾客做好参谋。

6. 当顾客购买某商品后,要将商品进行包装。包装要美观大方,而且牢固。

7. 客人离开柜台或商店时,礼貌向客人说"再见"、"欢迎下次再来"等用语。

(二)收银注意事项

收银是销售的重要环节,既不可多收,也不可少收,更不可错收。这要求收银人员熟练操作,确保不出差错。

1. 景区销售人员在收银过程中,应该小心操作所使用的电脑、计算器、验钞机等设备,并做好清洁保养工作。

2. 收客人款项后,准确打印各项收费账单和发票,及时、快速地收好客人的各项费用,对各种钞票必须能够验明真伪,对签名结账的必须有依据。

3. 在接受使用信用卡结账业务时,严格按程序进行操作。在每班结束后,将当班收到的款项做成每班汇总表。

4. 认真做好每班的交接,做好备用金及未完成事宜的交接工作。

5. 离开时要帮助顾客将商品装入购物袋内并使用礼貌用语。

(三)开具发票

发票是从事生产、经营的企事业单位和个人,以其在销售商品或提供应税劳务及从事其他经营活动时取得的应税收入为对象,向付款方开具的收款凭证。

开具发票的注意事项:

1. 在销售商品、提供服务以及从事其他经营活动对外收取款项时,应向付款方开具发票。

2. 开具发票应当按照规定的时限、顺序,逐栏、全部联次一次性如实开具,并加盖单位财务印章或发票专用章。

3. 所有单位和从事生产、经营的个人,在购买商品、接受服务,以及从事其他经营活动支付款项时,向收款方取得发票,不得要求变更品名和金额。

4. 销售商品有折扣的,必须如实入账。可以在发票上注明回扣或佣金的比例和金额。

四、任务准备

1. 查阅资料;
2. 整理资料;
3. 景区实地参观考察或观看录像;
4. 准备实操训练或模拟商品销售情景所需的桌子、商品、发票本、笔记本、笔等。

五、任务实施

表 2-2-3-1　任务实施表

序号	实施步骤	说明	要求	备注
1	迎接客人	（1）注意仪容仪表 （2）微笑迎接客人	（1）准备充分 （2）形象良好	
2	观察客人对商品是否喜欢	（1）欢迎客人光临 （2）请客人随便参观 （3）观察客人对商品的兴趣、偏爱哪种类型	（1）观察细致 （2）在客人旁边随时提供服务 （3）热情友好	
3	推销商品	（1）根据客人的喜好推销商品 （2）推销过程中注意运用语言技巧 （3）商品介绍清楚明了	（1）语言生动。 （2）抓住商品特色。 （3）抓住游客心理，适时推销。	
4	收银	交易成交后，做好收银工作。	注意现金和刷卡的不同结账方式	
5	开具发票	（1）提醒顾客收好余款及商品小票。 （2）若需开具发票，则按要求操作。	掌握打印发票的注意事项	
6	送客	礼貌送客	欢迎客人再次光临	

六、任务评价

表 2-2-3-2　任务评价表（教师评价）

序号	评价内容	评价结果			
		优	良	合格	不合格
1	迎接客人				
2	观察客人				
3	推销商品				
4	收银				
5	开具发票				
6	送客				
7	其他				

表 2-2-3-3 任务评价表(自评)

序号	评价内容	评价结果			
		优	良	合格	不合格
1	迎接客人				
2	观察客人				
3	推销商品				
4	收银				
5	开具发票				
6	送客				
7	其他				

七、问题及解决

表 2-2-3-4 问题解决表

序号	问题	处理措施	预防措施	改进方法	备注
1					
2					
3					

项目三　景区门票销售业务

【案例导入】

国庆黄金周广州33个景区门票收入过亿元

中新网广州10月7日电(程景伟 朱晋锋)广州市旅游局7日傍晚对外称,"十一"国庆黄金周期间,纳入统计范围的广州33个主要旅游景区(商业步行街除外)门票总收入达1.07亿元人民币,同比增长约三成五。广州这33个景区"十一"期间接待游客286.32万人次,同比增长一成多;营业收入1.76亿元,同比增长三成四。其中,售票景区接待人数前三位的分别是白云山风景名胜区、长隆旅游度假区、广州动物园;营业收入前三位的景区是长隆旅游度假区、广州塔和碧水湾温泉度假区。

广州市旅游局称,节假日 7 天广州共接待境内外游客 1116.02 万人次,旅游业总收入 77.64 亿元,实现了接待和经营的双增长。另据节日期间对游客开展的抽样调查数据显示,游客对广州旅游的满意率达 99%。在接受调查的到穗入境游客中,主要为港台及来自亚洲其他地区的客人。

(资料来源:http://news.163.com 网易新闻,有删减。)

思考

景区门票对景区旅游业务的发展有什么影响?

任务一 认识景区门票

景区票务服务是游客接触景区的第一环节。门票销售是景区实现收入的途径。做好票务工作对提升景区形象、增加景区吸引力有非常重要的作用。首先从认识景区门票开始。

一、任务描述

把全班学生分成四组,分组查找资料,搜集几个不同景区的门票样本,写出门票的类型以及门票应包括哪些信息,从门票所能提供的信息量、美观程度、简洁明了程度等方面进行比较,寻找出最佳的门票设计,最后总结得出结论,设计景区门票时应该考虑具备哪些功能和哪些特点。最后,为学校设计一张学校游览门票。

二、任务分析

了解更多的景区门票设计知识,包括样式、材质、特点等基本知识,熟悉票务岗位职责及要求。

三、相关知识

(一)景区门票的概念

门票是景区的第一张名片,是游客进入景区的通行证,它具有实用性,是游客的"入门凭证"。景区购买作为一种旅游行为,对景区及当地社会经济、文化以及旅游政策都会产生影响。对景区而言,门票收入是景区经济效益的最直接的体现,同时,景区门票是景区价值的一个组成部分,在景区销售中占有重要的份额,所以显得尤其重要。

(二)景区门票的种类

1. 按照制作材料分为:纸质门票和电子门票

按材质,可分为纸质和非纸质门票,非纸质门票多为电子门票。目前,我国多数旅游景区的门票采用的是纸质门票。如下图 2-3-1-1 和图 2-3-1-2 所示九寨沟的明信片门票。随着人们生活水平的提高,外出旅游人数骤增,致使一些旅游景区人数急剧增加,由于传统的纸质门票形式单一、容量有限,又不便于保存,且很不环保,不符合低碳生活理念,因此很多旅游景点采用了电子售票——磁卡门票通道控制管理系统,由此诞生了电子门票。电子门票解决了人工售票、人工验票、人工统计等人工管理中的缺陷,建立了一个全新及高效率的景区信息管理系统,使得景区管理部门随时都可以准确了解景区闸口部的售票和验票情况,有效解决了逃票、假票、过期门票等问题,并为景区领导提供决策依据,使旅游景区管理更加信息化、科学化。

图2-3-1-1　九寨沟纸质明信片门票背面

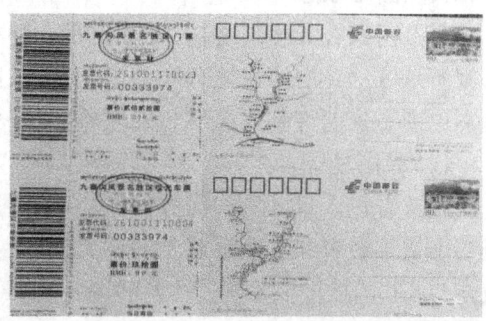

图2-3-1-2　九寨沟纸质明信片门票正面

图2-3-1-3　白云山年电子票-磁卡IC卡

2. 按照消费对象的特征分为:全票、优惠票

全票是指景区规定的全额票价的门票。优惠票是指景区根据游客特定的身份、职业、身高等而设定的价格优惠的门票。一般有学生、军人、小孩或老人等特殊优惠票,购票时需持相应的有效身份证件。

3. 按照门票的适用期限分为:当日门票和年卡门票。

除了有当天适用的当日门票外,景区为了增加游客的重游率,会发行景区年票,即在一年内(或规定的有效期内)可多次进入景区的优惠票形式。

4. 按照旅游淡旺季分为:淡季票和旺季票

有的景区,由于受到不同季节客流量的影响,为了调节或吸引客流,设置淡季和旺季两种不同的门票价格。例如,四川九寨沟风景区,受季节影响较大,在旅游旺季(每年4月1日至11月15日)门票价格为220元,而在景区旅游淡季(每年11月16日至3月31日)门票价格则调整为80元。

(资料来源:http://lvyou.baidu.com/jiuzhaigou/)

(三)景区门票的功能和作用

1. 景区门票的功能

旅游景区门票的原始功能是指在门票设计、开发之初所具有的功能。它基于旅游景区管理的需要,是景区设计门票的初衷所在,主要包括准入、导游两大功能。

(1)准入功能

景区门票在其出现之初,实际上是一种权利的象征,即拥有该门票的旅游者才有权利进入旅游景区。让游客快捷有序地进入景区,同时便于景区运营管理,是拓展门票准入功能的基本原则。当前许多景区实行的联票制、一票制管理,就是门票准入功能的一大突破。

(2)导游功能

旅游者进入景区后如何方便、顺畅地到达各景点,寻找停车、就餐、购物、如厕等区域,是长期困扰旅游者和景区管理者的一大问题。而门票是旅游者进入景区后最方便的信息传递载体,在其上附上景区著名景点的图片和景区地图,或立体,或平面,简洁明快,让游客可以"按图索骥"。

2. 门票的作用

(1)门票的经济作用。景区门票经济虽然不等同于旅游经济收入,但占了旅游收入中的绝大部分比例。

(2)门票的客流调节作用。旅游门票是调节游客量的重要杠杆。一定程度上,游客数量与门票价格成反比。提高门票能在一定程度上减少游客,可使旅游资源得到合理配置,旅游环境得到保护。

(3)门票的其他作用。旅游门票收入是旅游收入的重要组成部分,旅游景区门票收入的统计分析,还可为景区经营管理、市场开发提供决策依据。此外,有的景区门票设计精美,很多游客将门票作为纪念品收藏。

(四)售票岗位职责及基本要求

售票岗位是直接面对客户最多的一个岗位,无论从事手工售票还是电子售票服务,售票人员的仪容仪表、言行举止或是售票环境都会直接影响客人对景区服务的感受。售票柜台服务的宗旨是使顾客在整个买票过程中时刻感受着明快的节奏和体贴入微的服务。整个售票处应处处充满着高昂的士气与亲切的笑容。

基本要求有:

1. 微笑服务。
2. 准确高效地操作门票售卖全过程。
3. 及时了解景区相关活动详情。
4. 检查票房电脑、售票系统等各项设备,确保营业期间设备运转正常。
5. 耐心解答游客询问。
6. 回收以及发放兑换券、会员卡以及其他优惠票券。
7. 岗位清洁。

景区门票销售员的主要职责就是出售门票和保证票款安全等,但售票员也属于景区服务员这个大集体,要出色地完成景区服务工作,除了做好职责范围的事,还要较全面地熟悉景区其他服务岗位的工作。例如,既可以在售票岗位,也可以很好地完成验票服务,能很好地回答游客的咨询,及时处理游客的投诉意见,等等。简而言之,就是能满足游客的一切合理需求。

四、任务准备

1. 准备四张以上不同景区门票;
2. 配备电脑,进行网络查询;
3. 准备画图工具;
4. 准备相关书籍资料。

五、任务实施

表 2-3-1-1 任务实施表

序号	实施步骤	实施内容	要求	备注
1	查找资料	在通过查书籍、查询网络获得的门票样本或实际购买的景区门票中,选一景区门票作为代表写出门票组成要素	(1)目标明确 (2)思路清晰 (3)资料来源可靠,最好选择权威资料	(1)注意书籍信息的实效性 (2)注意网络资料的可靠性
2	内容归纳	归纳景区门票的种类和功能	归类合理	归纳有条理、具逻辑性
3	整理完善	将归纳出来的内容进行整理和完善。可以将学生分成若干小组,分别写出该组选定的门票的类型、组成要素等,各组汇报、记录,进行比较	(1)选择有效的景区门票 (2)认真细致地观察,和小组成员讨论,形成小组意见	理解清楚、表达清晰
4	总结与分享	对任务实施过程、完成情况进行总结自评,并与他人分享	(1)总结全面到位 (2)表达清晰流畅	每小组选代表发言

六、任务评价

表 2-3-1-2 任务评价表(教师评价)

序号	评价内容	评价结果			
		优	良	合格	不合格
1	认真负责				
2	分工合理				
3	团队协作				

续表

序号	评价内容	评价结果			
		优	良	合格	不合格
4	语言表达能力				
5	任务完成进度				
6	任务完成质量				
7	其他				

表 2-3-1-3　任务评价表（自评）

序号	评价内容	评价结果			
		优	良	合格	不合格
1	认真负责				
2	分工合理				
3	团队协作				
4	语言表达能力				
5	任务完成进度				
6	任务完成质量				
7	其他				

七、问题及解决

表 2-3-1-4　问题解决表

序号	问题	处理措施	预防措施	改进方法	备注
1					
2					
3					

八、拓展知识

【阅读材料 2-3-1-1】

九寨沟景区门票优惠政策调整

中国网 2013 年 3 月 9 日讯 记者从四川九寨沟最新获悉,根据国家发展改革委《关于进一步落实青少年门票价格优惠政策的通知》(发改价格〔2012〕283 号)、四川省发展改革委《转发国家发展改革委关于进一步落实青少年门票价格优惠政策的通知》(川发改价格〔2012〕227 号)和阿坝州发展改革委《关于进一步落实景区门票价格优惠政策的通知》(阿州发改〔2012〕260 号)等规定,九寨沟风景名胜区管理局就景区门票优惠政策作如下调整,并于 2013 年 3 月 9 日正式发布了门票优惠政策公告,自 2013 年 3 月 10 日起执行,以往优惠政策与本公告不符的,以本公告为准。

一、实行门票半价优惠的范围和群体

(一)青少年(儿童、学生、未成年人):6 周岁(不含 6 周岁)~18 周岁(含 18 周岁)未成年人,全日制大学本科及以下学历学生,持《港澳居民来往内地通行证》《台湾居民来往大陆通行证》或学生证等有效证件的香港、澳门、台湾等入境游青少年。

(二)老年人:60 周岁(含 60 周岁)至 70 周岁(不含 70 周岁)的老年人。

(三)宗教界人士:持省外省级宗教团体统一印发的皈依证等有效证件的同一宗教信教群众。

以上群体游览九寨沟景区时,出示有效身份证件可享受景区门票价格半价优惠。半价门票为旺季 110 元/人,淡季 40 元/人,需另购全价观光车票。

二、实行门票免票优惠的范围和群体

(一)未成年人:6 周岁(含 6 周岁)以下或身高 1.2 米(含 1.2 米)以下的儿童享受门票和观光车票免票。

(二)老年人:70 周岁(含 70 周岁)以上老年人享受门票免票,需另购全价观光车票。

(三)现役军人、离休干部和残疾人凭有效身份证件享受门票免票,需另购全价观光车票。

据悉,本公告解释权归九寨沟风景名胜区管理局所有。

(资料来源:中国网 http://www.china.com.cn)

案例分析:旅游旺季和黄金时段的景点售票可以采取哪些针对性措施?

任务二 散客门票销售技巧

如何做好看似简单却颇有内涵的票务工作呢?本任务介绍了散客票务服务方法和技巧,以及景区散客售票技巧、景区散客门票售票渠道等景区票务的基本知识。

一、任务描述

几个同学相约去某景区(例如长隆欢乐世界),通过各种渠道各自订票或买票,写出票价及购票途径。比较价格,讨论售票员工作可能涉及的工作范围和内容,思考关于散客门票的销售技巧,小组讨论形成结论。

二、任务分析

模拟景区售票员和游客,体验售票和买票过程及发现售票工作中可能出现的问题,讨论解决方法和技巧。以小组为单位写出最后总结。

三、相关知识

(一)景区散客门票销售渠道

1. 景区直接销售

指景区直接把门票卖给旅游者,中间不经过任何中间商。这是一种最简单、最短的销售渠道,是一种最传统的售票方式。一般是售票员在景区售票处或服务中心售票;或者景区在自己的网站上接受散客订票购票。

2. 景区间接销售

指景区通过代理商、分销商网站等中间环节向旅游者销售景区门票。这些中间环节常见的有旅行社、饭店、交通企业或有售票代理权的网络平台,提供景区门票预订预购服务,或者在旅行社所提供的旅游套餐中,已包括景区门票。

(二)景区散客门票销售技巧

散客是景区游客的重要组成部分,通过对散客的特点进行分析研究,采用适当的散客售票技巧能提高门票销售量。以长隆旅游度假区的门票销售为例,常见的销售技巧有以下几种:

1. 开展各种形式的门票价格优惠促销

组合套票优惠是景区门票价格优惠促销的一种形式,指依托景区各主题景点开展联合销售,如大型景区内部各主题联合售票,或联合景区酒店所有资源和景区共同开展各项营销,配合景区的各项促销工作。例如长隆集团推出的两个主题组合套票或游客自选组合套票。此外,门票价格优惠还有家庭优惠套票;按照消费对象的特征推出的各种优惠票,如老人票、学生票;按照门票的适用期限推出的当日门票和年卡门票;按照旅游淡旺季推出的淡季票和旺季票等形式。目的都是为了促进门票销售,增加景区游客量,提高景区门票收入。以下以长隆集团推出的各主题联合售票为例,了解一下景区组合套票优惠。

广州长隆旅游度假区是国家5A景区,是大型综合旅游体。由长隆欢乐世界、长隆国际大马戏、长隆野生动物世界、长隆水上乐园、广州鳄鱼公园、长隆酒店、香江大酒店和香江酒家等多家公司共同组成。

长隆旅游度假区推出促销优惠套票包括:

两园套票	平日全票	平日儿童、老年票	指定日全票
鳄鱼公园 + 长隆国际大马戏	260 元/人		290 元/人
长隆欢乐世界 + 长隆国际大马戏	390 元/人		420 元/人
长隆野生动物世界 + 长隆国际大马戏	440 元/人		470 元/人
长隆野生动物世界 + 长隆欢乐世界	410 元/人	225 元/人	
长隆野生动物世界 + 鳄鱼公园	280 元/人	170 元/人	
长隆欢乐世界 + 鳄鱼公园	230 元/人	145 元/人	

（年票：成人：1280 元/位；儿童老年人：880 元/位；长隆水上乐园：白天 150 元/位；夜场 100 元/位）

2. 发展多种平台多渠道宣传促销

加入携程网、e 龙网、芒果网、同程网等多种订票网络平台，开展网络促销活动，吸引更多的散客通过网络方式购票。

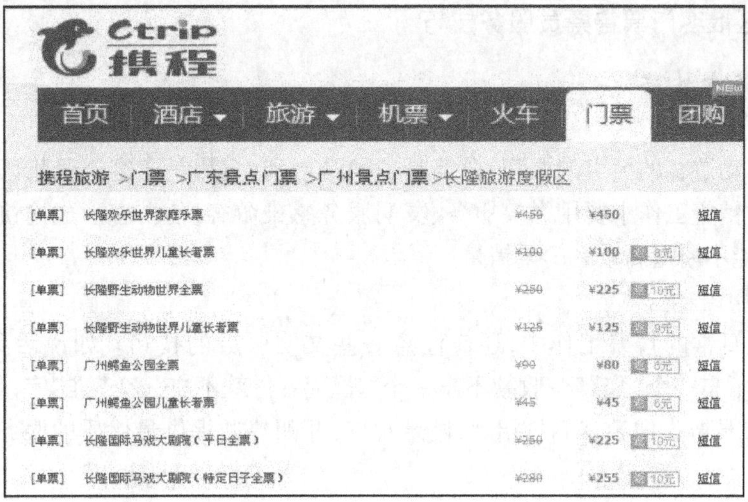

图 2-3-2-1 携程网

除了网络宣传促销，还有新闻媒体促销、户外广告促销、旅游印刷物等多种渠道。吸引散客旅游，还必须对已确定的旅游项目进行形象而具体的宣传促销，将旅游信息传达给尽可能多的潜在游客。首先，必须塑造和树立鲜明的旅游目的地形象，突出其特色，在人们心目中占据有利的地位。其次，要提供内容详尽的、符合散客需要的旅游宣传印刷品，包括旅游线路说明书、目录集、导游指南、价格表、各种单页宣传品、宣传小册子，以及起旅游宣传作用的信封、挂历、明信片等，介绍有关旅游地文化、地理、物产、风俗民情、风景名胜和交通、食宿、购物及其基本价格等情况，以帮助人们增加了解，消除顾虑，增添游兴。旅游印刷品具有图文并茂、实用功能强、可长时间保留、随时提供信息支持，而费用低廉的特点，在旅游促销上具有重要的作用。最后，充分利用报刊、电视、电台等大众传媒，以及参加旅游博览会、巡回展销会,做好广告宣传,进一步扩大影响,增加人们接触信息的频度和密度。

3. 加强散客指引服务

散客的输入渠道较为繁杂,总的原则应是既有重点又广开渠道。第一,旅行社应成为散客有求必应的咨询窗口,热情提供各种旅游信息,推荐灵活多样的服务项目。目前应逐步推广在旅行社设置"散客部"或"散客中心"的做法,真正将散客业务提升到主体业务的高度,及时追踪散客市场动态,做好信息反馈,给予散客高质量、多样化、个性化的服务。第二,应逐步建立和健全散客预订系统,尤其是在交通、客房和游览项目方面逐步建立为散客服务的电脑预订网络,通过电脑联网,随时了解各交通部门、饭店的预订情况,接受散客咨询和预订,并可储存旅游资源方面的信息,根据散客的不同需要,代为规划旅游线路。第三,应在交通枢纽,如航空港、码头、车站、市区主要街道路口等设立醒目的中外文路标、导游交通图、指示牌等,清晰地标示各游览点的地点、方位和距离,为初到的游客"指点迷津"。第四,应鼓励旅游企业人员走出企业,到市区繁华地段亮牌设点,设立"旅游问讯中心"(Tourism Information Center),提供咨询帮助以及代购交通票、代订客房等。第五,有条件的地区可开通旅游信息咨询专线电话。

(三)景区散客门票售票员服务技巧

1. 售票语言技巧

(1)微笑服务

微笑是打动游客的无声的语言;微笑是一种希望和力量,是游客感受景区的第一印象。销售员在日常销售工作中要用微笑服务、文明服务感染游客,使游客形成愉快的购票体验,口口相传,也能不断提高景区门票销量。

(2)文明用语

销售员在日常的售票工作中,还应注意一些文明服务的技巧。如说话和气不忘一个"请"字;称呼不忘一个"您"字;收款不忘一个"唱"字;付款不忘一个"准"字;售完不忘一个"祝"字。售票员要先向游客们打招呼,诚恳对待,开朗热诚提供最优质的服务,及时帮助解决游客疑问。

2. 售票员收款技巧

售票人员一旦收到假钞,按规定须由当班人员进行赔偿;有时售票人员在找补过程中也会和游客为钞票的真伪进行争执,弄得双方都不愉快。景区收费时普遍使用验钞机,但售票人员应具备一定的鉴别货币真伪的知识,以避免收到假钞。

(1)一般地说,可以用"一看、二摸、三听"的方法辨认假钞。

"一看",看颜色、变色油墨、水印。真钞印刷精良、颜色协调,水印具有立体感;假钞颜色模糊、色彩不协调,水印只有一边有或无立体感,纸张较差,防伪金属或纤维容易抽出。"二摸",摸水印、盲文。真钞手感较好,水印、盲文立体感强;假钞较绵软或很光滑,盲文不明显。"三听",听声音,假钞抖动发出的声响或太清脆或无声响。

(2)收款时,最好不要当着游客的面验钞。

把钞票一张一张地拿到灯光下照看,这样做令人很不舒服,缺乏信任感。这也要求售票人员掌握较娴熟自然的方法有效地鉴别货币的真伪。如发现有问题的钞票,应与游客礼貌协商,请其重新换一张,找补后请游客自己验证。

(3)钱在人在,交接清楚。

在售票工作当中,必须要保管好自己的钱箱。钱一定要当面点清,否则过后发现差错,就难以说清了。但在实际的工作过程中,特别是旅游旺季游客众多的时候,难免发生顶替上岗或请人代换零钞等情况,这时候有些工作人员可能会因为嫌麻烦或面子问题(担心当面点钱会被对方理解为不尊重和不信任)而省略了当面交接这一程序,事后一旦发生差错往往会后悔莫及、有口难辩。所以,每一位售票工作人员都应树立这样的观念,即"钱在人在,交接清楚"。这不仅是保护自身利益,减少事后麻烦,同时也是尊重对方、保护对方利益的表现。

3. 熟悉景区的票务优惠制度

对景区的一般优惠票、指定优惠票、淡旺季优惠票、团体票等各类优惠票业务要非常熟悉,及时告知游客,或解答游客的提问,让游客及时了解到最佳的优惠方案,自愿选择门票的购买形式。当游客对优惠票有疑问时,要耐心地解答,不能与游客发生争执,应热情、礼貌地向游客解释优惠票制度,争取游客的理解。

四、任务准备

1. 学生分四组,分别通过不同方式订购长隆欢乐世界门票,如电话方式、团购方式、旅行社代购、景区网络售票等。了解门票价格,通过比较,得出最优惠或者最快捷的购票方式。

2. 配备电脑,进行网络查询;

3. 列表归纳总结景区散客票务销售的渠道和技巧;

4. 准备相关书籍资料。

五、任务实施

表2-3-2-1 任务实施表

序号	实施步骤	实施内容	要求	备注
1	查找资料	通过书籍、网络等途径,列出自己所能了解到的景区散客订票的方式或途径。	(1)目标明确 (2)思路清晰 (3)资料来源可靠并且最好选择权威资料	(1)注意书籍信息的实效性 (2)注意网络资料的可靠性
2	内容归纳	归纳几种主要的购票或订票方式	归类合理	归纳要有条理,具逻辑性。
3	整理完善	将归纳出来的内容进行整理完善。可以将学生分成若干小组,分别写出景区散客售票渠道、技巧和服务技巧,各组汇报、记录,进行比较。	(1)讨论积极 (2)汇报内容切题	要理解清楚,表达清晰。

续表

序号	实施步骤	实施内容	要求	备注
4	总结与分享	对任务实施过程、完成情况进行总结自评,并与他人分享。	(1)总结全面到位 (2)表达清晰流畅	每小组选代表发言

六、任务评价

表2-3-2-2 任务评价表(教师评价)

序号	评价内容	评价结果			
		优	良	合格	不合格
1	认真负责				
2	分工合理				
3	团队协作				
4	语言表达能力				
5	任务完成进度				
6	任务完成质量				
7	其他				

表2-3-2-3 任务评价表(自评)

序号	评价内容	评价结果			
		优	良	合格	不合格
1	认真负责				
2	分工合理				
3	团队协作				
4	语言表达能力				
5	任务完成进度				
6	任务完成质量				
7	其他				

七、题及解决

表2-3-2-4 问题解决表

序号	问题	处理措施	预防措施	改进方法	备注
1					
2					
3					

八、拓展知识：景区营销技巧——珠海御温泉和江西婺源

（一）珠海御温泉：客源地聚焦模式

珠海斗门的御温泉是国内很早建立的温泉，自建立之初到20世纪末一直是珠三角甚至全国温泉消费热点，取得了巨大的市场效应。在21世纪初，广东及全国各地不停兴建各种温泉娱乐景区，但御温泉并没有在激烈的市场竞争中溃败，虽然市场份额在下降，但销售额并没有下降，因为市场总量在上升。

御温泉的销售模式是在各客源地建立自己的办事处，不同的客源地采用不同的销售策略，针对不同的客源地进行精细营销，与各大旅行社建立紧密的联系，广告投入比较及时但不大，往往能取得比较好的效果。

该模式是借用了其他产品的销售模式，具有很强的借鉴意义，代表了未来的发展方向。

（二）江西婺源：客源地轰炸模式

江西婺源号称中国最美丽的乡村，实际上像那样的乡村在很多地方都有，婺源的成功有政府推动的因素，但其实与营销有很大关系。

江西婺源的营销采取客源地轰炸模式，即在客源地联合旅行社大打业务型广告，制造氛围，达到成功的目的。该模式实际上与目前保健品销售模式有点相似，但需要具体问题具体分析，否则有可能失败。

任务三 散客门票销售流程

一、任务描述

把全班学生分成四组，两组模拟游客，两组模拟景区售票员，合作演练完整的售票过程，尝试写出售票员岗位可能涉及的工作内容。

二、任务分析

要完成本任务,需要结合自身经历,先与组员分享游玩景区的购票经历,两组结合,进行仿真模拟。然后进一步了解熟悉票务员岗位及工作流程。

三、相关知识

游客来到景区,最先接触到的就是景区售票工作人员。售票工作人员的服务态度、专业知识水平直接决定着游客对景区的"第一印象",直接影响游客随后在景区的游览心情和对景区的评价。因此,售票工作人员是打开游客心灵的第一把钥匙,也是最重要的一把钥匙。

一名优秀的景区售票工作人员,不仅需要具备专业的操作技能,更需要具备良好的服务态度、服务技巧、服务礼仪,同时能深刻认识到售票工作的重要性,具备服务意识和职业素养。此外,还要非常熟悉票务工作服务流程。

(一)散客售票服务工作内容

1. 准备销售——售票前准备工作

售票员做好票务销售硬件工具的准备工作,熟悉票务管理事项。

2. 实施销售——售票

售票员按票务销售规定准备好各类票据,能够正确办理各类票务。

3. 处理信息——交款机统计

售票员能够使用计算机处理软件录入票据销售信息,执行内部销售报告制度。

(二)具体服务流程

1. 售票前准备工作

(1)参加班前会,按规定着装,佩戴工作牌,仪容整齐,化妆得体;

(2)查看票房门窗、保险柜、验钞机、话筒等设备是否正常;

(3)做好票房内及售票窗外的清洁卫生工作;

(4)若当日由于特殊原因票价有变,应及时挂出价格牌及变动原因说明;

(5)根据前日票房门票的结余数量及当日游客的预测量填写门票申领表,到财务部票库领取当日所需的各种门票,票种、数量点清无误后领出门票;

(6)根据需要到财务部兑换钱币,保证每日所需的零钞。

2. 售票工作流程

(1)客人走近窗口,售票员向客人礼貌问候"欢迎光临",询问购买的票数;

(2)售票员根据《门票价格及优惠办法》向客人出售门票,主动向客人解释优惠票价的享受条件。售票时做到热情礼貌、唱收唱付。

举例:"您好,收您100元,每张30元,共60元,找您40元,请收好。"

"您好,门票50元一张,您买两张,100元正好,请收好门票。景区里还有两个小景点需要验票。"

(3)向游客介绍说明景区的优惠票的情况,让游客在知情的情况下自愿选择购买,欢迎游客享受优惠政策。

(4) 售票结束时,售票员向客人说"谢谢"或"欢迎下次光临"等用语。

(5) 向闭园前1小时内购票的游客提醒景区的闭园时间及景区内仍有的主要活动。

(6) 游客购错票或多购票,在售票处办理退票手续,售票员根据实际情况办理,并填写退票通知单,以便清点时核算。

(7) 根据游客需要,实事求是地为客人开具售票发票。

(8) 交接班认真核对票款数量,核对门票编号;

(9) 售票过程中钱款、票款出现差错的,及时向上一级领导反映;

(10) 热情待客,耐心回答客人的提问,游客出现冲动或失礼时,应保持克制态度,不能恶语相向。

(11) 耐心听取游客批评,注意收集游客的建议,及时向上级领导反映。

(12) 发现窗口有炒卖门票的现象要及时制止,并报告安保部门。

3. **处理信息**

(1) 使用计算机录入票务销售信息

学会使用景区电子票务系统,掌握操作程序,掌握电子票务系统功能。

(2) 执行内部销售报告制度

了解内部销售报告制度的内容,收集反馈内部销售的信息和资料。

四、任务准备

1. 准备相关书籍;
2. 配备电脑,进行网络查询;
3. 分享并记录以往购票的经历;
4. 模拟景区售票员售票工作情境。

五、任务实施

表2-3-3-1 任务实施表

序号	实施步骤	实施内容	要求	备注
1	查找资料	结合真实购票经历,模拟售票员现场售票,了解售票员的操作工具等。	(1)目标明确 (2)思路清晰 (3)资料来源可靠并且最好选择权威资料	(1)注意书籍信息的实效性 (2)注意网络资料的可靠性
2	内容归纳	归纳景区售票员工作的主要内容	归类合理	归纳要有条理,具逻辑性。

续表

序号	实施步骤	实施内容	要求	备注
3	整理完善	对已归纳的内容进行整理完善,并深入挖掘售票岗位可能遇到的问题及应对方法。	(1)创设情景 (2)模拟游客设置问题 (3)向售票员提问 (4)总结解决方法	要理解清楚,表达清晰。
4	总结与分享	对任务实施过程、完成情况进行总结自评,并与他人分享。	(1)总结全面到位 (2)表达清晰流畅	每小组选代表发言

六、任务评价

表2-3-3-2 任务评价表(教师评价)

序号	评价内容	评价结果			
		优	良	合格	不合格
1	认真负责				
2	分工合理				
3	团队协作				
4	语言表达能力				
5	任务完成进度				
6	任务完成质量				
7	其他				

表2-3-3-3 任务评价表(自评)

序号	评价内容	评价结果			
		优	良	合格	不合格
1	认真负责				
2	分工合理				
3	团队协作				
4	语言表达能力				
5	任务完成进度				
6	任务完成质量				
7	其他				

七、问题及解决

表 2-3-3-4　问题解决表

序号	问题	处理措施	预防措施	改进方法	备注
1					
2					
3					

八、拓展知识

【阅读材料 2-3-3-1】

（一）一般的景区门票适用优惠范围

1. 身高低于 1.2 米（不含 1.2 米）的儿童免票。

2. 身高 1.2~1.5 米（不含 1.5 米）的儿童购半价票。

3. 身高 1.5 米以上（含 1.5 米）的儿童购全价票。

4. 年龄在 65 周岁以下的游客购全价票。

5. 年龄在 65 周岁（含 65 周岁）至 69 周岁的老人凭身份证购买半价票。

6. 年龄在 70 周岁以上（含 70 周岁）的老人凭身份证免费入园。

7. 残疾人士入园按政府相关规定执行。

（二）旅游景区从业人员文明用语

1. 您好，欢迎光临×××景区。

2. 您好，请收好门票，景区内有××个景点需要验票。

3. 谢谢，欢迎下次光临。

4. 对不起，您的证件不符合免票规定，请到售票处补票，谢谢。

5. 请拿好票，往这边走，祝您玩得愉快！

6. 您好，需要帮忙吗？

7. 对不起，这个问题我现在无法回答，让我了解清楚再告诉您，请留下您的联系方式。

8. 对不起，请再重复一遍。

9. 您好，这是×××景区咨询员为您服务。

10. 这是我们工作的疏漏，十分感谢您提出的批评。

11. 感谢您打电话给×××景区，希望能继续得到您的关注，谢谢！

12. 请您坐下，慢慢说。

13. 非常抱歉让您遇到这样的麻烦。

（三）旅游景区从业人员服务忌语

1. 不知道。

2. 自己看。
3. 你是谁。
4. 牌子上写的有,你不会自己看。
5. 你可能不明白……
6. 我们不会……我们从没……我们不可能。
7. 你弄错了。
8. 这不可能。
9. 你别激动……你不要叫……你平静一点……
10. 我不是为你一个人服务的。
11. 没看到我们有多忙吗,你先等一下。
12. 你最好……之前给我们打电话,否则我们就下班了。
13. 你必须先排队后买票。
14. 你刚才说你是谁?
15. 禁止……;不准……;严禁……;不得……;违者罚款;严惩。
16. 这不是我们的责任。

(资料来源:http://www.snxc.gov.cn/)

任务四 团队门票销售技巧

一、任务描述

把全班学生分成四组,模拟景区销售员积极寻找团队售票业务合作伙伴,寻找团队门票销售的更多渠道,了解旅游企业,思考积极有效的团队售票方式。

二、任务分析

完成本任务的关键在于了解更多的旅游相关企业,尤其是与景区票务销售有关的企业或相关平台,思考如何实现合作,促进团队门票销售。

三、相关知识

旅游景区是生产旅游产品的"工厂",旅行社是组合包装产品的"销售中心"。景区由于不了解中远距离的客源市场,仅靠自身的销售存在一定的局限性。景区特别是新开发的景区需要旅行社帮它开发客源市场,带动人流涌向这个景区。老的景区也需要与旅行社共同策划包装,不断推陈出新,通过旅行社进一步扩大影响。团队票务销售技巧的重点在于团队优惠票价的制定和推出。

(一)景区团队门票销售渠道

由旅游景区、旅游中间商以及旅游者构成的旅游营销渠道,同样也是景区门票的销售渠道,有几种不同的销售渠道类型。

1. 景区直销团体门票

对于大型企事业单位或者旅行社团体购票,景区往往都选择直接销售渠道,以减少中间环节,降低营销成本。一律按照挂牌价格的最低销售价执行。具体如下:

	日票(周一至周五)	周末日票	夜票	节假日	开幕式
挂牌价	20	30	50	60	120
最低销售价	20	30	42	45	70

2. 景区间接销售团队门票

指旅游景区通过多个旅游中间商向团队旅游者销售门票,它们之间的渠道形态为:旅游景区—中间销售商—旅游者。

中间商指旅游批发商、旅游零售商或者旅游代理商。一般而言,旅行社是景区门票的主要购买者,也是最主要的中间商。此外还有饭店、宾馆、酒店、航空铁路等交通运输企业,也可以作为景区团队门票的中间销售商。间接销售团体门票有以下几种方式。下面以某景区门票价格为例,介绍几种团队票销售价格方案。

(1)旅行社售票

对于旅行社购票,在有签订合作协议的前提下,需提前一天传真确认件预订,导游持导游证传真确认件到指定团队购票窗口购票入园。销售价格按照挂牌价格的协议价执行。如果旅行社未能提前一天传真确认,则按照市场最低销售价执行,具体如下:

	日票(周一至周五)	周末日票	夜票	节假日	开幕式
挂牌价	20	30	50	60	120
旅行社销售价	18	28	35	35	60
最低销售价	20	30	42	45	70

(2)专业代购网络售票

在这个信息时代,网络这一促销工具也成了景区销售团队门票的重要渠道。游客通过互联网上各种代购网或团购网,可以很快捷地获得最优惠的景区门票信息并直接在网上购买。网络渠道将成为越来越重要的景区团队门票的销售渠道。

(二)常见票务事件及处理

1. 倒票

景区为了开拓市场,批量销售,往往给予团队以优惠的门票价格,从而形成了团队门票与散客门票之间的价格差异,部分带团导游为了从中谋取差价利益,往往会通过预订中心多报人数订票,将多报的门票数额转手卖给当日在景区门口的散客。

2. 走团

根据市场营销策略和地区旅行社对景区贡献的大小,各旅行社之间的协议价格不同。为了赚取差价,一个地区的旅行社可能在以低价获得景区协议价门票后,倒卖给另一片区的旅行社。

由于景区与各旅行社之间签订的协议价不同,团队门票和散客门票价格不一致,因此在景区容易出现倒票和走团现象,团队订票人员一经发现要严厉制止,并上报领导处理。

四、任务准备

1. 分组选定四种景区团队票售票的间接渠道,并写出信息来源;
2. 配备电脑,进行网络查询;
3. 准备画图工具;
4. 准备相关书籍资料。

五、任务实施

表 2-3-4-1 任务实施表

序号	实施步骤	实施内容	要求	备注
1	查找资料	通过书籍、网络等途径,查找关于景区团队门票销售的渠道和技巧的资料,认真阅读。	(1)目标明确 (2)思路清晰 (3)资料来源可靠并且最好选择权威资料	(1)注意书籍信息的实效性 (2)注意网络资料的可靠性
2	内容归纳	对查找别的资料进行归纳	归类合理	归纳要有条理,具逻辑性。
3	整理完善	将归纳出来的内容进行整理完善。可以将学生分成若干小组,分别写出本组归纳整理的内容,各组汇报、记录、进行比较。	认真细致归纳总结,和小组成员讨论,形成小组意见。	要理解清楚,表达清晰。
4	总结与分享	对任务实施过程、完成情况进行总结自评,并与他人分享。	(1)总结全面到位 (2)表达清晰流畅	每小组选代表发言

六、任务评价

表 2-3-4-2 任务评价表(教师评价)

序号	评价内容	评价结果			
		优	良	合格	不合格
1	认真负责				
2	分工合理				
3	团队协作				
4	语言表达能力				
5	任务完成进度				
6	任务完成质量				
7	其他				

表 2-3-4-3 任务评价表(自评)

序号	评价内容	评价结果			
		优	良	合格	不合格
1	认真负责				
2	分工合理				
3	团队协作				
4	语言表达能力				
5	任务完成进度				
6	任务完成质量				
7	其他				

七、问题及解决

表 2-3-4-4 问题解决表

序号	问题	处理措施	预防措施	改进方法	备注
1					
2					
3					

任务五　团队售票服务流程

一、任务描述

将全班同学按 6 人一组分组设计团队订票服务情景,拿出方案。小组人员分工,分角色扮演景区订票人员和旅行社计调,模拟订票场景。

二、任务分析

根据团队门票销售的渠道,每组选择一种方式进行团队订票。写出完成订票过程所需要了解的信息。

三、相关知识

(一)团队订票流程

1. 根据景区与旅行社所签订协议的协议价与对方计调联系团队订票事宜。
2. 确认团队来景区旅游的日期、团队名称、人数、游览内容、用餐住宿、景点导游、景区内交通、联系人和联系方式。
3. 根据确认信息填写传真件,给对方旅行社发出传真确认件。
4. 接受对方回函,回函需加盖对方旅行社印章,将订票信息汇总报团队售票处。

(二)团队售票服务流程与要求

1. 办票员凭传真确认件办理团队票,同时通过景区前一天的预订汇总单确认团队票。
2. 核对团队票人数、游览景点,请导游出示导游证、任务单和回传确认件。
3. 团队中需要购买优惠票的,说明购买优惠票条件,同时请出示相关证件。
4. 开出团队门票发票,收款。
5. 打印电子票,发门票。

四、任务准备

1. 填写订票流程,从订票方式选择到取票。
2. 配备电脑,进行网络查询;
3. 准备画图工具;
4. 准备相关书籍资料。

五、任务实施

表 2-3-5-1 任务实施表

序号	实施步骤	实施内容	要求	备注
1	查找资料	搜集各种团队票的购买渠道资料，比较优惠程度和快捷程度等。	(1) 目标明确 (2) 思路清晰 (3) 资料来源可靠并且最好选择权威资料	(1) 注意书籍信息的实效性 (2) 注意网络资料的可靠性
2	内容归纳	归纳团队票购买方式、售票服务流程	归类合理	归纳要有条理，具逻辑性。
3	整理完善	将归纳出来的内容进行整理完善。可以将学生分成若干小组，分别写出本组归纳整理的内容，各组汇报、记录、进行比较。	认真细致归纳总结，和小组成员讨论，形成小组意见。	要理解清楚，表达清晰。
4	总结与分享	对任务实施过程、完成情况进行总结自评，并与他人分享。	(1) 总结全面到位 (2) 表达清晰流畅	每小组选代表发言

六、任务评价

表 2-3-5-2 任务评价表（教师评价）

序号	评价内容	评价结果			
		优	良	合格	不合格
1	认真负责				
2	分工合理				
3	团队协作				
4	语言表达能力				
5	任务完成进度				
6	任务完成质量				
7	其他				

表 2-3-5-3 任务评价表(自评)

序号	评价内容	评价结果			
		优	良	合格	不合格
1	认真负责				
2	分工合理				
3	团队协作				
4	语言表达能力				
5	任务完成进度				
6	任务完成质量				
7	其他				

七、问题及解决

表 2-3-5-4 问题解决表

序号	问题	处理措施	预防措施	改进方法	备注
1					
2					
3					

八、拓展知识

【阅读材料 2-3-5-1】

景区应不断创新营销方式

全国各地景区的旅游统计中都提到旅游散客比重逐年提高,大型团队逐年有下降趋势,从中不难看出,我国散客旅游发展迅速,散客成为旅游市场的主角指日可待。在此背景下,景区以旅行社为主要渠道、专注于团队市场的营销模式已经不能保证其在将来稳住旅游市场半壁江山的地位了。

根据中国互联网信息中心的统计,截至 2012 年 12 月底,手机网民数量为 4.2 亿,中国网民数达到 5.64 亿。在旅游行业的从业者眼中互联网不仅是景区对终端散客进行营销的一个渠道,更是一个巨大的市场。

只做好传统媒体营销的工作无法在网络时代确保我们高枕无忧,因为越来越多的人在利用网络获取旅游资讯:以前只有通过旅行社才能预订到的便宜机票、住宿及餐饮,现在通过携程旅行网等就可轻松获得;以前需要通过旅行社才能获得的景区优惠门票,现在通过驴妈妈旅游网等就可以轻松获得;甚至是关于景区的历史文化、民俗民风及导游词等专业知识,也都可以通过百度、谷歌等搜索引擎"一键敲定"。

2008年,四川省旅游局与新浪、酷讯、驴妈妈合作联合进行网络营销,成都文旅集团携手谷歌进行全球推广等,都为旅游目的地的推广带来了极大的推动作用,这些都成为终端散客网络渠道营销的成功案例。

面向终端散客的渠道营销是一场明天的战争,而谁在这场战争中率先抢占网络营销这块"战略高地",谁就在这场战争中播下了成功的种子。

(资料来源:http://www.ctnews.com.cn,有删减。)

项目四 景区酒店销售业务

【案例导入】

景区连锁酒店将开创行业新格局

旅游业的持续旺热,也促进相关产业特别是景区酒店业的迅猛发展。各个热门景区周边的酒店如雨后春笋般扩张,既有家庭旅馆、农家乐等小型旅店,也有五星饭店、会所等高档酒店。然而旅游业蓬勃生机并没有带动景区酒店业一起"发展",与此相反的是,由于存在的恶性竞争和无法避免的景区季节性特征,国内景区酒店业面临发展困境。

服务难题困扰景区酒店业发展

我国酒店业从1991年开始连续20年保持高速增长,平均增速达到22.1%。旅游产业发展所带来的巨大市场商机,吸引了更多的资金和人力投入景区酒店行业,但由于缺乏有效的经营管理和创新机制,导致景区酒店出现选址扎堆、重复建设、硬件设施不完善、服务质量跟不上等各种问题。

由于景区酒店受景区淡旺季的影响,出现旺季客房爆满、淡季无人问津的局面。据调查,将近七成的景区酒店,在淡季的入住率低于30%。多数景区酒店采用提高旺季房价牟取暴利以弥补淡季损失的做法维持经营,而高房价低服务的情况也随之出现。

从国家旅游局旅游质量监督管理所发布的2011年国内旅游投诉案件情况来看,一直占据投诉首位且居高不下的是服务质量的下降,达2504件,占各类投诉总量的25.03%;而其中涉及酒店业的服务投诉超过三成,有788件之多。服务难题困扰景区酒店业发展。

景区酒店要规范经营更要创新经营

城市酒店业制定有严格的行业标准,包括硬件设施和服务标准等,但景区酒店业由于在规模上层次不一,硬件投入和服务标准无法做到统一,加上各个景区酒店之间存在竞争关系,在业态管理上更是困难重重。

对此,江西五悦酒店投资管理有限公司董事长姜光亮认为,"景区酒店由于受淡旺季旅游的影响，在硬件投入和服务质量上存在许多不足的地方，这一点上，可以借鉴城市酒店的连锁经营模式"。

由于经营规模和档次上以中档经济性酒店为主体，这就为景区酒店的经营管理趋向规范化找到了方向。姜光亮认为，"以城市酒店业为例，如家、7天、锦江之星、海航旅业等经济性城市酒店连锁模式，就有效地解决了酒店服务标准统一化的问题，这为景区酒店的发展提供了可资借鉴的有效模式——景区酒店连锁"。

"由于景区旅游并非日常性消费，因此传统景区酒店往往注重一次性的暴利收益，却疏于酒店的服务质量。"姜光亮进一步表示，"景区酒店连锁模式则通过品牌化的方式，在解决服务质量等问题的基础上，还能有效地联合景区具有一定经营实力的单体酒店，逐步避免恶性竞争，真正做到'统一管理、服务有保障'的精品酒店服务"。

此外，在景区酒店的经营管理方面，上海财经大学旅游管理系主任何建民表示，旅游市场细分有很多种，如自然旅游、生态旅游、探险旅游、蜜月旅游等，而酒店业更应注意专项旅游产品的开发。景区酒店需要结合景区开发有特色的产品和服务，才能吸引更多的游客，逐步淡化淡旺季的影响。

景区连锁酒店将开创行业新格局

作为中国景区连锁酒店模式的开创者，姜光亮和他的团队无疑花费了大量的精力深入调研和摸索，从景区酒店选址、加盟酒店调研、标准化服务制定、个性化服务整合、信息化手段管控等多个方面入手，让五悦景区连锁酒店成为了景区酒店业的标杆。

首先，五悦推出准四星级酒店标准，制定严格的软硬件服务要求，通过高质量的服务和硬件设施，让更多的景区游客体验精品酒店服务。高效能的空气能热水器，24小时不间断热水，优质卫浴设施，LED液晶电视，高速网络等，配备专属停车场、特色美食餐厅，并逐步完善旅游服务接待，为景区游客提供酒店住宿、特色餐饮与旅游服务等一站式旅游服务。

其次，创新经营模式，淡化季节性销售带来的影响。近年来，消费者旅游方式已经从传统的组团游向更为便捷的自助（驾）游方向转变。传统景区酒店顾客以旅行团为主，对旅行社的依赖性较大。而五悦景区连锁酒店以自助（驾）游的散客为主，提供一体化景区旅游服务，除了高标准的酒店住宿，服务内容还包括入住接送、景区导游、门票预订等个性化服务，以及特色餐饮、休闲娱乐、采购特产等差异化服务，甚至还会组织散客进行主题沙龙的旅游项目，从吃、住、行、游、购、娱等多方面，为旅游者提供完美的休闲体验和系统化的旅游解决方案。事实上，这种以散客为核心目标消费群体的模式，能够非常有效地解决酒店业淡旺季的营销困境。

此外，五悦酒店引入了先进的经营理念，将互联网技术与传统旅游资源进行有机地结合，全力构建旅游电子商务平台，利用互联网作为营销渠道和宣传窗口，打造出符合当前旅游发展趋势的在线旅游服务——旅游电子商务模式。五悦酒店还将自有电子商务模式与新兴的OTA（Online Travel Agent）模式及团购模式进行了有机的结合，为自助（驾）游消费者提供更为便捷的景区酒店预订及定制化服务通道。

从2010年开始，五悦在全国范围内实施景区酒店连锁化战略，先后在黄山、庐山、泰山、井冈山、婺源、张家界、桂林、神农架、武当山、九寨沟、香格里拉、西双版纳等5A/4A级风景区投资及经营 20 余家分店,酒店入住率和游客口碑逐年攀升,已经成为国内最大的景区连锁酒店品牌。

(资料来源:2012 年 6 月 14 日中国网生活消费频道)

思考
1. 景区酒店相对于景区其他产品及其他类型酒店有什么特点?
2. 作为景区的一个产品,景区酒店应该如何销售?

任务一 认识景区酒店销售的模式

景区酒店顾名思义就是建设在景区当中的酒店,它既是旅游景区的一个重要配套设施,又具有城市酒店产品的特点。景区酒店销售模式指的是销售人员将景区酒店产品通过某种方式或手段,送达至消费者的方式。要掌握如何销售景区酒店,就必须先了解景区酒店销售的模式。旅游者获得景区酒店产品的途径反过来就是景区酒店销售他们的产品的渠道和模式。在本任务中,通过让学生自己预订香港迪斯尼景区门票及酒店,让他们获得感性认识,再通过学习,了解和掌握景区酒店销售的模式。

一、任务描述

按照每组 5 到 6 个人把全班分为若干小组,假设每个小组就是一个家庭,假如这些家庭打算在周末到香港迪斯尼乐园去旅游度假,计划周六上午出发,晚上住在乐园里面的迪斯尼乐园酒店,周日继续游玩。现在请各组召开一个"家庭会议",为你家订好去迪斯尼乐园的门票及酒店的客房。你们能想出几种方法?这些方法各有什么优缺点?请每个小组派一位代表上讲台说明所采用的方法。

二、任务分析

完成本任务的关键在于学生通过书籍、网络等途径,积极查找、获取香港迪斯尼乐园及其酒店的相关信息,甚至可以电询至香港迪斯尼乐园,询问预订该乐园门票和乐园酒店客房的各种方式,从中做出适宜的选择。

三、相关知识

(一) 景区酒店的含义

景区酒店是指建设在景区当中,以接待休闲度假游客为主,具备为休闲度假游客提供住宿、餐饮、娱乐与游乐等多种服务功能的酒店。现在大型的景区一般都建有酒店,例如广州长隆欢乐世界建有五星级长隆乐园酒店,深圳东部华侨城建有茵特拉根酒店、城堡酒店、黑森林酒店、瀑布酒店等度假酒店群,黄山、庐山、泰山也都有自己的景区酒店,而且这些酒店凭借景区优质的旅游资源而成为景区吸引游客的重要配套设施。

（二）景区酒店的特征

景区酒店一方面解决游客的住宿问题，提高景区的综合服务能力，另一方面可以延长客人在景区的逗留时间，增加景区的吸引力。同时景区酒店也是景区里面的一个产品，为景区创造了非常丰厚的利润。景区酒店一般都是度假型酒店，相对一般城市酒店而言，景区酒店具有以下特征。

1. 地理位置较偏

景区酒店不像城市酒店多位于城市中心位置，而是大多建在滨海、山野、林地、峡谷、乡村、湖泊、温泉等自然风景区附近，而且分布很广，辐射范围遍及全国各地，向旅游者们传达着不同区域、不同民族丰富多彩的地域文化、历史文化等。

2. 季节性明显

景区酒店与其他类型酒店相比，季节性尤为明显。遇到旅游旺季，一房难求，淡季的时候却是冷冷清清。它的季节性跟景区的淡旺季息息相关。

3. 客户较为单一

景区酒店的客户大多数都是度假型客人，还有部分商务会议和政务会议客人，而政务会议客人容易受到政府政策的影响，这部分客人有着很大的不稳定性。

4. 销售的关联性

景区酒店由于是景区中的一个产品，其经营销售和景区的其他产品密切相关，往往和景区的其他产品进行整合，捆绑销售。

（三）景区酒店的销售模式

按照景区酒店销售人员与消费者的接触程度，可以分为直接销售模式和间接销售模式。

1. 直接销售模式

景区酒店直接销售模式是指景区酒店产品的生产者或供给者直接向旅游者销售其产品，而不通过任何中间环节的销售方式。旅游企业选择直接销售方式，可以省去支付给中间商的费用，从而降低流通成本，使景区有可能以较低的价格向旅游者销售其产品，在价格上赢得竞争优势。同时，采用直接销售的方式，有利于景区及时了解和掌握旅游者对其产品的购买态度和其他相关市场需求信息，及时根据市场需求改进产品和经营，有利于企业控制景区酒店的质量和信誉。它包括前台直销模式、协议单位直销模式、景区预订中心直销模式和移动终端客户直销模式。

（1）前台直销模式

前台直销模式包括客人直接购买入住酒店或通过前台直接预订。前台除了提供帮客人办理入住、退房、问询等服务外，还有一个很重要的功能就是销售酒店产品。由于现代酒店的功能日趋全面，除了提供住宿、餐饮服务之外还有娱乐、购物、票务、旅游业务等服务，满足客人的"食、住、行、游、购、娱"等需求要素，因此，酒店的前台服务人员的二次销售对这些项目经营收入的提高起到关键的作用。好的前台服务人员不但能提供优质服务，更好地满足客人的需求，而且可以最大限度激发客人的购买动机，销售酒店更多产品和服务，提高酒店的营业收入。

这种模式的优点是：由于是和客人面对面直接接触，能够和客人保持良好顺畅的沟通，提高客人对酒店产品和服务的满意度，通过销售，能够争取潜在的客人购买酒店产品，提高酒店产品的利用率；人员销售直接与客人接触，向客人提供面对面的服务，能够为客人提供更加全面和有针对性的信息及服务，也能够更加真实了解客人的潜在需求，及时捕捉机会，促进当场预订和购买，直接成交。

这种模式的缺点是：由于这种模式销售的对象局限于到前台办理业务的客人，目标客户群比较窄，而且只能被动等待客人上门，因此没办法主动出击进行销售。

(2) 协议单位直销模式

酒店除了接待散客外，也和经常性购买酒店产品的单位签订协议，酒店实行一定的价格优惠，而协议单位保证相对稳定的购买量。酒店通过优惠价格来吸引企事业单位相对固定购买的这种销售模式就称为协议单位销售模式。酒店在拓展协议单位销售渠道的时候基本都采用普通的人员拓展方式，一般以酒店周围几公里内的商务公司及政府部门为公关对象，对这些大客户的销售价格一般都低于订房中心渠道，但不用额外支付佣金，因此酒店将这部分客户视为重点客户。

这种模式的优点是：这种销售模式如果能够开拓到优质客源，并维护好客户关系的话，就能够较好保证客源，减少营销费用，而且由于双方是协议单位，业务来往也比较简便。

这种模式的缺点是：大型协议单位价格会压得比较低，而且客户数量增长也有限，而小型协议客户往往和多家酒店签订协议，也难以保证客户的数量。

(3) 景区预订中心直销模式

一般景区销售部门都会设客户预订销售中心，通过免费电话或者互联网让客人直接预订或下单。建立一个简单的电话客服系统或在互联网平台建立一个景区网站把产品的信息放在上面，面对终端客户进行直接销售。

这种模式的优点是：适应现在年轻人和商务客人喜欢网络消费的购买方式，销售过程方便快捷；覆盖范围更广，面对的客户种类更多，省去中间商环节，减少销售费用，可以让利给消费者，从而刺激消费，提高销售量。

这种模式的缺点是：单一的声音交流或文字交流，较难掌握客人的真实消费心理，难以捕捉到最佳销售时机。

(4) 直接面对移动终端客户的销售模式

随着通信技术的发展，有很多景区利用微信等移动终端直接面对客户来进行景区酒店产品的销售。景区酒店和微信的结合使得微信成为一个"类淘宝"的直销模式，景区酒店可以通过微信发布主题活动、特色产品信息，或与宾客及时沟通与交流等。

这种模式的优点是：客户面广，全国拥有4亿微信用户。服务号的自定义菜单、移动支付等都给酒店营销带来无限方便。不少酒店通过自定义菜单，只要加上简单的设计和开发即可完成酒店预订功能。

这种模式的缺点是：第一，对于大多数酒店来说，微博微信目前只是单纯的推广工具。第二，对于部分已开发预订功能的酒店来说，微信只能预订，没有客户管理系统，无法实现精准营销。比如，扫描 A 酒店的微信二维码，实现预订，然而其后台只是微信后台，并没有姓名、联系方式、个人喜好等具体信息。这对于后期的用户分析来说，起不到任何作用。第三，微信通讯录有限，谁都不希望自己的微信通讯录上有超过 1 千个好友，而且微信好友基本都是"亲友团"，从客户积累角度来看，微信营销有局限性。因此对于酒店来说，微信预订终究不是最完善的移动互联网营销系统。

2. 间接销售模式

由于景区规模的扩大和市场竞争的加剧，绝大多数旅游企业都在想方设法增强自身的销售能力以扩大市场份额。而销售模式的选择不但受到景区自身资源和经营实力的制约，而且受到投入产出的经济可行性制约，所以景区更多地会选择间接销售渠道。景区酒店的间接销售模式是指景区酒店生产者或供应者通过旅游中间商将其产品转移给旅游者的销售方式。旅游中间商是指从事转移旅游产品的具有法人资格的经济组织和个人。旅游批发商和旅游零售商等是典型的旅游中间商。采用间接销售渠道，景区可以充分借助中间商的专业性和其他优势，在一定程度上有助于消除单纯采用直接销售模式的局限性。景区酒店的间接销售模式主要包括旅行社销售模式和 OTA 销售模式两种。

(1) 旅行社销售模式

旅行社销售模式是指景区的销售部门借助旅行社，通过各种方法将景区酒店产品转移到最终消费者的销售方式。旅行社销售渠道的选择对于景区酒店的销售起着越来越重要的作用。旅行社提供的服务囊括整个旅游行业，它在业务联系上衔接各个旅游实体，它在资金上是为与旅游相关的各企业先收费，然后再分配；它在财务的管理上与旅游各企业的利益密切相关。旅行社在旅游行业总体中的特殊作用由此而充分体现出来。它们将酒店的客房一次性地购买下来，还能与其他项目如交通、景点等结合起来，形成特定的旅游产品，再直接或间接地销售。对于酒店产品的销售来说，它们也同样起着很大的作用，酒店通过旅游中间商销售产品，需要支付一定的佣金。

这种销售模式的优点是：相对于散客来说，旅游社团队一次消费数量多，而且连续性较强，是各个景区酒店的主要客源。

这种销售模式的缺点是：销售价格较低，而且有时候容易为旅游中间商所左右。

(2) OTA 销售模式

OTA(Online Travel Agent)是指在线旅行社，属于旅游电子商务行业的专业词汇。其代表为携程网、艺龙网、同程网、芒果网、旅游百事通、驴妈妈旅游网、出游客旅游网、乐途旅游网、欣欣旅游网、搜旅网、途牛旅游网和易游天下、快乐 e 行旅行网等。OTA 的出现将原来传统的旅行社销售模式放到网络平台上，更广泛地传递了旅游产品信息，互动式的交流更方便客人进行咨询和订购。

这种销售模式的优点是：利用 OTA 作为景区酒店网络预订的中间商，提供与景区酒店相关的信息，利用中间商成熟的网络渠道，专业的操作模式，形成"信息聚合效应"。已经成为目前酒店网络销售的主流模式。

这种销售模式的缺点是：成交后酒店必须为预订支付 OTA 佣金，且佣金较高，增加了销售成本。通过 OTA 间接销售，当中缺少与目标客户交流，一旦产生纠纷，解决起来比较复杂,也难以培养客户对企业的忠诚度。

四、任务准备

1. 准备相关书籍;
2. 配备电脑,可以进行网络资料查询;
3. 准备与香港迪斯尼乐园相关的图像和视频资料。

五、任务实施

表2-4-1-1 任务实施表

序号	实施步骤	实施内容	要求	备注
1	分组	全班按照每组5至6人进行分组	可以随机分组或自愿分组	要调动起每组学生的积极性
2	查找资料	通过书籍、网络等途径,了解香港迪斯尼乐园及迪斯尼乐园酒店的相关介绍,及其销售渠道。	目标明确,思路清晰,资料可靠。	要注意信息的有效性和时间控制
3	讨论	每组成员模拟爷爷奶奶、爸爸妈妈及小朋友角色,召开家庭会议,讨论预订香港迪斯尼乐园门票及酒店的方法。	每个人都要根据自己扮演的角色发表观点	教师要对每组的讨论进行观察和引导
4	确定方法	经过讨论,统一确定这个家庭采用的预订方法。	要分析采用这种方法的理由	要陈述方法的优缺点
5	说明方法	每小组派一个代表上台说明所选的预订方法。	思路清晰,表达流畅,有理有据。	要陈述选用方法的原因
6	评价分享	互相评价所采用的方法,并挑选出最佳方法	让学生自己制定评判标准,并自己评选。	注意时间控制
7	教师点评	教师点评各小组的表现,并讲解知识点。	肯定学生表现,并指出存在问题。	重在鼓励

六、任务评价

表 2-4-1-2　任务评价表(教师评价)

序号	评价内容	评价结果			
		优	良	合格	不合格
1	认真负责				
2	分工合理				
3	团队协作				
4	语言表达能力				
5	任务完成进度				
6	任务完成质量				
7	其他				

表 2-4-1-3　任务评价表(自评)

序号	评价内容	评价结果			
		优	良	合格	不合格
1	认真负责				
2	分工合理				
3	团队协作				
4	语言表达能力				
5	任务完成进度				
6	任务完成质量				
7	其他				

七、问题及解决

表 2-4-1-4　问题解决表

序号	问题	处理措施	预防措施	改进方法	备注
1					
2					
3					

八、拓展知识

【阅读材料2-4-1-1】

酒店营销转战移动终端,"中国酒店大全"成新宠

随着人们生活节奏的日益加快,方便快捷的应用模式越来越受到人们的追捧,尤其是随着移动信息化时代的到来,人们日渐习惯用手机等移动终端设备来处理日常事务。像酒店的查询、预订等相关业务,也渐渐通过手机从传统互联网向移动互联网上转移。"中国酒店大全"企业负责人周立平称:"客户在哪儿,我们就在哪儿。"这是移动互联网对酒店营销的创新。

与传统营销方式相比,"移动营销"主张通过"虚拟"与"现实"的互动,建立一个涉及研发、产品、渠道、市场、品牌传播、促销、客户关系等更"轻"、更高效的营销全链条,整合各类营销资源,达到以小博大、以轻博重的营销效果。周立平认为,和所有的营销一样,通过移动营销能给酒店带来客户关注,引流入渠,但能否提升重购率,关键是客户的消费体验是否满足甚至超出期望值。做好服务和产品才是酒店生存的根本。

随着社会经济的快速发展,中国酒店业态正在发生巨大变化,酒店类型呈现出多样化发展趋势。"中国酒店大全"借助的是当下流行的"云计算"概念,简单来说,是给酒店提供一个统一模板的web平台,酒店登录网站后,录入酒店的产品、价格等相关信息,随即生成一个专属的经营页面,可提供给消费者查询、预订、支付功能。"中国酒店大全"平台的出现为酒店经营者节约了大量的技术和管理成本,并拥有稳定的、具良好用户体验且有丰富流量来源的类线上直销站点,并能促进酒店对自身产品的优化。

"中国酒店大全"负责人周立平指出,由于网络营销使企业的产品开发和促销等成本降低,酒店可以进一步降低酒店的客房价格,建立合理的价格体系,随着中国信息技术的发展,酒店利用网络营销工具一定会迎来新的发展契机。

(资料来源:中国商业电讯2013-10-25)

【阅读材料2-4-1-2】

酒店移动互联网营销≠微信订房

拥有超过4亿用户的微信颇受大众关注,它的成功让"微信营销"迅速被"神话",人们总以为谁先掌握"微信营销",谁便和微信一样成功。事实上,微信如果是"淘宝",你只是"淘宝店家"而已。

很多酒店对于移动互联网营销的概念都停留在"微信推广"上,能够通过微信预订的酒店更是认为自己已经走在移动互联网前沿了。其实不然,微信只能预订,没有客户管理系统,并不能实现精准营销。

我们来细数下酒店在移动互联网渠道最典型的四种营销模式:

手机网站——纯推广,无搜索

企业看营销最主要的考虑是投入产出比,而不是"低成本,低产出"。单纯为了降低成本而错过移动互联网浪潮,一定是营销决策者最大的失败。

很多酒店观望移动互联网营销,却做出"手机网站"的决策,并不愿意在未知领域做过多的冒险。手机网站即将官网以适应手机端的模式搬入手机,用户需要通过搜索引擎搜索进入网站,与PC端官网一样可进行酒店信息查询以及客房预订服务。

手机官网开发成本低,易操作。缺点也很明显:纯推广预订模式,无功能性,若没有品牌知名度几乎无人搜索。

APP——成本高,难被下,易被删

开发APP[①]是很多单体酒店不敢想的移动互联网营销方式。高昂的开发成本,无底洞般的"App Store 刷榜"成本,庞大的宣传成本,不知道钱都花哪儿去了。和淘宝店家一样,要想有人下载你的APP,尽量在前期宣传上砸钱吧。

品牌知名度高的酒店可以凭借已有的庞大会员系统,如"导入数据"般将用户转移到移动端。然而对于知名度不高的单体酒店来说,大多结局是,默数成本与后期的客户转化率存在的巨大落差。

另外,目前移动互联网已进入了流量饥渴阶段。APP难被下载,却易被删除,而且对接不同的系统还需设计不同的版本。对于单体酒店来说,开发、推广、运营均存在难度。

微信订房——可预订,难营销,存在局限性

很多酒店目前对于移动互联网营销的概念都仅停留在"利用微博、微信推广"上,能够通过微信预订的酒店更是认为自己已经走在移动互联网前沿了。

的确,微信很火爆,服务号的自定义菜单、移动支付等都给酒店营销带来无限方便。不少酒店通过自定义菜单,只要加上简单的设计和开发即可完成酒店预订功能。然而对于酒店来说,微信预订终究不是最完善的移动互联网营销系统。

(资料来源:迈点网 http://mss.meadin.com/hotelnews/92191_1.shtml)

任务二 景区酒店销售的流程

销售是销售部门的主要活动,对酒店的总体收入产生很大的影响。所有的推销程序、产品特点、部门运作程序、销售作风、部门之间的沟通、销售技巧和跟进效率都是决定销售活动能否成功的关键。销售程序是销售系统中的行动步骤,是销售计划和战略的实施,也是销售团体跟酒店最密切相关的一环。酒店有不同的销售模式,其具体程序有所不同,但基本流程是一致的。因此,了解和掌握景区酒店基本的销售流程,是做好景区酒店销售工作的重要保证。

---

① APP是英文Application的简称,指智能手机的第三方应用程序,统称"移动应用",也称"手机客户端"。

一、任务描述

小李是某职业学校旅游服务与管理专业的三年级学生,经过应聘来到了某著名景区市场销售部从事专门负责酒店销售的销售人员实习工作,经过半个月"老带新"的学习,今天将开始独立完成工作。请通过情景模拟,扮演小李的角色顺利完成今天的工作。

二、任务分析

完成本任务的关键在于通过查找相关资料,了解景区酒店销售人员的工作内容及景区酒店的销售流程。要善于思考和总结,通过情景模拟训练,归纳出景区酒店销售的基本流程。

三、相关知识

(一)电话销售工作流程

1. 促销准备

(1)筛选客户,了解客户情况,确立销售目标,因人而异准备介绍词。

(2)准备专用的记录本和笔以记录客户的意见和信息。

2. 时间要求

无论如何不要把电话打到客户家中,也不要轻易打客户手机长时间推销产品,也不要在一大早或午休时进行电话销售。电话销售的最佳时间是每个工作日上午10:00~11:00,下午3:00~6:00,这时客户大多不是很忙碌,一些事情也会处理完毕。

3. 地点要求

选择相对安静的环境进行电话销售。

4. 促销要求

(1)通话后先用尊称称呼对方,致以问候,作自我介绍,并说明来意,了解对方是否愿意接受通话,如果对方表示没有时间接听电话,或对此不感兴趣,应立即致歉并礼貌地停止通话。

(2)电话销售语言要简明扼要,语速要适中,用普通话交流,要讲究语言的技巧和艺术。

(3)不卑不亢,显示职业销售的气质与规范。

(4)仔细聆听客户的意见和要求,并做好记录,对重要的信息和要求,应进行复述以核实其准确性。

(5)如果客户表现出明显的兴趣,应在通话中表明下一步行动,如约定时间登门拜访、向客户寄送资料、邀请客户来酒店参观,以促进交易。

(6)在适当的时机结束通话,向客户致谢和道别,在对方挂机后再挂断电话。

5. 跟踪促销

(1)做好专用记录本上的信息记录,标明客户潜力等级。

(2)制定相应的跟踪促销措施并付诸实施。

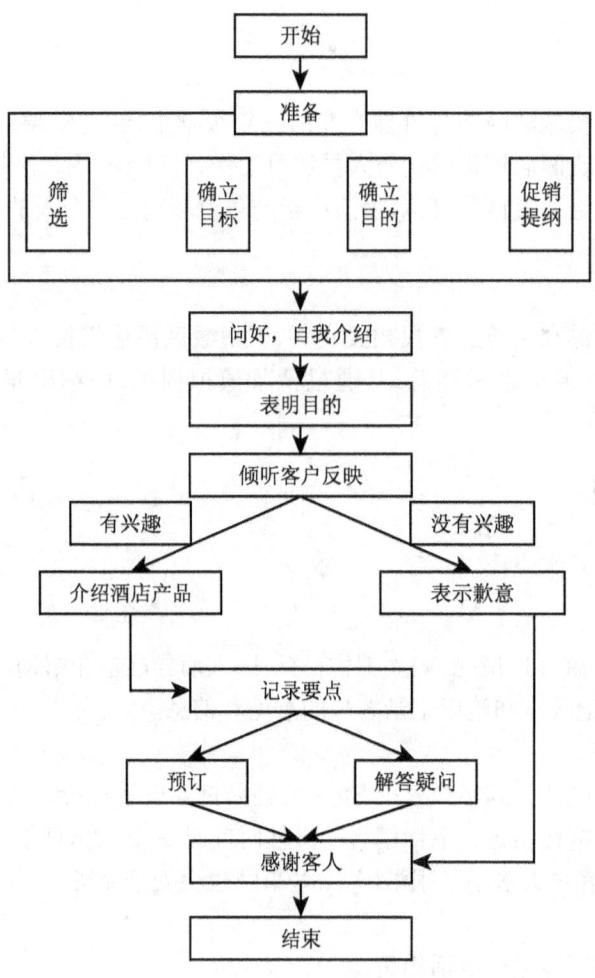

图 2-4-2-1 电话销售流程图

(二)客户拜访流程

1. 准备客户信息

(1)了解公司经营情况、法人代表、地理位置、财务状况甚至该行业发展。

(2)了解拜访对象的姓名、职务、喜好及对酒店的了解等。

2. 预约

电话预约,约定时间,简单说明来意,以不打扰客人为原则;如果客户忙,表示下次拜访并感谢。

3. 拜访前准备

(1)熟悉本酒店产品,准备酒店的最新书面资料;准备礼物和访问必需品(名片、记录本、计算器等),并使用合适的公文包。

(2)设想拜访中可能出现的尴尬和问题,以及应变方法。

(3)认真修饰仪表仪容,要求着职业装,保持职业形象,女士必须化淡妆。

(4)准备好走访路线,务必准时赴约,拜访时间为半个小时到一小时为宜。

4. 拜访

(1) 无论客户办公室门是打开的还是关闭的,必须敲门,得到允许后才进入;如果客户正在洽谈公事或有客人在场,应礼貌退出并约定过一段时间再来或等候。

(2) 见面时应主动向客户致以问候,用客户的姓和职务称呼客户。

(3) 进一步说明来意,要记住:我们要集中展示的是酒店能够为客户提供的价值和利益,而不是客户不感兴趣的其他东西。

(4) 善于倾听,不要轻易打断客户的话题,并不断表示赞同或理解。

(5) 介绍酒店销售及相关动态信息,善于引导客人的关注。

(6) 要有效利用访问时间,可适当观察客户办公室的布置、陈设等,同时可视时机询问客户所在企业的有关问题,借此了解客户的个性及公司的情况,与客户谈他/她感兴趣的东西,有针对性地宣传酒店的产品。

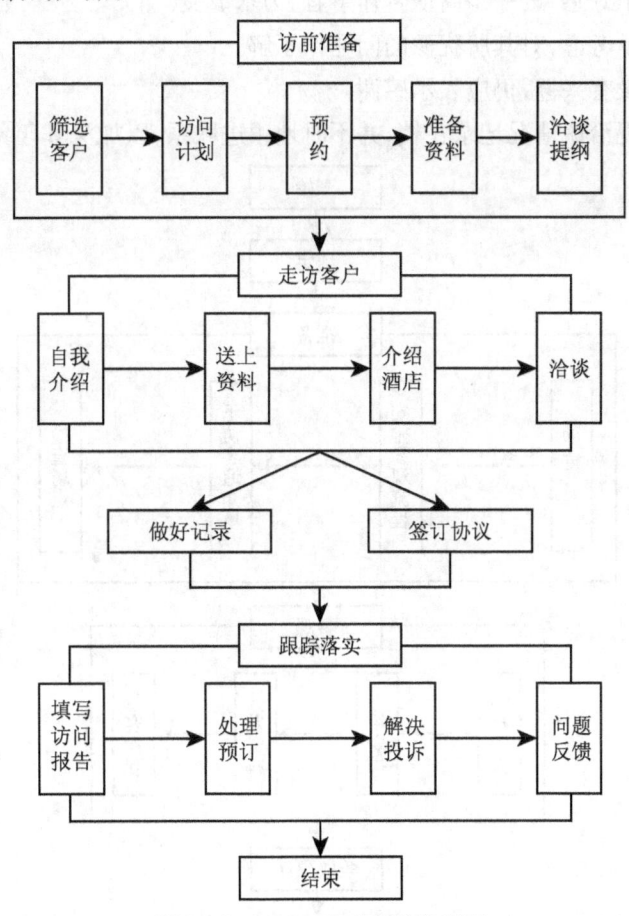

图 2-4-2-2　客户拜访流程图

(三) 带客参观流程

1. 准备

(1) 仔细准备酒店最新资料、图片和相关服务活动介绍等,准备合理的参观路线,不走回头路,准备参观场点,注意参观场点的设施状态,准备介绍词。

(2)到前厅领取参观房钥匙,并说明带客参观,以便房务部准备好达到设施的最佳状态。

(3)如果时间允许,提前按参观的路线进行检查,避免准备过程出现疏漏。

2. 参观

(1)运用销售技巧,巧妙地推销酒店产品,注意展示产品亮点,注意客人态度,谈及客人感兴趣的话题。

(2)参观时注意引导客人,引领者走在客人左前方45度左右,与客人距离不能超过1.5米,随客步同时行进,遇到台阶或拐弯处应及时侧身,示意客人留意,上楼梯时请客人先上,下楼梯时引导者先下。

(3)同时要关照好同来但不参观的客人,可以安排在休息处等候。房卡、钥匙不得私自存放。

3. 后续工作

(1)如客人表示好感,进一步商谈合作事宜,力求成交。

(2)如客人表示考虑,对其所犹豫的问题作了解。

(3)如果客人没有兴趣,仍应表示感谢。

(4)把此次参观洽谈情况记录在档,并不时地跟进联系,以加深其印象。

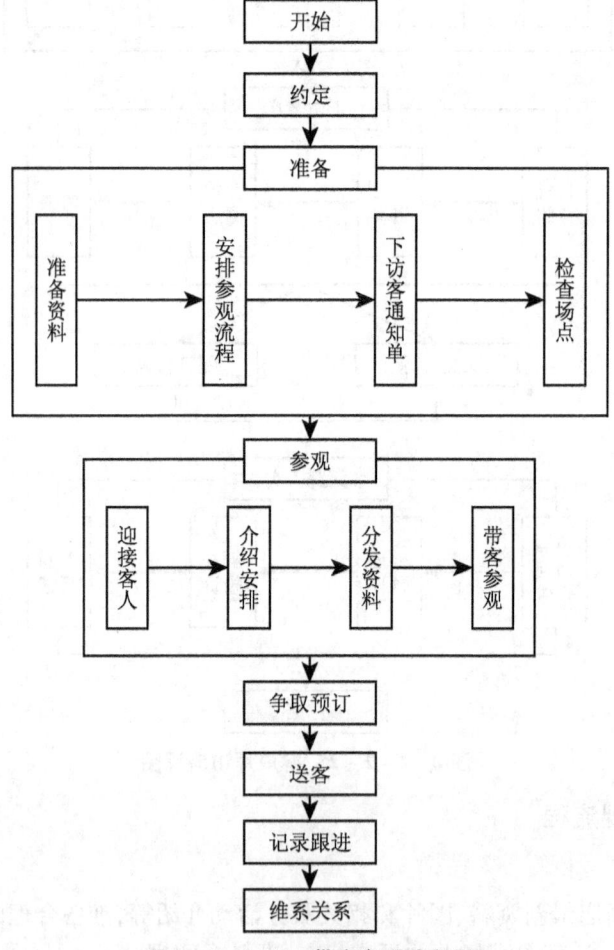

图2-4-2-3 带客参观流程图

(四)会议团体销售流程

1. 争取阶段

(1)利用各种渠道获取活动或会议信息,然后主动预约,登门拜访,了解竞争对手,获取有价值的信息。(按照拜访操作规程)

(2)邀请客户到酒店来洽谈并参观相关设施,了解客人举办活动的形式,介绍全面、详尽,根据客户需求为客户策划安排。(按照带客参观操作规程)

(3)根据客户举办活动的具体要求,为客户出谋划策,逐项与客户商谈细节,明确活动所需费用。

2. 协议签订

确认客户活动内容,确认价格,双方签字以示协议生效。

3. 接待前跟踪与检查

在客人抵达前,市场总监和销售部经理对相应的各项接待准备工作作检查,以保证接待质量;会议接待经理负责接待跟踪,与各接待部门进行及时准确的沟通落实。

4. 填写活动接待报告

记录活动的名称、联系人、时间、地点、人数、价格和收入,客户对活动安排的意见和建议,在接待工作中遇到的问题及处理结果。

5. 上交协议书和接待报告由文员存档

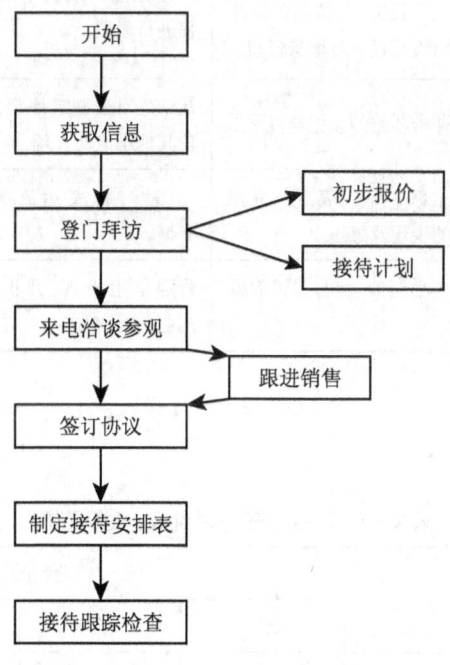

图2-4-2-4 会议团体销售流程图

四、任务准备

1. 准备相关书籍资料；
2. 配备电脑，可以进行网络资料查询；
3. 准备与角色扮演相关的道具，如名片、酒店简介、价目表和相关表格等。

五、任务实施

表 2-4-2-1 任务实施表

序号	实施步骤	实施内容	要求	备注
1	分组	全班按照每组5至6人分组	可以随机分组或自愿分组	要调动各组同学积极性
2	查找资料	通过书籍、网络等途径，了解景区酒店各种销售模式的销售流程。	目标明确，思路清晰，资料可靠。	要注意信息有效性和时间控制
3	讨论归纳	经过讨论，统一确定每种销售模式的流程。	小组每位成员都要积极表达自己的观点	锻炼思考及说服别人的能力
4	情景模拟	每组按照不同销售模式扮演销售人员及客户，按照归纳出来的销售流程进行情景模拟。	严格按照归纳出来的销售流程进行模拟	教师要对每组进行监控和引导
5	互相评价	互相评价各组的模拟情况	让学生自己制定评判标准，评价其他小组的表现。	注意时间控制
6	总结反思	每小组派一个代表总结完成任务的表现及感想	思路清晰，表达流畅，有理有据。	采用头脑风暴法
7	教师点评	点评各小组的表现，并讲解知识点	肯定学生表现，并指出存在问题。	重在鼓励

六、任务评价

表 2-4-2-2 任务评价表（教师评价）

序号	评价内容	评价结果			
		优	良	合格	不合格
1	认真负责				
2	分工合理				
3	团队协作				

续表

序号	评价内容	评价结果			
		优	良	合格	不合格
4	语言表达能力				
5	任务完成进度				
6	任务完成质量				
7	其他				

表 2-4-2-3　任务评价表(自评)

序号	评价内容	评价结果			
		优	良	合格	不合格
1	认真负责				
2	分工合理				
3	团队协作				
4	语言表达能力				
5	任务完成进度				
6	任务完成质量				
7	其他				

七、问题及解决

表 2-4-2-4　问题解决表

序号	问题	处理措施	预防措施	改进方法	备注
1					
2					
3					

八、拓展知识

【阅读材料2-4-2-1】

景区酒店销售部表单填写规范与流程

一、宾客/团队订房单

（一）使用范围：

散客订房及纯客房团队，使用"宾客/团队订房单"。

（二）使用规范

1. 销售经理接到预订，先向预订处询问酒店房态，然后根据表单要求，填写订房公司、订房人姓名、联系电话、入住宾客姓名等重要信息，并清晰注明客人抵离店日期、所需房间类型、房间价格、所属房价代码，以助前台人员操作。

2. 在"付款方式"中选择客人的付款方式，如遇特殊情况，请在备注中说明，以便于前台人员的正确操作。

3. 如果客人对房间布置有要求，请在"备注"一栏中正确填写，比如所需客房的朝向、楼层等。

4. 如客人对于房间还有其他特殊要求，比如撤小酒吧、关长途电话、房价保密等，请在"备注"一栏中注明。

5. 酒店非保证性预订的一般保留时间是18:00，如果客人有需求要保留至超过18:00，销售经理必须根据酒店房态，给予适当答复，并在18:00后，向客人进一步确认，以保证酒店客房预订的准确性，从而提高酒店客房的出租率。

6. 如果要确定的房价超出销售经理权限范围，请依规定按级审批，经完整审批后方可送单至预订处。

7. 如果宾客在前台入住而未向前台说明为协议单位，后经销售经理确认为协议单位，过夜审之后销售经理不得补单给予折扣。销售经理如遇取消或更改订房请开"更改通知单"。

（二）走单流程

1. 销售经理完整填单后，送至预订处，预订处人员签字确认后将"营销部"联取回，至销售部文员处归档，用于考核销售经理业绩。

2. "预订处"联存放于预订处，以备查。

3. "总台"联由预订处交至总台，总台在客人离店后，与账单一起交至财务日审进行审核，并作为月底与销售部核对考核的依据。

宾客/团队订房单
RESERVATIONS FORM

☐ 预留 Reservation   ☐ 确认 Confirmation   确认号/Confirmation No：

团名/姓名 Group/Name		房间数 Room No.		人数 Number	
联系人 Contact		职务 Position		联系电话 Phone	手机 Mobile
地址 ADD		邮箱 E-mail		邮编 P.C.	传真 Fax
抵店日期 Arrival Date		预计抵达时间 Arrival time		离店日期 Departure Date	预计退房时间 Departure time
入住日期 Date	房间类型 Room Type	房间数 Number of Room		房价 Price	房价代码 Rate Code
司陪房 Guide Room					

| 迷你吧
Mini Bar | ☐ Yes | ☐ NO | 早餐
Breakfast | ☐ 免费
Complimentary | |
| 长途电话
IDD | ☐ Yes | ☐ NO | | ☐ 收费
Charge | |

| 付款方式：
Payment | ☐ 定金
Deposit | ☐ 宾客现付
By guests | ☐ 旅行社现付
By agency | ☐ 挂账
City ledger |

备注：
Remark：

填表人 Prepared by _____   审核人 Verified by _____   签收人 Received by _____

一式三联（白联：总台   红联：预订处   黄联：营销部）

二、团队用餐/会场通知单

（一）使用范围

纯用餐或纯用会议室的团队，涉及酒店部门不超过3个的(不含3个)，适用"团队用餐/会场通知单"。

（二）使用规范

1. 销售经理接到预订，根据客人要求，向预订处询问场地情况，经确认后，开具"团队用餐/会场通知单"。

2. 如果是用餐，销售经理必须在通知单中注明订餐单位名称/订餐人姓名、手机号、用餐日期、餐别、确切的人数、标准等，并将和预订处确认后的用餐地点填写在单中。如果已经向客人确定标准，并确认菜单，则需在订餐单后附上已经客人确认的菜单。

3. 如客人有指定酒水，销售经理应在"酒水"一栏中认真填写。

4. 销售经理在"结算方式"处注明现付还是挂账，如果是协议公司挂账，必须注明；如果为团队挂总台账，必须填写总台挂账号及签单人姓名。

5. 如果是用会场，销售经理必须在通知单中仔细填写使用单位名称或会议名称、使用日期及时间、租用场地名称、人数，及联系人姓名和联系电话。在"布置要求"一栏中销售经理应该注明如会议台型、茶水、话筒、绿色植物及鲜花、是否放主席台或讲台、是否需要网络支持、投影仪、幕布、茶歇、水果等要求。

6. 销售经理应填写会标内容及制作方式，横幅或喷绘，以便于宴会厅人员及时布置会场并核对会标内容保证其正确性。

7. 销售经理应在"备注"一栏中标注会场价格及其他收费项目标准，以确保宴会厅服务人员准确收取费用。

8. 要确定的会场优惠价格超出销售经理权限，应按级审批。

（三）走单流程

1. 销售经理完整填单后，送至预订处，由预订处送至餐饮预订，餐饮预订签字确认后，由餐饮预订通知表单中相关内容，比如鲜花、菜单标准等。宴会中所需一切物品，除策划部制作的项目外，其余均由餐饮预订通知。

2. 如有美工制作项目，预订处必须送单给美工。

团队用餐/会场通知单
DINNER ORDER (PLACE RENTAL) FORM

单位名称：_____ 联系人：_____
会议名称：_____ 签单人：_____
会议时间：_____ 联系电话：_____

用餐要求：

用餐时间	餐别	用餐标准及人数	用餐地点	酒水	保底人数

结算方式：

会议要求：

会议场地	使用时间	人数	布置要求

备注　　　　　　　　　　　　　　　　　　　结算方式：
营销部接待人：　　　　　　　　　　　　　　接收人：
营销部经理：　　　　　　　　　　　　　　　日期：

送：总经办、前台部、餐饮部、工程部、营销部、财务部、保安部

【阅读材料 2-4-2-2】

酒店销售业务相关表单

客户拜访记录表

拜访客户名称：
客户性质：
是已签订协议客户：□政府、机关单位；　□金融行业；　□通信行业；　□茶业行业；　□各网络代理 是计划发展协议客户：□政府、机关单位；　□金融行业；　□通信行业；　□茶业行业；　□各网络代理 是旅行社的直接客户：□政府、机关单位；　□金融行业；　□通信行业；　□茶业行业；　□各网络代理

续表

客户资料					
地址：				邮政编码：	
电话：		传真：		休息日：	
客户编号：		地区：		从事行业：	
联系人1：		职务：		电话：	
联系人2：		职务：		电话：	
联系人3：		职务：		电话：	

基本信息：
• 公司规模：
• 公司性质：
• 其他重要信息（如客户区域、接待类型、散客及会议比例）：

日期： 年 月 日	建表人：

NO： 表单编号：

客户访问记录（意见、建议、投诉等）

客户名称：	客户协议编号：

酒店客户访问报告单

文件编号：		归档日期：	年 月 日
送出人：（档案员签字）		送出日期：	年 月 日
执行人：（执行人签字）		性质： □例行 □专案 □团队回访	
访问时间：	自 年 月 日 时 至 年 月 日 时		
访问计划摘要：			

执行人签字：
　　　　　年 月 日

销售部主管意见：
销售部主管签字： 年　月　日

任务三　景区酒店销售的策略和技巧

在景区酒店销售的过程中,除了要使用符合景区酒店自身特点及市场环境的销售模式之外,更要注意运用有效的销售策略及技巧,才能出色地完成景区酒店的销售工作。

一、任务描述

三人为一组,轮流充当酒店销售人员、客户和观众的角色,按照一定的任务情景进行模拟练习,每次 25 分钟。为了使练习取得更大成效,每次练习后由学生汇报练习情况。具体要求如下：

1. 由"销售人员"用 5 分钟简单介绍洽谈的主要内容和形势,并给客户派发洽谈资料,以便客户更有效地提问。

2. 开始洽谈。扮演观众的同学认真观察,并根据"洽谈观察/讨论指南表"做好笔记;由扮演客户的学生提出建议和需求。用 15 分钟完成洽谈。

3. 当洽谈结束后,由三位学生共同讨论,作出评价,提出建议,填写"洽谈观察/讨论指南表",简单描述有效的谈判技巧和建议运用的战术。

4. 每次练习时间分配如下(可灵活变动,但必须保证 5 分钟讨论时间)：

(1)"销售人员"向"客户"和"观众"简述洽谈项目　　5 分钟
(2)"销售人员"和"客户"谈判　　15 分钟
(3)组员讨论　　5 分钟

二、任务分析

完成本任务的关键在于学习好相关知识并灵活运用以及逼真设置情景。练习的过程就是学习的过程,通过"做中学",使学生认识到自己的不足之处,熟练掌握销售的策略和技巧。

"客户"角色指导：

1. 根据销售洽谈的背景资料和"销售人员"的简要介绍有所创新地扮演"客户"角色。

2. 按照销售洽谈背景资料所描述的客户性格扮演"客户"角色,合理地掌握洽谈难易程度,使谈判具现实性。

3. 在开始练习前,先确定"客户"利益和地位,以便指导洽谈的进行。当"销售人员"谈及"客户"利益问题时,应积极地回应。当"销售人员"运用有效的谈判技巧时,应合理地让步。"洽谈观察/讨论指南表"提供了全面的谈判技巧检查标准。最重要的是,应尽量按实际情况扮演"客户"角色。

4. 记住这是情景练习,结果并不重要,关键在于学习过程。因此,当时间快到时,应结束谈判——达成协议、延期或放弃谈判。

"观众"角色指导:

"观众"角色是非常重要的,观察过程也是一个很好的学习过程,并能对洽谈练习提出有效的建议,请注意以下几点:

1. 把"销售洽谈观察/讨论指南表"作为谈判技巧检查单,记录谈判过程的重要信息。从一开始就记录具体信息,最后从具体信息中提取精华部分。

2. 洽谈结束后,总结"销售人员"运用的谈判技巧,学习在洽谈过程中起重要作用的技巧。

3. 对洽谈练习给予中肯的评定和有效的建议,例如赞成运用何种洽谈技巧,建议使用何种洽谈技巧。

4. 讨论遵循下述形式:

(1)由"销售人员"作自我评定,例如哪里做得较好,哪里需要改进。

(2)由"客户"作出评定。

(3)由"观众"根据笔记作补充评定。

(4)如果时间允许,学生展开讨论。

5. 记住实践练习的目的是学习,而不是一味相互批评,要用积极的方法改进每位组员的谈判技巧,强调好的方面,建议需要改进的事项。

表 2-4-3-1　销售洽谈观察/讨论指南

观察事项	赞成运用的战术	建议运用的战术
1.积极回应客户关于洽谈形势或其利益的问题		
2.有效处理竞争		
3.成功运用销售技巧		
4.公平有创意地提出并讨论谈判事项		
5.洽谈事项与价值相结合		
6.坚持洽谈尺度		
7.遵循合乎逻辑的战略程序		
8.有效处理客户战术		
9.在平等互利的基础上进行洽谈		
10.其他要点		

三、相关知识

（一）景区酒店销售策略

销售人员销售能力的高低将会直接影响客人的选择，影响酒店的营收。那么，如何才能提高我们的销售能力呢？我们先要掌握以下销售策略。

1. 非常熟悉自己的产品是做好销售的前提

熟悉自己的产品非常重要。如果对自己的产品都不熟悉，如何做销售？销售人员在向客人推销客房时也是如此，如果不懂客房的朝向，不了解客房内部的特点，不知道离电梯最近和最远的房间是哪些，那么，就没有办法给客人提供好的销售服务。而且，客人会怀疑你的专业程度，对你随后的销售持一种怀疑态度，这样，无形中也增加了销售的难度。所以，一般新到岗的前厅总台服务员，都要去客房楼层实习一个星期左右，以便熟知景区酒店的客房产品的特色和布局，以提高销售产品的专业程度。

2. 了解客人的需求、特点和喜好是做好销售的重点

一般来说，新婚夫妇比较喜好安静的大床房；旅游客人要求房间干净卫生，很在乎房价的高低；商务客人对房间价格不是很敏感，但要求房间有很好的办公设备；VIP客人、白领、带小孩的父母喜欢套房；老年人和残疾人喜欢靠近电梯和餐厅的房间，方便一点最好。销售人员一定要注意从客人的衣着打扮、言谈举止以及随行人员等方面把握客人的特点，进而根据这些特点和心理，做好有针对性的销售。如果对自己的顾客都不了解的话，就不能有针对性地推荐产品给客人，也无法知道客人的需要。所以，在酒店产品销售过程中，了解客人的需求和喜好，是非常重要的。

3. 销售给客人的是酒店产品，而不是价格

在酒店销售过程中，经常会有这样的情况发生。一个销售员忙着和客人讨价还价，却把谈及"客房"产品放在次要的地位，这是景区销售人员要特别注意避免的地方。销售人员在对客人进行售房时，一定要对酒店的产品进行适当的描述，减轻客人对酒店产品价格的敏感度，根据客人的特点突出酒店的功能优势，增加对他们的吸引力。

4. 采用正确科学的报价方法是销售的重要策略

在实际工作过程中，我们一定要掌握好的报价方法。例如：

从高到低报价法。这种方法可以最大限度地提高客房的利润率和经济效益。消费心理学认为，客人常常会接受你首先推荐的房间。作为销售人员，我们要善于在第一时间将客人确定在一个其可接受的价位范围内，在这个范围内进行从高到低报价，并不是对每位客人，我们都要从总统套房开始报价，那样未免过于呆板。

此外，还要选择科学的报价方式。①"冲击式"报价。即先报价格，再说明房间所提供的服务设施与项目等，这种报价比较适合价格较低的房间。②"鱼尾式"报价。先介绍所提供的服务设施与项目，以及房间的特点，最后报出价格，突出物美，减弱房价对客人选择的影响。这种报价适合中档客房。③"夹心式"报价，又称"三明治"式报价。即在介绍所提供的服务项目的中间进行报价，能起到减轻价格分量的作用。这种报价方式适合于中、高档客房。

作为销售人员,我们一定要用心把握客人的消费心理和消费习惯,根据实际情况,来确定我们的报价策略。

5. 运用语言艺术,多为客人提供建议,让客人感受到酒店的温馨

销售活动本身就是一种交际活动,不仅要有礼貌,而且要讲究艺术性。所以,语言技巧非常重要。这就需要我们在平时的生活工作过程中加强这方面的锻炼,提高语言销售技巧和能力。同时,景区酒店销售人员要千方百计地消除客人的忧虑,尽量挽留住每一位询价的客人,让客人感受到酒店是为他度身打造的地方。

6. 使用利益引诱法,实现长期收益,扩大酒店的营收

在销售时我们可以加入更多的"诱惑"和"实惠",从而增大成交机会,扩大酒店的经济效益。比如,预订客人抵店时,前台销售人员可以充分利用机会,向客人进行二次销售。例如告诉客人再加几十元可以住到豪华房间,并将豪华房间的优点说给客人听,这就是利益引诱法。

销售工作是酒店工作的龙头。所以,作为销售人员,必须要具有销售意识和销售能力,为酒店的发展和利润最大化而努力。

(二)销售洽谈技巧

1. 试探战术

"试探"技巧是用试探的语气向客户提供多种选择。销售人员并不用对该提议承担责任,而只是提出了一个洽谈项目。同时,给予客户否决权。"试探"技巧能不断探测客户心中所想,评估客户对各项提议的兴趣。销售人员必须仔细观察客户的每一个反应,以评估该项提议的价值。灵活地使用"试探"技巧,有助于洽谈顺利地进行。例如使用"如果"、"假如本店可以"、"我不肯定这种方法是否可行,但假设"开头的语句。

2. 撤退战术

"撤退"意味着销售人员作出撤退的假象,同时计划另一个行动。当销售人员表现出不想继续谈判时,客户就会打消施加压力和提出更多要求的念头。这是一种防卫战术,当销售人员在洽谈过程中处于劣势或承受过大压力时,可以运用这种战术,但必须控制好时间和方法。首先应暗示将推延洽谈日期或暂停洽谈。当然,并不是马上就"撤退",必须巧妙地让客人知道如果不改变洽谈方向,洽谈就很可能中断或延期。

3. 转移战术

转移战术是把客户的注意力从重要的项目转移到较小的项目上,销售人员应假意强调无关紧要的项目,把很小的让步表现为很大的牺牲,使客户通过很大的努力才获得很少的收获。最后,当你谈到最重要的项目时,因为之前你看似已经作出很大让步,这时就会占据较有利的位置。

4. 坚持战术

"坚持立场"意味着不立即作出让步来满足客户的要求。如果马上让步,客户就在心理上占了优势。即使你知道最终也会满足客户的要求,也不能轻易让步,否则客户会以为无论提出什么要求,你都会答应。另外,坚持立场还可以增加洽谈项目在客户心目中的价值。

5. 假想战术

"假想"战术是向客人表示酒店已为本次业务做好了充分的准备,例如已按客户的日程表安排好会议厅,或已准备好合同并已邮寄出去。

注意这种技巧的运用场合,当客户已准备下决定,却因某些原因而稍有犹豫时,这种战术特别有效,它能促使客户马上作出决定。

6. 限期战术

"限期"战术是销售人员把握主动权,向客户表示如果在某个期限内达成协议,就可获得某些特别优惠。

"限期"刺激了客户马上作出决定,并意味着售方所提供的特别优惠过期无效。这种战术就是利用某些特惠条件使客户在限期内达成协议。

7. 加强力量战术

"加强力量"就是联同另一个人(如市场部总监或其他管理人员)参与洽谈,以达到以下几个目的:

(1) 让客户认为你为争取这桩生意作出了很大的努力;
(2) 通过增加售方的洽谈人数来加强谈判力量;
(3) 在洽谈过程中可获得同行人员的支持;
(4) 使售方提出的洽谈项目更具效力。

联同酒店高级管理人员参与洽谈还可使销售人员占据心理优势。如果对方也有多人参与洽谈,售方就必须运用这种战术,以平衡双方的力量对比。

8. 借助战术

"借助"战术实际上是借助客户的力量使销售方占据有利的洽谈地位。使用这一战术时,并不像往常一样坚守立场,而是接受客户的批评和建议,并提出问题。在洽谈过程中,提问是很重要的,它可以引出与客户利益密切相关的重要信息。而且使客户失去了反驳的对象,使洽谈在灵活的"对话"气氛中进行,而不是在"批评"中进行。

真诚有礼貌地提出问题也可以化解某些一触即发的矛盾,并且可以表现出销售方的洽谈诚意。例如:"如果我们不准备接受您的建议,您将会怎样做呢?"

9. 共享利益战术

"共享利益"战术是提醒客户注意双方的共同利益和共同目标。表达共同利益稳固了平等互利的洽谈基础。

在整个洽谈过程中,应经常运用这种战术(运用率较其他战术高),在开始洽谈时,就应表示售方注重的是双方的共同利益,而非售方的立场,并在整个洽谈过程中不断强调这种态度。一位合格的销售人员应经常谈到客户的利益、需要和双方的共同目标及对双方的好处。

四、任务准备

1. 准备相关书籍资料；
2. 配备电脑，可以进行网络资料查询；
3. 准备与角色扮演有关的道具，如名片、酒店简介、报价单等；
4. 设计情景人物。

五、任务实施

表 2-4-3-2　任务实施表

序号	实施步骤	实施内容	要求	备注
1	分组	全班按照每组3人进行分组。	要调动各组同学积极性	可以随机分组或自愿分组
2	查找资料	通过书籍、网络等途径，了解景区酒店销售的策略和技巧。	目标明确，思路清晰，资料可靠。	要注意信息的有效性和时间控制
3	设置情景	根据背景资料，设置符合实际情况的情景。	情景要符合实际情况，使应对方案具可操作性，体现技巧性。	教师直接提供情景或指导学生设置情景
4	销售洽谈	按照销售洽谈背景资料所描述的客户性格扮演角色，"客户"和"销售人员"开始进行销售洽谈。	要合理地掌握难易程度，使谈判具现实性；当"销售人员"谈及"客户"利益问题时，"客户"应积极地回应。当"销售人员"运用有效的谈判技巧时，"客户"应合理地让步。	教师要对每组进行监控和引导
5	观众观察	对销售洽谈过程认真观察，并填写"销售洽谈观察/讨论指南表"。	从一开始就记录具体信息，最后从具体信息中提取精华部分；洽谈结束后，总结"销售人员"运用的谈判技巧，学习在洽谈过程中起重要作用的技巧。	扮演观众角色本身就是一个自身学习的过程
6	讨论总结	讨论"销售人员"销售技巧及策略运用的合理性以及是否有更好的选择。	由"销售人员"作自我评定，例如哪里做得较好，哪里需要改进；由"客户"作出评定；由"观众"根据笔记作补充评定。	采用头脑风暴法锻炼学生思维及说服别人的能力
7	教师点评	点评各小组的表现，并讲解知识点。	肯定学生表现，并指出存在的问题。	重在鼓励

六、任务评价

表2-4-3-3 任务评价表(教师评价)

序号	评价内容	评价结果			
		优	良	合格	不合格
1	观察能力				
2	应变能力				
3	技巧应用				
4	表达能力				
5	任务进度				
6	任务质量				
7	其他				

表2-4-3-4 任务评价表(自评)

序号	评价内容	评价结果			
		优	良	合格	不合格
1	观察能力				
2	应变能力				
3	技巧应用				
4	表达能力				
5	任务进度				
6	任务质量				
7	其他				

七、问题及解决

表2-4-3-5 问题解决表

序号	问题	处理措施	预防措施	改进方法	备注
1					
2					
3					

八、拓展知识

【阅读材料2-4-3-1】

酒店销售14诀

对任何一家酒店来说,营销无疑是至关重要的经营活动。要达到销售目的,酒店销售队伍责无旁贷。那么,酒店经理应如何带领自己的销售队伍做好销售呢?有十四种方法供参考。

1. 确定销售目标与计划。酒店销售应首先制订出切实可行的计划,使计划适合自己的产品、市场地位和社区形象,制定详细的经营目标与策略。

2. 定期召开销售会议。酒店经理应参加每周的营销例会,各运转部门的主管人员也应参加。酒店经理的参与显示出企业的重视与支持,并能保证营销工作不脱离轨道。

3. 对客人的投诉及时作出反应。不管客人投诉是面对面的,还是通过电话、书信,只要遇到投诉应及时作出反应。

4. 坚持审阅每周报告书。酒店经理应坚持审阅由销售部和订房部作出的每周报告书。该报告书应详细记录本周预约情况,指出市场新动向以及开房与平均房价的变化情况。

5. 参加拜访客户活动。若酒店经理能带领销售人员拜访一些重点客户,则往往能对销售人员起到支持与鼓励的作用,而且更能有效地影响客户。

6. 稳住主要客户。一个酒店大约有80%的收入来自一批主要客户。酒店应通过经常性地召开联谊活动,稳定他们对酒店的信赖。

7. 招待社区知名人士。拥有一批稳定、忠心的客户与在社区友好的形象将大大有利于销售工作。

8. 陪同客户参观酒店产品。酒店经理若能跟销售人员一起陪客户参观酒店设施,哪怕只有几分钟时间,往往也能起到意想不到的效果。

9. 增加情感交流。酒店经理若能亲自写信向潜在客户征询意见、介绍产品,会大大有利于销售。

10. 让销售经理专心致志。把销售经理从一切非销售性事务中解脱出来,目标专一,方能卓有成效。

11. 拜见会议客户。酒店的会议销售不可忽视,酒店应不失时机地联络会议商,争取会议可能机会。

12. 从广告投入中获取最大收益。想方设法把广告经费投到能带来高利润的产品上去。

13. 举办公众关注的活动。有计划的活动会增强销售攻势。酒店应有计划地举办一些吸引公众的活动。

14. 让销售人员的工作得到承认。当销售人员完成既定的销售目标时,酒店应予以肯定与奖赏。

(资料来源:职业餐饮网 http://www.canyin168.com/glyy/yxch/ppyx/201202/39299.html)

模块三　旅行社销售业务

【案例导入】

传统门店营销仍受重用　旅行社持续插旗

2013年4月25日旅业报记者钟韵报道：为解决经营困境，英国最大旅行社运营商托马斯-库克集团日前宣布拟裁员2500人，而门店因生存空间不断受到压缩，成其首要淘汰对象。相较于国外旅行社门店重要性迅速降低的状况，国内旅行社正积极发展，到处插旗，不断增加新的门店。在网络营销盛行的时代，传统的门店营销在中国有何优势？为何持续被看好？又如何创造最大效益？且未来将如何发展？

一、优势

在网络发展迅速的时代，旅行社业者仍执著于门市营销，想必这项通路定有其不易被取代的优势。

（一）增加信赖感

众信旅游直客营销中心副总监王振玥说道，与网络相比，由于旅游产品的特殊性，门店仍为较重要的营销方式。

首先，旅游产品是一种无形的服务体验。门店旅游顾问通过与客人面对面的沟通方式，不仅能够更直接有效地传达产品相关信息，同时也能更加实时便捷地了解消费者的实际需求。而游客来到门店，经过和销售人员面对面的沟通，不仅能更加了解旅游目的地和产品特色，现场签约、交付款也能促进客人对抽象产品产生实在感，从而更加安心。

其次，有些旅游产品的签证手续和所需材料烦琐，旅游顾问面对面地详细解说能使游客了解更为清晰，重要的产权等证明文件当面交付也更为慎重。

神舟国旅集团市场与管理部总监郭玲梅说道，尤其现在仍为旅游产品消费主力的"80前"，更是会从实体店面判断旅行社的实力，也更加注重直接接触所能带来的信赖感。

（二）增强品牌认知

门店本身是365天都能见到的广告牌，若在数量或选址上具有优势，门店更是能够潜移默化地深化大众对该品牌的印象。因此，门店的设立能够有效拓展品牌的认知度。

二、效益

既然投入资源发展门店，成本也不算低，每天的压力来自于如何创高赢收以达到目标或产生极大效益，那么究竟应掌握哪些要点才能创造最大效益？

（一）从数量上取胜

郭玲梅说到，现在习惯在网络上购买产品的人越来越多，这个时候，门店的数量就能发挥优势。如果门店能渗透目标客户的主要生活区域，就能吸引客人随时进入咨询和报名。

凯撒旅游总裁助理王竹丽也指出，旅行社旧有营销渠道仍然十分重要，因为成熟的门店网络，可以就近为游客提供出行咨询与便捷的出行服务，这是旅行社的重要一环。目前，凯撒旅游在北京共有数十家门店，今后还将大力发展经营网络，加快门店规模建设，完善门店布局，使直营门店更全面地覆盖北京地区。

（二）谨慎选址

王振玥说到，门店贴近消费者生活地或工作地，游客能够通过门店销售的方式更加及时地获取便利、贴心的服务。在开店之前，直客营销中心有专门的团队对大型小区、高档商业中心、重要交通枢纽的主要活动人群、类似竞争者等进行考察，确保客源的稳定。

比如设于大型商场里的门店虽然平时人不是很多，但是到了周末，就会有很多逛街的家庭、情侣来报名。而在写字楼、各个工作单位附近的门店，平时就会有上班族前来报名。

郭玲梅也指出，在设立门店之前，神舟国旅会确保门店在城市主要区域的居民区、部委、商社、写字楼里面或周边都均匀分布，避免同一个区域里有门店市场重叠的现象。

（三）统一门店形象

在旅行社行业比较乱的当前，品牌是服务质量的基本保障，而统一的装潢和形象就是这个品牌最直观的体现。

王振玥举例，众信门店的装修质量和装潢方式都是一致的，并且都以醒目的粉红色为代表色，让游客一目了然，知道这就是众信的门店。门店有统一的形象，能让客人对旅行社的服务和产品有一定的心理预期，并更加放心地购买产品。

统一形象对进驻二、三线城市也能创造一定的优势。王振玥指出，二、三线城市的消费环境和一线城市不同，一般旅行社较小、装潢较简单。因此与一线城市质量标准一致的门店进驻，也更能受到消费者青睐。

（四）重视服务培训

专业的服务不仅能让初次进店的消费者产生购买欲望，更能巩固回头客的忠诚度。因此对销售人员的培训格外重要。

王竹丽说到，所有旅游顾问在入职之后都会有系统的培训，如案例分析、服务礼仪、沟通技巧等。此外，每周举办的相关产品培训和经验分享及业务交流活动，都有助于门店人员完成产品销售。

王振玥也指出，出境游高峰的清明、"五一"等节日之前，加强销售人员对节假日产品类型和亮点的了解，格外重要。

（五）利用主题门店促销产品

凸显主题的"体验店"，最大的优势就是能促销特定目的地、季节或航线等产品。门店以该产品风格做有特色的装潢，能有效增加该类型产品的能见度，进而提高其销量。

南湖国旅推广策划中心副总监苏峰指出，和旅游局合作或是自己投资做形象店，对于旅游目的地的传播可以说是很廉价又很有效的一种宣传手段。

他举例，宣传目的地的户外广告牌离客户很远，但是如果旅行社的门店内外都有这个目的地的形象，那么在同样经费的情况下，主题布置不仅能起到户外广告牌的作用，还能立体地向目标市场展现目的地形象。更重要的是，销售人员能直接向目标客户推销目的地产品。这都是户外广告牌达不到的效果。

因此，众多旅行社都与其他旅游业者合作，推出主题门店，如西泽推出的澳大利亚主题店、CLUBMED 主题店等。无论从店面设计，还是旅游顾问的配备，都突出了相关主题。

王振玥也举例，众信和旅游局或业者推出了南非体验店、CLUBMED 体验店、新西兰航空体验店等；店里除了统一的元素，还有特色的小饰品和主题布置，以强化主题产品的宣传。主题布置不仅能吸引本来没有购买意向的路人入店了解，而且"南非旅游专家"等顾问驻店提供专业咨询，更有利于提高客人对产品的兴趣和接受度。共同营销特定产品，也是和业者互利互惠的合作方式。

三、误区

开门做生意，纵然有无数优点，但若不慎走进门店营销的误区，不仅达不到原有的效益，还可能造成负面影响，得不偿失。

（一）服务不到位

门店营销和酒店服务一样，最能凸显自身优势的就是想客人所想、提供细致的服务。有业者认为，尤其在国内，客人进店时，销售人员若是特别亲切、拉家常，即使没有立即的购买计划，也欢迎客人在店里了解产品，而不是程式化、无感情地询问，就能增加客人的购买欲望。

业者指出，门店服务不能只注重标准化，提升门店服务人员的亲和力，对吸引回头客尤为关键。

（二）各门店之间及线上、线下产品不统一

门店之间以及线上和线下产品应高度统一，避免客人进店询问线上产品或别家门店相关问题时，销售人员答不上来。

有业者举例，某大型国有旅行社不仅门店之间产品不统一，线上、线下的产品也没有关系，让人很难对旅行社产生信赖感。

四、发展

在这个变化万千的年代，展望未来，门店营销的手法与商业形态仍应不断适时调整，以提升服务质量与创造更高效益。

（一）线上线下相结合

王竹丽指出，互联网已经成为游客收集旅游信息的一个重要平台，而旅行社的在线营销是缩短销售周期并减少成本的重要方式。与此同时，旧有的营销渠道仍然十分重要，而旅行产品的复杂性决定了在线营销在未来很长一段时间内，必然要配合线下营销，才能实现完善的服务相结合。

王振玥也说道，微博、微信等新兴传媒营销载体在整合营销方面不断地发挥着重要的作用，网络营销也已经成为众信旅游推广中重要的营销方式之一。但是目前传统线下营销方式更加直接、明了，目前依旧更易为游客接受。因此，对于众信旅游来讲，传统线下营销与在线网络营销必须并重。

（二）提升门店的消费体验

苏峰说道，南湖国旅正在尝试在门店里用高科技做各种情景式的展示，让客人能像在世博会一样看到世界各地的风景，使门店成为永不落幕的旅游展。

此外，门店销售人员在拿着 iPad 提供咨询服务的同时，还能让客人直接进行无纸化报名。苏峰指出，首先，高科技体验能吸引到更高端的客户，利于门店售出更多单价和利润都更高的旅游产品。其次，这能让客人实地踏上旅程之前，在门店就开始享受包括消费在内的旅游过程。

（三）创新商业模式

苏峰说道，随着网络科技的发展，门店也可以跟着演化，不须执著于销售旅游产品这单一一种商品。

首先，若把门店营造成旅游文化的散播地，门店可以透过各种来自国外的旅游元素，增加客人对旅游目的地的了解，同时销售让人联想到旅游目的地的周边商品，像是旅游手信，甚至是让人恍若置身意大利或法国的冰淇淋店或咖啡馆。通过这些周边商品的贩卖，门店也可以得到更多的收益。

其次，在门店里举办旅游展览和小型活动，不仅能使成交率提高，也有利于人气的累积和品牌的塑造，更进一步吸引国家或地区旅游局进驻宣传，让门店除了旅游产品外，还有租金的收入。

苏峰说道，其实门店的营销空间还是很大的，而且在发展过程中会走向以高端族群为主要对象，销售高营业额的产品。他认为，旅行社可以从尝试当中找出客户觉得有价值的功能，探索出新的商业模式，并把成本低、容易复制的功能，落实到其他门店当中。

（资料来源：劲旅网 http://www.ctcnn.com/html/2013-04-25/1413326975.htm）

思考

目前门店销售的优势是什么？发展的误区有哪些？在以后的发展方向上应该注意哪些问题？

【学习目标】

★能描述旅行社前台的概念和作用

★能描述旅行社前台对工作人员形象方面的要求

★熟悉旅行社前台的工作内容

★能熟练操作前台销售人员服务流程

★能准确区分团队与散客

★能描述散客、散客特点及散客市场

★熟悉前台销售的所有产品

★能正确运用销售知识推销省内旅游线路

★能正确运用销售知识推销国内旅游线路

★能正确运用销售知识推销出境旅游线路

★能正确运用销售知识推销港澳台旅游线路

★能正确运用业务知识完成自由行的咨询和报名工作

★能正确运用业务知识完成邮轮的咨询和报名工作

★能正确运用知识完成预订酒店业务

★能正确运用业务知识完成订票工作

★能正确运用知识完成签证咨询和签证业务
★能熟练掌握前台面谈技巧
★能熟练掌握前台价格技巧
★能灵活掌握前台交易技巧

项目一　前台销售业务

前台是旅行社的对外窗口,也是旅游者了解最新旅游信息、咨询旅游产品的重要场所,前台销售是旅行社销售的前沿阵地。本项目重点介绍前台销售工作人员的形象要求、工作内容、前台服务流程、前台销售的旅游产品、前台面谈技巧、前台交易技巧等内容。

【案例3-1-1】

广州市某国际旅行社于2013年10月在某招聘网站上发布的招聘信息如下:

岗位一:旅行社前台接待

岗位描述:

1. 旅行社门店前台接待工作;
2. 回答客人的咨询和相关跟进工作;
3. 处理客人上门报名和订票事宜;
4. 旅行社网站线路更新及解答网站客户咨询。

岗位要求:

1. 大专以上学历,声音甜美,气质佳,有耐心;
2. 有旅行社门店前台接待工作一年以上经验,对各条线路熟悉;
3. 熟练使用Office软件;
4. 具有优良的服务意识和敬业精神,工作积极主动;
5. 精通各种网络营销手段,包括网络新闻、博客、论坛、电子邮件、QQ群等。

岗位二:旅行社前台电话销售

岗位描述:

1. 接听电话:负责客人的电话咨询,解答问题,最终办理报名手续;
2. 业务操作:掌握规范的业务操作,包括电汇、电支、配送等业务流程;
3. 沟通工作:帮助、配合其他部门办理相关业务,包括横向部门及纵向部门的业务沟通。
4. 向有关部门提供市场相应资料及其他资料,处理改团、退团等业务。

岗位要求:

1. 20~29岁,性别不限,中专以上学历;
2. 声线甜美柔和,口齿伶俐,反应敏捷,熟练粤语和国语,有强烈的服务意识;
3. 从事旅游业、相关电话服务业及销售业者优先,有志于旅游业的发展。

问题

如果你是旅游服务与管理专业的毕业生，意欲应聘旅行社前台的工作，结合以上两组招聘信息，对照自己符合哪个招聘岗位？如都不符合，请找出原因。

任务一　认识旅行社前台

一、任务描述

旅行社前台是旅行社发布最新旅游信息、宣传推广旅游产品、招揽顾客消费旅游产品、达成消费的地方。它是游客与销售人员面对面地沟通，了解旅游目的地和产品特色的重要场所。要求学生了解旅行社前台的业务范围，了解前台在旅行社产品销售中所起的作用。

二、任务分析

完成本任务的关键在于通过阅读《旅行社条例实施细则》（2009年5月实施，下称《条例》）等相关行业规定，了解《条例》对营业大厅、旅行社分社、服务网点等的相关要求，以及查阅旅行社前台销售、旅行社产品、旅行社竞争力等相关资料，并进行分析、归纳、提炼和整理，形成知识系统。

三、相关知识

（一）旅行社前台的界定

1. 旅行社营业大厅

根据国家旅游局令第30号可知，《旅行社条例实施细则》于2009年4月2日通过，自2009年5月3日起施行。《条例》第二条所称"招徕、组织、接待旅游者提供的相关旅游服务[①]"，主要包括：安排交通服务、安排住宿服务、安排餐饮服务、安排观光游览及休闲度假、旅游咨询、旅游活动设计服务等。另外《条例》明确指出，旅行社还可以接受旅游者的委托，为旅游者提供代订交通客票、代订住宿和代办出境、入境、签证手续等旅游服务。旅行社负责联系、安排、落实以上旅游服务的一个重要场所，就是旅行社营业大厅，特别是"旅游咨询、旅游活动设计服务"等业务主要在营业大厅完成。

2. 旅行社分社及服务网点

另外，《条例》第十八条规定，旅行社分社及旅行社服务网点不具有法人资格，以设立分社、服务网点的旅行社的名义从事《条例》规定的经营活动，其经营活动的责任和后果，由设立社承担。第二十一条明确规定，"服务网点"是指旅行社设立的，为旅行社招徕旅游者，并以旅行社的名义与旅游者签订旅游合同的门市部等机构。服务网点的区域范围，应当在设

---

① 国家旅游局令第30号 旅行社条例实施细则. 国家旅游局，2009年5月实施.

立社所在地的设区的市的行政区划内。这里的服务网点即旅行社门店。

可见,旅行社设立的分社及服务网点,均在设立社的经营范围内招徕旅游者、提供旅游咨询服务。

3. 本书"前台"的界定

综上所述,本书所指的"前台"既包括旅行社总部、分社的营业大厅,也包括下设的各服务网点即门店的营业厅,是旅行社所有面向游客,提供旅游咨询、旅游报名服务的场所的统称,具体见图3-1-1-1。

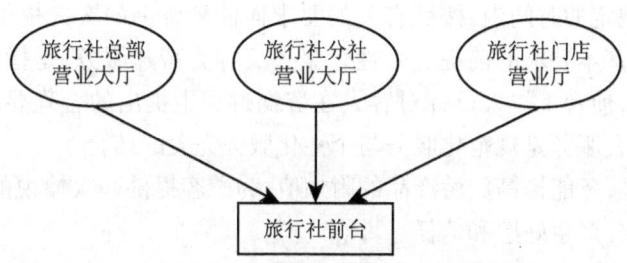

图3-1-1-1 本书旅行社前台概念的界定

旅行社业也分一线工作人员和二线工作人员,前台无疑是旅行社一线的重要部门。前台是旅行社与旅游消费者接触的主要场所,是把旅游的最新信息传递给游客和潜在游客的地方,通过提供咨询、销售服务,最终把产品销售给旅游者,实现旅游消费交易的过程。

(二) 旅行社前台的作用

1. 前台是旅行社的形象窗口

前台,作为旅行社的形象窗口,是外界了解旅行社产品、服务及所有信息的重要部门。前台的装潢、前台的摆设、前台工作人员的素质、前台提供给游客的产品、前台的服务质量水平等,都在一定程度上决定着游客对旅行社的整体印象。所以,从心理学角度看,前台是旅行社给游客留下第一印象的地方,是产生关键效应的形象窗口。

旅游产品是一种无形的服务产品,是一种体验,旅游者总是本能地去寻找、判断购买风险高低不一的旅游产品。当旅游者遇到一间装潢特别、设计独特、环境亲切宜人、服务人员训练有素的前台时,自然而然对这家旅行社的好感大增,距离拉近,进而对旅游产品作出进一步的分析判断和购买决定。

2. 前台良好的服务可以促进旅行社产品的有效销售

优质的服务可以吸引住新顾客,也可以留住老顾客,旅游界习惯把老顾客称为"回头客"。《哈佛商业杂志》的一份研究报告指出,"再次光顾的顾客可以为公司带来25%~85%的利润,而吸引他们再次光临的因素中,首先是好的服务质量,其次是商品本身的品质,最后才是价格"。[①] 可见,旅行社优质良好的前台服务,在一定程度上可以温暖人心,给人以好感,促进旅游产品的销售,提高整体销售量。

---

① 徐云松等. 门市操作实务[M]. 北京:旅游教育出版社,2013:5.

前台销售人员是连接旅行社与旅游消费者的纽带,因此,前台销售人员的形象直接影响着公司的声誉和形象。作为一名优秀的销售人员,要具备一颗真诚的心和一颗尊重之心。即真诚地对待每一位前来咨询、报名的客人,用细心、耐心、真心与其沟通,解决客人的问题,尊重客人,用热情的服务拉近与每一位客人的距离。

3. 高质量的前台服务能为旅游产品增加砝码

高质量的前台服务是规范化服务和个性化服务的高度结合。规范化服务又称标准化服务,是指达到由国家和行业主管部门制定并发布的统一标准的服务[①]。规范化服务要求前台工作人员,必须在规定的时间内,按照有关的要求向前来咨询的客人提供服务,它是确保服务性产品质量达到基本要求的前提。个性化服务又称为特殊服务,是指在服务标准和合同或约定的内容之外,前台工作人员针对客人在咨询过程中提出的合理要求而提供的个性化服务。高质量的前台服务是规范化服务与个性化服务完美的结合。

高质量的前台服务能提高旅游产品的附加值,为游客提供一次愉悦的人际交往过程,从而使游客对前台服务产生好感和信任。

4. 前台服务能帮助提升旅行社的核心竞争力

美国著名管理学家哈默和经济学家普拉哈拉德曾在《公司的核心竞争力》一文中提出:短期内,公司产品的质量和性能决定了公司的竞争力,但长期来说,公司的核心竞争力才是起决定作用的。这种核心竞争力是企业在长期经营中所形成的、不易被对手仿效的、能带来利润的、具备持续发展空间的竞争能力,是企业的一种特殊资源和能力。旅行社核心竞争力是能够给旅行社带来竞争优势和给消费者带来利益的一种知识和技能。

旅行社是游客和旅游企业间充当中介的机构。一方面,它需要将市场最新信息传达给游客;另一方面,它要给游客提供合理的旅游产品。旅游产品具有无形性、综合性、不可储存性、不可转移性等多种特征,而这些特征影响了游客对旅游产品的客观评价,形成了旅行社之间的竞争。旅行社竞争主要体现在产品的创新、服务的品质以及信息的掌握等诸多方面,这些方面的能力形成了核心竞争力的要素。在这几个核心竞争力要素中,服务的品质主要包括游客出游前的服务和旅游过程中的服务品质。而前台的服务质量很大程度是属于出游前的范围。可见,前台优质的服务,能帮助旅行社提升自身的核心竞争力。

四、任务准备

1. 准备相关书籍;
2. 配备电脑,进行网络查询;
3. 准备介绍前台的相关录像;
4. 准备与旅行社前台有关的图片。

[①] 广东导考办. 导游业务[M]. 广州:广东旅游教育出版社. 2009:112.

五、任务实施

表 3-1-1-1　任务实施表

序号	实施步骤	实施内容	要求	备注
1	查找资料	通过书籍、网络等途径,查找有关的旅行社行业的法律法规文件,细心阅读。	(1)目标明确 (2)思路清晰 (3)资料来源可靠并且最好选择权威资料	(1)注意书籍信息的实效性 (2)注意网络资料的可靠性
2	内容归纳	归纳行业法规对旅行社总社、分社、服务网点的相关经营范围要求;描述本书对前台的界定;归纳前台的作用。	归类合理	归纳要有条理,具逻辑性。
3	整理完善	将归纳出来的前台经营范围及作用进行整理和完善,可以将学生分成若干小组,分别讨论汇报各组归纳的内容,描述本书对前台的界定。	(1)准确说出本书对前台的界定 (2)说出前台销售的重要作用	理解准确,表达清晰。
4	总结与分享	对任务实施过程、完成情况进行总结自评,并与他人分享。	(1)总结全面到位 (2)表达清晰流畅	每组选代表发言,可用PPT作辅助介绍。

六、任务评价

表 3-1-1-2　任务评价表(教师评价)

序号	评价内容	评价结果			
		优	良	合格	不合格
1	认真负责				
2	分工合理				
3	团队协作				
4	语言表达能力				
5	任务完成进度				
6	任务完成质量				
7	其他				

表 3-1-1-3 任务评价表（自评）

序号	评价内容	评价结果			
		优	良	合格	不合格
1	认真负责				
2	分工合理				
3	团队协作				
4	语言表达能力				
5	任务完成进度				
6	任务完成质量				
7	其他				

七、问题及解决

表 3-1-1-4 问题解决表

序号	问题	处理措施	预防措施	改进方法	备注
1					
2					
3					

任务二　前台销售人员形象要求

一、任务描述

把全班学生分成四小组，分组查找资料，归纳、分析、总结、汇报前台销售人员的形象应该达到的要求，最后总结得出结论。

二、任务分析

完成本任务的关键是了解仪容仪表和形象的基本知识，了解服饰美、化妆基本常识、行为举止规范和语言运用艺术等方面的内容，并把这些理论知识灵活地运用到前台工作实践中。

三、相关知识

旅行社前台作为旅行社对外营业的窗口,前台销售人员的一举一动都直接影响着游客对旅行社的第一判断和评价。销售人员的形象仪态和装饰打扮,不仅是个人行为,还是旅行社企业行为。良好的形象仪态,不仅使前台销售人员在工作中保持精力充沛,增加自信心,还会给游客留下美好的印象和回忆。因此,注重前台销售人员的形象美尤其重要。形象美体现在以下几方面。

(一)服饰美

款式美观大方,色彩协调,与个人体型、个人气质、工作特点、工作环境、民族习俗等相吻合。具体来说,应该注意以下几点:

1. 上岗时必须统一着装,精神抖擞,体现出旅行社的企业文化和员工精神面貌;
2. 工作服是上、下身配套的,必须配套穿;
3. 如果只有上衣是工作服,要求裤子或裙子的色彩、款式要与上衣搭配协调;
4. 鞋袜的款式和颜色须与工作服统一协调;
5. 任何情况下,都不可以穿得过分花哨,袒胸露背,更不能穿背心短裤上岗;
6. 按照规定,佩戴好工作证,以便顾客辨认和监督。

前台销售人员讲究服饰美是对本职工作严肃认真、充满热情的表现,也是对顾客的尊重。每位前台销售人员都应当讲究服饰美,不断地提高自己的审美情趣和对工作的责任感,同时也让游客感到赏心悦目。每一位销售人员应该充分掌握这些基本礼仪,并长期坚持做好。

总的来说,前台销售人员着装有"五忌":

1. 忌炫耀

前台销售人员在工作中佩戴的饰物以少为宜。旅行社不提倡前台销售人员在工作场合佩戴高档的珠宝首饰,或是过多数量的金银首饰,不然便有张扬招摇之嫌。

2. 忌裸露

在工作中,着装不应过分暴露自己的躯体。不露胸、不露肩、不露背、不露腰、不露腿的"五不露"原则,便是对前台工作人员着装的基本要求。此外,还要注意内衣不可外露。

3. 忌透视

前台销售人员在正式场合的着装,不应过于单薄透明。在任何时候,都不允许销售人员的内衣透视在外,甚至令人一目了然。

4. 忌短小

不应以短小见长。在任何工作时间,背心、短裤、超短裙、露脐装等过分短小的服装,都不可登前台的大雅之堂。

5. 忌紧身

选择过分紧身的服装,意在显示着装者的身材,而前台销售人员在工作过程中显然是不适合这种打扮的。

（二）修饰美

修饰美主要指美容化妆、饰物佩戴、发型塑造等，这里着重介绍美容化妆方面的内容。

美容化妆是生活中的一门艺术，不同行业对化妆有不同的要求。旅行社一般有规定，前台销售人员为了使自己更美丽、看上去更精神，更好地服务顾客，给顾客留下美好的印象，上岗前必须化淡妆。美容专家指出，化妆的最高境界就是别人只感受到你的美丽，却感觉不到你化过妆①。要达到这种境界，需要了解化妆的基本常识。

1. 面部清洁技巧

清洁面部可以去除新陈代谢产生出的老化物质以及空气污染、卸妆后等的残留物，同时也可以清洁肌肤。洗脸时应遵循以下几点。

（1）使用洁面乳的方法：将洁面乳放在手上揉搓起泡，泡沫越细越不会刺激肌肤，泡沫需揉搓至奶油般细腻才算合格，让无数泡沫在肌肤上移动以吸取污垢，而不是用手去搓揉。

（2）基本上是从皮脂分泌较多的T字区开始清洗，额头中心部皮脂特别发达，要仔细清洗。手指不要过分用力，轻轻地由内向外画圆圈滑动清洗。

（3）用指尖轻柔仔细地清洗皮脂腺分泌旺盛的鼻翼及鼻梁两侧，这一部分洗不干净将导致脱妆及肌肤出现油光。

（4）鼻子下方容易长青春痘，须仔细洗净多余的皮脂。用无名指轻轻画轮廓，既不会刺激肌肤又可完全去除污垢。注意嘴巴四周也要清洗，脸部是否洗净，重点在于有没有注意细小的部位，清洗时以按摩手法从内向外轻柔描画圆弧。

（5）下巴和T字区也一样，也容易长青春痘及粉刺，是容易忽略的部位。洗脸时应由内向外不断画圈，使污垢浮上表面。

（6）面积较大的脸颊部位需要特别仔细的关照。清洗面颊的诀窍是，不要用指尖接触皮肤而是用指肚，使指肚仅有的面积充分接触脸颊的皮肤，以起到按摩清洁的作用。洗脸的重要技巧是不要太用力，以免给肌肤带来不必要的负担。

（7）清洗时要记得洗到脖子部位，下巴底部、耳下等也要仔细清洗干净。

（8）冲洗时用流水充分地去除泡沫，冲洗次数要适度。在较冷的季节，需使用温水，以免毛孔紧闭而影响了清洗效果。

（9）洗脸后用毛巾擦拭脸上水分时，不可用力揉搓，以免伤害肌肤。正确使用毛巾的方法是将毛巾轻贴在脸颊上，让毛巾自然吸干水分。

2. 脸部化妆技巧

脸部化妆一方面要突出面部五官最美的部分，使其更加美丽；另一方面要掩盖或矫正缺陷或不足的部分。经过化妆品修饰的美有两种：一种是趋于自然的美；另一种是艳丽的美。前者是通过恰当的淡妆来实现的，它给人以大方、悦目、清新的感觉，最适合在家或平时上班时使用。后者是通过浓妆来实现的，它给人以庄重高贵的印象，可出现在晚宴、演出等特殊的社交场合。前台销售人员的化妆多趋于前者，体现个人的自然美。不同脸形的人化妆时

---

① 徐云松等. 门市操作实务[M]. 北京：旅游教育出版社，2013：47.

侧重有所不同。

(1) 椭圆脸形的化妆

椭圆脸可谓公认的理想脸形,化妆时宜注意保持其自然形状,突出其可爱之处,不必通过化妆去改变脸形。

腮红,应涂在颊部颧骨的最高处,再向上向外揉化开去。

唇膏,除嘴唇唇形有缺陷外,尽量按自然唇形涂抹。

眉毛,可顺着眼睛的轮廓修成弧形,眉头应与内眼角齐,眉尾可稍长于外眼角。

正因为椭圆形脸是无须太多掩饰的,所以化妆时一定要找出脸部最动人、最美丽的部位,以免给人平平淡淡、毫无特点的印象。

(2) 长脸形的化妆

长脸形的人,在化妆时力求达到的效果应是增加面部的宽度。

腮红,涂抹时应注意离鼻子稍远些,在视觉上拉宽脸部。可沿颧骨的最高处与太阳穴下方所构成的曲线部位,向外、向上抹开去。

粉底,若双颊下陷或者额部窄小,应在双颊和额部涂以浅色调的粉底,造成光影,使之变得丰满一些。

眉毛,修正时应令其成弧形,切不可有棱有角。眉毛的位置不宜太高,眉毛尾部切忌高翘。

(3) 圆脸形的化妆

圆脸形给人可爱、玲珑之感,若要修正为椭圆形并不十分困难。

腮红,可从颧骨起始涂至下额部,注意不能简单地在颧骨凸出部位涂成圆形。

唇膏,可在上嘴唇涂成浅浅的弓形。不能涂成圆形的小嘴状,以免有圆上加圆之感。

粉底,可用来在两颊造成阴影,使圆脸看上去消瘦一点。选用暗色调粉底,沿额头靠近发际处起向下窄窄地涂抹,至颧骨下可加宽涂抹的面积,造成脸部亮度自颧骨以下逐步集中于鼻子、嘴唇、下巴附近部位。

眉毛,可修成自然的弧形,稍作少许弯曲,不可太平直或有棱角,也不可过于弯曲。

(4) 方脸形的化妆

方脸形的人以双颊骨突出为特点,因此在化妆时,要设法加以掩蔽,以增加柔和感。

腮红,宜涂抹得与眼部平行,切忌涂在颧骨最突出处。可抹在颧骨稍下处并往外揉开。

粉底,可用暗色调在颧骨最宽处造成阴影,令其方正感减弱。下颚部宜用大面积的暗色调粉底造成阴影,以改变脸部轮廓。

唇膏,可涂丰满一些,强调柔和感。

眉毛,应修得稍宽一些,眉形可稍带弯曲,不宜有角。

(5) 三角脸形的化妆

三角脸形的特点是额部较窄而两腮较阔,整个脸部呈上小下宽状。化妆时应将下部宽角"削"去,把脸形变为椭圆状。

腮红,可由外眼角处起始,向下抹涂,令脸部上半部分拉宽一些。

粉底,可用较深色调的粉底在两腮部位涂抹、掩饰。

眉毛,宜保持自然状态,不可太平直或太弯曲。

(6)倒三角脸形的化妆

倒三角脸形的特点是额部较宽大而两腮较窄小,呈上阔下窄状。人们常说的"瓜子脸"、"心形脸",即指这种脸形。化妆时,掌握的诀窍恰恰与三角脸相似,需要修饰部分则正好相反。

腮红,应涂在颧骨最突出处,而后向上、向外揉开。

粉底,可用较深色调的粉底涂在过宽的额头两侧,而用较浅的粉底涂抹在两腮及下巴处,造成掩饰上部、突出下部的效果。

唇膏,宜用稍亮些的唇膏以加强柔和感,唇形宜稍宽厚些。

眉毛,应顺着眼部轮廓修成自然的眉形,眉尾不可上翘,描时从眉心到眉尾宜由深渐浅。

(三) 举止美

举止落落大方,动作合乎规范,是个人礼仪方面最基本的要求。前台销售人员的举止美包括站立、就座、行走和手势四方面。

1. 站立

站立是一种静态美,是培养优美典雅仪态的起点。

(1)站立的一般要求

头正、颈挺直、双肩展开放松,人体有向上的感觉;收腹、立腰、提臀;两腿并拢,膝盖挺直,小腿向后发力,人体的重心在前脚掌。无论男士还是女士站立时要做到自然并保持面带笑容。这样就可以表现出饱满的精神状态和良好的形象。

(2)不良站立姿势及纠正

交际场合双手不可叉在腰间,也不可抱在胸前;不可驼着背,弓着腰,不可眼睛不断左右斜视;不可一肩高一肩低,不可双臂胡乱摆动,不可双腿不停地抖动。在站立时不宜将手插在裤袋里,更不要下意识地出现搓、刷动作,也不要随意摆弄打火机、香烟盒,玩弄皮带、发辫等。这样不但显得拘谨、有失庄重,还会给人以缺乏自信和没有经验的感觉。

2. 就座

就座是指人们从其他姿势转到入座及应保持的坐相。坐姿的原则是给人以端正、大方,自然、稳重之感。

(1)就座的要求

销售人员在向顾客介绍旅游线路或者其他产品时,一般以坐着的方式进行。所以要求入座时轻稳,走到座位前,转身后,右腿后撤半步,轻稳地坐下。女子就座时,应用手将裙稍稍拢一下,男子则应将西服扣打开。坐在椅子上时,上体保持站姿的基本姿势,头正目平,嘴微闭,面带微笑、双膝并拢,两脚平行,鞋尖方向一致,做到两腿自然弯曲,小腿与地面基本垂直。双脚可正放或侧放,并拢或交叠。女子的双膝必须并拢,双手自然弯曲放在膝盖或大腿上。坐在有扶手的沙发时,男士可将双手分别搭在扶手上,而女士最好只搭一边,倚在扶手上,以显示高雅;坐在椅子上时,一般只坐满椅子的三分之二,不要靠背,仅在休息时才可轻轻靠背;起立时,右腿向回收半步,用小腿的力量将身体支起,并保持上身的直立状态。坐姿还可以上体与腿同时转向一侧,面向对方,形成优美的"S"型坐姿,还可两腿膝部交叉,脚内收与前腿膝下交叉,两脚一前一后着地,双手稍微交叉于腿上。无论采取哪种坐的姿势,关键要做到自然、美观、大方,切不可以表现出僵死、生硬。

(2)不良坐姿及纠正

不良坐姿的纠正包括:与人交谈时,不能双腿不停地抖动,甚至鞋跟离开脚跟晃动;不能坐姿与环境要求不符,入座后二郎腿跷起,或前俯后仰;不能将双腿搭在椅子、沙发和桌子上;女士叠腿要慎重、规范,不可呈"4"字形,男士也不能出现这种不雅的坐姿;坐下后不可双腿拉开成八字形,也不可将脚伸得很远。不规范的坐姿是不礼貌的,是缺乏教养的表现。对不雅的坐姿应在平时加以纠正,养成良好的就座姿态。

3. 行走

行走是人们在行走过程中应遵循的正确姿势。正确的行走要从容、轻盈、稳重。行走是一种动态美,凡是协调稳健、轻松敏捷的走姿都会给人以美感。女士走姿要展现身体的曲线美,男士走姿要体现阳刚之气。

(1)行走的要求

以站姿为基础,面带微笑,眼睛平视;双肩平稳,双臂前后摆动自然且有节奏,摆幅以30~50度为宜;双肩、双臂都不应过于僵硬;重心稍前倾;行走时左右脚重心反复地向前后交替,使身体向前移动;行走时,两只脚的内侧行走的线迹为一条直线,脚印应是正对前方;步幅要适当,一般应是男士70厘米左右,女士略小些,但也因性别和身高有一定的差异。着装不同,步幅也不同,如女士穿裙装(特别是旗袍、西服裙或礼服)和穿高跟鞋时,步幅应小些;跨出的步子应是脚跟先着地,膝盖不能弯曲,脚腕和膝盖要灵活,富于弹性;走路时应有一定的节奏感,走出步韵来。

(2)不良走姿及纠正

行走最忌内八字、外八字;不可弯腰驼背、摇头晃肩、扭腰摆臀;不可膝盖弯曲,或重心交替不协调,使得头先去而腰、臀后跟上来;不可走路时吸烟、双手插在裤兜;不可左顾右盼;不可无精打采,身体松垮;不可摆手过快,幅度过大或过小。

4. 手势

手势是人们利用手来表示各种含义时所使用的各种姿势,是人们交际时不可缺少的体态语言。手势美是动态美,要能够恰当地运用手势来表达真情实意,就会在交际中表现出良好的形象。

(1)手势的要求

与人交谈时的手势不宜过多,动作不宜过大,更不可手舞足蹈。介绍某人或给对方指示方向时,应掌心向上,四指并拢,大拇指张开,以肘关节为轴,前臂自然上抬伸直。指示方向时上体稍向前倾,面带微笑,自己的眼睛看着目标方向并兼顾对方是否意会到。这种手势有诚恳、恭敬之意。打招呼、致意、告别、欢呼、鼓掌也属于手势的范围,要注意其力度的大小、速度快慢及时间的长短。在任何情况下,不可用拇指指自己的鼻尖或用手指指点他人,这含有妄自尊大和教训别人之意。谈到自己时应用手掌轻按自己的左胸,显得端庄、大方、可信。同样的一种手势在不同的国家、地区有不同的含义,千万不可乱用而造成误解。

(2)交际中应避免出现的手势

交际场合不可当众搔头皮、掏耳朵、抠鼻孔眼屎、搓泥垢、修指甲、揉衣角、用手指在桌上乱画、玩手中的笔或其他工具。

(四)声音美

实践表明,谈吐是谈判者的重要表达工具。同样一句话,谈吐得当就有积极作用;反之,不但达不到目的,甚至还会产生负面作用。

1. 使你的声音悦耳动听

悦耳动听、圆润优美的声音,有助于使对方对你产生良好的第一印象。谁都不会喜欢听那种生硬干涩、软弱无力、含混不清的声音。

2. 语调要低而温柔

用低柔的语调说话。在与顾客交谈的时候要把情感加入到语言中去,注意语调和平仄,使自己的语言富有抑扬顿挫感。如果声音优雅而富有磁性,对方就会有兴趣听下去。

3. 恰如其分地调节语速

说话的速度不要太快,也不要太慢,而且要善于调节。遇到感性的场合,语速可以加快;如果碰上理性的场合,语速则要相应放慢。

四、任务准备

1. 准备相关书籍;
2. 配备电脑,进行网络查询;
3. 笔记本,整理;
4. 分组讨论;
5. 小组代表汇报讨论结果。

五、任务实施

表 3-1-2-1　任务实施表

序号	实施步骤	实施内容	要求	备注
1	查找资料	通过书籍、网络等途径,查找有关形象仪态、化妆、举止美、声音美等内容及规范要求,细心阅读。	(1)目标明确 (2)思路清晰 (3)资料来源可靠并且最好选择权威资料	(1)注意书籍信息的实效性 (2)注意网络资料来源的可靠性和参考性
2	内容归纳	归纳服饰美、化妆、举止美、声音美等知识要点和注意事项。	(1)归类合理 (2)用表格整理罗列出来	(1)归纳要有条理 (2)具逻辑性
3	小组讨论	将归纳出来的内容进行整理和完善,将学生分成四组展开讨论。	(1)准确理解各形象要求 (2)注意实践中的运用	(1)理解准确 (2)表达清晰

续表

序号	实施步骤	实施内容	要求	备注
4	代表发言	小组代表把小组讨论结果与全班同学一起分享。	(1)代表发言自然大方 (2)总结内容准确到位	每组选代表发言
5	总结	最后全班根据各组发言进行最后的总结,得出前台销售人员应该达到的形象要求。	(1)总结合理 (2)内容准确 (3)可行性强	可做成PPT辅助讲解

六、任务评价

表3-1-2-2 任务评价表(教师评价)

序号	评价内容	评价结果			
		优	良	合格	不合格
1	认真负责				
2	分工合理				
3	团队协作				
4	语言表达能力				
5	任务完成进度				
6	任务完成质量				
7	其他				

表3-1-2-3 任务评价表(自评)

序号	评价内容	评价结果			
		优	良	合格	不合格
1	认真负责				
2	分工合理				
3	团队协作				
4	语言表达能力				
5	任务完成进度				
6	任务完成质量				
7	其他				

七、问题及解决

表 3-1-2-4 问题解决表

序号	问题	处理措施	预防措施	改进方法	备注
1					
2					
3					

八、拓展知识

【阅读材料 3-1-2-1】

上妆与卸妆的程序

一、化妆的程序

（一）洁面：将洗面奶放置手心，搓出泡沫，以打圈手法由下向上、由内向外地轻揉，然后用温水冲洗干净面部。

（二）化妆水：根据不同的皮肤、不同的季节选用适合皮肤的化妆水。使用时，用手或化妆棉蘸取化妆水由下向上、由内向外轻轻拍于面部。乳液（润肤霜）：选择适合皮肤的乳液、润肤霜，采用五点法将乳液点在额部、双颊、鼻部、下巴处（或将乳液在双手揉开），由下向上、由内向外在全脸拍匀。

（三）粉底：选择接近肤色的粉底为基础底色，用化妆海绵蘸取少量粉底由内向外，全脸均匀地拍擦，切忌来回涂沫。如果肤色不好，可擦抹两遍以上粉底，每遍宜薄不宜厚，防止出现边缘线。瑕疵处可用遮瑕笔遮盖。

（四）高光色：选择比基底色明亮 2~3 度的粉底作为高光色，用于眉骨、鼻梁、下眼睑、颧骨和面部突出的部位提亮，宜薄不宜厚，不能出现边缘线。

（五）阴影色：用深咖啡色粉底在面部的外轮廓、鼻侧影部涂抹均匀，起到修饰脸形的作用。要注意过渡均匀，衔接自然，不能出现边缘线。

（六）定妆粉：种类有透明散粉、肤色散粉、深色散粉，一般选择适合肤色的散粉，将粉扑均匀蘸取散粉（粉量以粉扑向下，粉不落地为宜），轻轻按压全脸，然后用大粉刷刷去多余散粉。

（七）眼影：用眼影刷蘸适量眼影粉，找到眼部结构位置，并将眼部结构表现出来，方法是由外眼角向内眼角均匀地晕染，然后用大眼影刷蘸少量眼影粉晕染眼部。注意用粉扑隔离妆面。眼影色可与肤色、服饰色协调搭配成同一色系。

（八）眼线：可用眼线笔、眼线液、水溶性眼线粉，如用眼线刷蘸水溶性眼线粉画眼线。画上眼线时紧贴睫毛根部，下眼线画在下睫毛根部内侧；上眼线宽长，外眼角处色重且向上挑起；下眼线短平，外眼角处色深且宽。然后，用深色眼影粉在眼线外侧作晕染，使睫毛产生浓密的朦胧感。

（九）眉毛：用眉刷蘸适量眼影粉刷出眉形，然后用眉笔将眉少的部位一根一根地按其生长方向画出来。眉形好的人只需用眉刷刷上同色的眼影粉。注意眉头不要画的太实，应该"两头浅，中间深""上面浅，下面深"，并且有毛发的虚实感。

（十）口红：用唇线笔画出嘴唇的轮廓，然后用唇刷将唇膏均匀地涂在轮廓内。唇膏的颜色与妆色、眼影及服饰要协调。若要表现嘴唇的立体感可在唇的外轮廓用深色唇膏，里面用浅色唇膏，或在下唇中央的高光处涂上唇油，使嘴唇丰满润泽。

（十一）睫毛：先用睫毛夹将睫毛向上卷曲，再涂上睫毛膏。涂上睫毛时眼睛向下看。反复涂几次，最后用睫毛梳将睫毛梳齐，将多余的睫毛膏清除掉。

（十二）腮红：用腮红刷蘸少量腮红，均匀扫在颧骨下凹陷部位，即嘴角到耳孔的连线上，然后将浅色胭脂扫在颧骨处，注意不要有边缘线，应是似有似无的感觉，看不出腮红从哪开始，在哪结束。

（十三）修容：用刷蘸少量深色修容粉刷在外轮廓处，注意均匀而不露边缘线。然后用刷蘸少量浅色修容粉刷在高光处提亮。

（十四）颈部与面部的衔接：选用比脸部基础底色深一度的颜色，用化妆海绵均匀地抹在颈部，然后用散粉定妆。

二、卸妆的程序

（一）将湿卸妆棉片垫在下眼睑上，用棉签蘸取眼部卸妆液由睫毛根部向睫毛梢滚动擦拭。

（二）用卸妆棉或洁面巾擦拭嘴唇，将口红擦掉。将卸妆油均匀涂在面部，用中指和无名指以打圈的手法，由下向上、由内至外地轻揉。

（三）用卸妆棉由下向上、由内向外地轻轻将污垢擦去。

任务三　前台工作内容

一、任务描述

要求学生了解旅行社前台工作内容，掌握前台接待游客咨询、游客报名的规范工作流程。

二、任务分析

完成本任务的关键在于通过阅读《旅行社条例实施细则》（2009年5月实施）等相关行业规定，了解该《条例》对前台工作内容的具体要求，然后阅读对旅行社国内游、出境游的旅游服务质量要求，进行分析、归纳、提炼和梳理，形成知识系统。

三、相关知识

国家旅游局2009年颁布的《旅行社条例实施细则》规定，旅行社门市部（即本书界定的前台)为设立社招徕游客并提供咨询、宣传等服务。同时,旅游行业相关法规对前台的具体工作范围也作了相应要求,如下。

(一)《旅行社国内旅游服务质量要求》对前台工作范围的要求①

《旅行社国内旅游服务质量要求》明确指出,旅行社门市主要从事宣传、招徕和接待国内旅游者的活动。对前台服务工作有明确的规定:

1. 遵守旅游职业道德和岗位规范;
2. 佩戴胸卡,服饰整洁,精神饱满,端庄大方;
3. 用普通话和民族语言,态度热情、礼貌、认真、耐心;
4. 主动、具体、翔实地介绍相应的旅行日程;
5. 满足旅游者的需求,帮助选择、组织和安排旅游产品;
6. 计价收费,手续完备,账款清楚。

旅游产品销售成交后,销售人员还应向旅游者作以下工作:

1. 开具正式发票;
2. 签订合同;
3. 发放旅游行程、参团须知、赔偿细则等资料;
4. 交代出发的具体时间和地点;
5. 无全陪的散客和团队须被告知旅游目的地的具体接洽办法和应急措施;
6. 提醒其他注意事项。

(二)《旅行社出境旅游服务质量》对前台工作范围的要求②

《旅行社出境旅游服务质量》强调旅行社组团社前台及门市主要从事提供旅游咨询和销售旅游产品的活动,并明确要求前台销售人员应该做到以下几点:

1. 遵守旅游职业道德和岗位规范;
2. 佩戴服务标志,服饰整洁;
3. 熟悉所推销的旅游产品和业务操作程序;
4. 向旅游者提供有效的旅游产品资料,并为其选择旅游产品提供咨询;
5. 对旅游者提出的参团要求进行评价与审查,以确保所接纳的旅游者要求均在组团社服务提供能力范围之内;
6. 向旅游者说明所报价格的限制条件,如报价的有效时段或人数限制等;
7. 计价收费手续完备,账款清楚。

销售成交后,销售人员应完成以下工作:

1. 告知旅游者填写出境旅游有关申请表格的须知和出境旅游兑换外汇有关须知;
2. 认真审验旅游者提交的资料物品,对不适用或不符合要求的及时向旅游者退换;
3. 妥善保管旅游者在报名时提交的各种资料物品,交接时手续清楚;

---

① 国家旅游局《旅行社国内旅游服务质量要求》;1997年3月13日实施。
② 国家旅游局《旅行社出境旅游服务质量》;2002年7月27日实施。

4. 与旅游者签订出境旅游服务合同;

5. 收取旅游者费用后开具发票;

6. 提醒旅游者有关注意事项,并向旅游者推荐旅游意外保险;

7. 将经评审的旅游者要求和所作的承诺及时准确地传递到有关工序。

本书前面界定了前台的范围,既包括旅行社总部、分部的营业大厅,也包括门店的营业大厅。总的概括起来,前台的工作内容主要是从事为旅行社招徕游客并提供旅游咨询、宣传、接待、销售旅游产品等系列服务。

四、任务准备

1. 准备相关书籍;

2. 配备电脑,进行网络查询;

3. 准备笔记本,整理。

五、任务实施

表 3-1-3-1 旅行社前台工作内容

序号	前台主要业务内容	内容细分	要求
1	提供旅游咨询	人员咨询服务	人员咨询服务指前台销售人员接待前来咨询的客户,回答客户提出的有关旅游方面的问题,并适时向客户介绍旅行社的散客旅游产品,提供旅游建议。在提供咨询过程中,要求接待人员做到: 前台销售人员必须坚持礼貌待客,给客户一种宾至如归的感觉。礼貌待客还是旅行社企业文化的一部分,是员工素质的基本要求之一。礼貌待客显示了前台销售人员对客户的尊重,体现了销售人员良好的服务素质,体现了前台良好的形象。 (1) 礼貌待客 (2) 热情友好 (3) 业务熟练
		电话咨询服务	即前台销售人员通过电话(客服电话)回答旅游者关于旅行社产品及其他旅游服务方面的问题,并向旅游者提供本旅行社有关产品的建议,积极促销、宣传本旅行社产品、信誉、品牌。要求: (1) 尊重客户 (2) 积极主动 (3) 使用礼貌用语
		网络咨询服务	即通过旅行社的官方网站回答旅游者的疑问,解决网络上旅游者的意见反馈,满足旅游者网络咨询需求,回复旅游者的电子邮件等。具体要求: (1) 及时、高效 (2) 答复明确

续表

序号	前台主要业务内容	内容细分	要求
2	宣传旅行社,销售旅游产品	宣传并销售旅行社产品	前台销售主要面向散客。要求销售人员熟悉散客旅游产品,宣传并销售旅行社专门为散客设计的省内游线路、国内游线路、出境游线路、港澳台线路、邮轮、票务、预订酒店、租车业务等。 (1) 熟悉省内线路 (2) 熟悉国内各省旅游线路及其特色 (3) 熟悉国外旅游线路及其特色 (4) 清楚、准确地向咨询旅游者宣传、介绍
		宣传前台形象	要求形象良好,代表前台的整体形象。要求: (1) 穿工装 (2) 化淡妆
		宣传旅行社品牌	要求前台销售人员具备专业水平,向咨询旅游者提供专业水准的咨询服务,宣传旅行社品牌
3	接待服务	受理散客从外地来本地旅游的委托	(1) 记录散客姓名、国籍、人数、性别、抵达日期、所乘交通工具、付款方式、所需服务项目等。 (2) 成交后,填写任务通知书,及时送达有关部门及个人。 (3) 无法提供散客委托的服务时,应及时通知散客。
		代办散客赴外地旅游的委托	根据委托服务要求,计价,收取费用,出具发票或收据。
		受理散客在本地旅游的委托	如组织外地游客本地一日游

六、任务评价

表 3-1-3-2 任务评价表(教师评价)

序号	评价内容	评价结果			
		优	良	合格	不合格
1	人员咨询服务				
2	电话咨询服务				
3	网络咨询服务				
4	宣传并销售旅行社产品				
5	宣传前台形象				
6	宣传旅行社品牌				

续表

序号	评价内容	评价结果			
		优	良	合格	不合格
7	受理散客从外地来本地旅游的委托				
8	代办散客赴外地旅游的委托				
9	受理散客在本地旅游的委托				

表3-1-3-3 任务评价表(自评)

序号	评价内容	评价结果			
		优	良	合格	不合格
1	人员咨询服务				
2	电话咨询服务				
3	网络咨询服务				
4	宣传并销售旅行社产品				
5	宣传前台形象				
6	宣传旅行社品牌				
7	受理散客从外地来本地旅游的委托				
8	代办散客赴外地旅游的委托				
9	受理散客在本地旅游的委托				

七、问题及解决

表3-1-3-4 问题解决表

序号	问题	处理措施	预防措施	改进方法	备注
1					
2					
3					

任务四　前台服务流程

一、任务描述

熟悉前台服务流程,要求学生掌握前台服务的"七步法"。

二、任务分析

完成本任务的关键在于通过利用旅行社前台实训现场,模拟前台服务流程,熟悉旅行社销售人员接待客人的流程及接待技巧。

三、相关知识

旅行社前台作为专门的旅游卖场,汇聚了大量的客源前来咨询旅游产品信息,将旅游产品进行细分,经过精致打造,为旅游者提供专业的旅游咨询和报名服务。由于前台拥有强大的资源数据库、交易平台及为旅游者出游必备的咨询服务功能,旅行社前台成为旅游者出游的专业咨询场所和指导场所,是旅行社展示、宣传及销售产品的窗口。所以,当游客前来咨询时,前台优质、标准化、规范化的对客服务将给游客留下深刻印象,提高双方交易的可能性。

现场接待过程中,销售人员必须坚持热情友好,礼貌待客,面带笑容,主动介绍,具备丰富的专业知识,认真倾听旅游者的询问,给予专业解答,给旅游者一种宾至如归的感觉。

总的来说,旅行社前台接待前来咨询、报名的客户,通常采用"七步法",见图3-1-4-1:

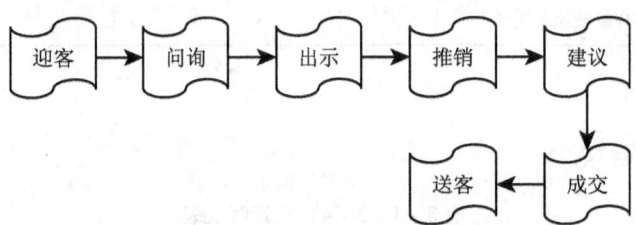

图3-1-4-1　旅行社前台接待服务流程

四、任务准备

1. 查阅资料并进行整理;
2. 模拟实操训练:模拟训练前台销售人员接待旅游者的流程;
3. 场地:旅行社前台实训场所;
4. 将学生分成4~6组,扮演角色分别为:客人、前台销售人员。

五、任务实施

表 3-1-4-1　任务实施表

步骤	服务内容	操作及说明	要求
STEP 1	迎客	(1) 观察客人。 (2) 判断客人意图:随便问问,或者有旅游意向,或者对某条线路某产品感兴趣。 (3) 表示关注和欢迎。注目礼距离以五步为宜。 (4) 距离三步时面带微笑,热情问候:"您好！欢迎光临！" (5) 请客人就座。	(1) 面带微笑 (2) 热情有礼
STEP 2	问询	询问客人的旅游需求、旅游目的地、旅游天数、可接受的价格范围、旅游日期、旅游人数。	询问内容包括:目的地是省内、国内、出境,可接受价格范围,打算出发日期,旅游天数等。
STEP 3	出示	(1) 客人对某旅游产品产生兴趣。 (2) 销售人员出示该产品的宣传资料并递给客人。 (3) 适时介绍产品卖点,引起客人兴趣。	出示产品的方法: (1) 示范法:即旅游产品的展示 (2) 感知法:如网络信息、论坛评论、博客、QQ等加以介绍 (3) 多种类出示法:即出示几种行程相似或价格相近的旅游产品供其选择
STEP 4	推销	(1) 实事求是地说明产品和介绍产品 (2) 列举产品卖点 (3) 观察、分析、确定满足客人需求的产品特点 推销中切记: 旅游产品特征功能＝客人利益	推销时注意: (1) 理解需求。 (2) 简短扼要。 (3) 运用图片等视觉手段。 (4) 运用第三者体验加强说服力。 (5) 针对客人的需求,对卖点、特色等进行详尽的介绍。
STEP 5	建议	(1) 客人对旅游产品无异议; (2) 建议客人购买; (3) 客人犹豫不决时,销售人员应将旅游产品的优缺点列举出来,坚定客人购买的决心; (4) 客人对旅游产品的个别问题有疑虑、迟迟不做购买决定时,销售人员可借他人购买后的评价给客人参考,或淡化旅游产品的问题,消除疑虑。	(1) 销售人员多分析 (2) 销售人员多判断 (3) 从客人角度考虑问题 (4) 表达清晰 (5) 思维敏捷

续表

步骤	服务内容	操作及说明	要求
STEP 6	成交	(1) 客人同意购买旅游产品 (2) 与客人签订旅游合同 (3) 收取费用 (4) 开具发票或收据	(1) 掌握合同的条款 (2) 明确双方的权利和义务 (3) 备注客人的个别或特殊要求
STEP 7	送客	(1) 送客前再次提醒客人旅游出发当天的集中时间和集中地点 (2) 提醒游客保管好旅游合同及发票 (3) 游客离开前提醒拿好行李物品 (4) 送客	(1) 做好各种提醒工作 (2) 体现旅行社的优质、温馨服务

六、任务评价

表 3-1-4-2　任务评价表(教师评价)

序号	评价内容	评价结果			
		优	良	合格	不合格
1	迎客				
2	问询				
3	出示				
4	推销				
5	建议				
6	成交				
7	送客				

表 3-1-4-3　任务评价表(自评)

序号	评价内容	评价结果			
		优	良	合格	不合格
1	迎客				
2	问询				
3	出示				
4	推销				

续表

序号	评价内容	评价结果			
		优	良	合格	不合格
5	建议				
6	成交				
7	送客				

七、问题及解决

表 3-1-4-4 问题解决表

序号	问题	处理措施	预防措施	改进方法	备注
1					
2					
3					

八、拓展知识

【阅读材料 3-1-4-1】

前台销售人员与旅游咨询者主动攀谈的时机

1. 旅游咨询者较长时间凝视某条宣传线路时；
2. 旅游咨询者把头从青睐的线路上抬起来时；
3. 旅游咨询者临近资料架停步用眼睛看某条线路的图片时；
4. 旅游咨询者拿起某条线路的资料时；
5. 旅游咨询者在资料架旁边寻找某条线路时；
6. 旅游咨询者把脸转向门市销售人员时。

这六大时机意味着旅游咨询者已经注意到某项旅游产品，希望得到前台销售人员的注意和重视，从无意注意转向有意注意，或者从对旅游产品的注意发展到对该产品的兴趣。此时，前台销售人员需要马上把握机会，主动与旅游咨询者展开攀谈，为销售旅游产品迈开有效的第一步。

【阅读材料3-1-4-2】

广东某旅行社贵宾团线路及报价

团名:南非入住浪漫茅草顶精彩之旅

一、报价

前台价:成人12999　儿童12399

网付价:成人12999　儿童12399

2013年11月11日起报名

二、行程特色

赠送项目:1.前往被誉为南半球的普罗旺斯的Franschhoek Vine Valley,邂逅法国小镇的浪漫风情,感受开普敦式的慵懒时光。2.特别安排在葡萄庄园享用户外野餐,欣赏如画般的酒庄风景。3.南非第二大城市开普敦,拥有香槟味的空气、绵长的海滩,集欧非人文、自然景观特色于一身。游城市标志性景点,赏两大洋壮丽风景。4.安排入住太阳城附近非洲特色茅草屋酒店、开普敦住四晚,充分享受这全球最美的海滨城市。

三、行程说明

第一天:广州—深圳蛇口(轮船)—香港(飞机)—约翰内斯堡—约翰内斯堡参考航班:CX 749 2345/0655+1 或 SA 287 2350/0725+1 飞行时间:约13小时。

行程内容:是日于约定时间在深圳蛇口码头出境厅集中,乘船前往香港机场(乘船约30分钟),【如我社广州营业部所收客人满10位或以上,我社将安排包车单程由广州市区前往深圳蛇口,费用由我社承担;如人数不够,请自行前往蛇口集中,费用自理,请谅解!】乘豪华客机飞往约翰内斯堡。

用餐说明:早餐:自理　午餐:自理　晚餐:自理

所住酒店:航机上

第二天:约翰内斯堡(汽车)—比勒陀利亚(汽车)—太阳城

行程内容:是日早上抵达后,由中文导游接机;驱车往南非行政首都——"比勒陀利亚"(约28公里,车程约45分钟);参观联合广场草坪花园(参观时间:约30分钟),前往的途中可以看到总统府、国会大厦、市政厅等特色建筑。后前往南半球最大的娱乐场所——"太阳城"(约144公里,车程约2小时)。太阳城是多届世界小姐选美的所在地,拥有令人叹为观止的建筑杰作——失落城;晚餐后送回附近酒店休息。

用餐说明:早餐:飞机上　午餐:中式午餐　晚餐:中式晚餐

所住酒店:非洲特色茅草屋酒店 Kedar Country 或 Misty Hill

第三天:太阳城(汽车)—约翰内斯堡(飞机)—开普敦内陆航班:待定 飞行时间:2小时

行程内容:早餐后前往比林斯堡野生动物区(参观时间:约1.5小时),乘旅游车追踪野生动物的足迹,享受置身莽苍的乐趣;返回约翰内斯堡(约177公里,车程约2.5小时);午餐后参观南非最大的球场——Soccer City(不入内),此乃2010南非世界杯的决赛球场! 同时又是南非世界杯揭幕战球场。后送约翰内斯堡机场,乘飞机飞往南非的母城——开普敦;抵达后入住酒店休息。

用餐说明:早餐:酒店早餐　午餐:酒店午餐　晚餐:自理

所住酒店:开普敦 Capetonian 或 Strand Tower 或 Southern Sun Cape Sun 或 Southern Newlands 或 Lagoon Beach 或 Atlantic Beach 四星酒店

第四天:开普敦(汽车)—酒庄之路

行程内容:酒店早餐后前往信号山,欣赏开普敦的自然风光(参观时间:约 1 小时);午餐后沿风景秀丽的南非酒庄之路 Wine Route 前往被誉为南非最美丽最浪漫法国小镇的 Franschhoek Vine Valley(约 80 公里,车程约 1 小时)(参观时间:约 45 分钟);晚餐后返回酒店休息。

用餐说明:早餐:酒店早餐　午餐:中式午餐　晚餐:中式晚餐

所住酒店:开普敦 Capetonian 或 Strand Tower 或 Southern Sun Cape Sun 或 Southern Newlands 或 Lagoon Beach 或 Atlantic Beach 四星酒店

第五天:酒庄之路(汽车)—黄金海岸(汽车)—开普敦

行程内容:酒店早餐后独家安排前往 Allee bleue 葡萄庄园 或 Zorgvliet Wine 葡萄庄园,了解南非葡萄酒历史文化,品尝著名的南非葡萄酒(参观时间:约 30 分钟)。特别安排在酒庄附近的森林享用户外野餐,欣赏如画般的酒庄风景;午餐后前往南非第二大古镇——斯坦伦布斯市区观光;后沿南非黄金海岸福尔斯湾(False Bay)返回开普敦,一路沿途欣赏新花园大道的美丽景色。晚餐后送回酒店休息。

用餐说明:早餐:酒店早餐　午餐:酒庄野餐　晚餐:中式晚餐

所住酒店:开普敦 Capetonian 或 Strand Tower 或 Southern Sun Cape Sun 或 Southern Newlands 或 Lagoon Beach 或 Atlantic Beach 四星酒店

第六天:开普敦半岛之旅

行程内容:酒店早餐后游览开普敦半岛,经十二门徒峰抵达豪特湾渔港村庄,乘船游览海豹岛,观赏数以千计之大小海狮在水中嬉戏及追逐趣致奇景(视天气状况而定)(参观时间:约 1 小时);后抵达 FISH HOOK 镇享用午餐;后前往企鹅岛,参观(参观时间:约 20 分钟);前往非洲最南端的天之涯、海之角——好望角。登上好望角角点(不含缆车),纵观大西洋、印度洋交汇的浩瀚风光(参观时间:约 1 小时);后返回开普敦,晚餐后送入酒店休息。

用餐说明:早餐:酒店早餐　午餐:中式午餐　晚餐:中式晚餐

所住酒店:开普敦 Capetonian 或 Strand Tower 或 Southern Sun Cape Sun 或 Southern Newlands 或 Lagoon Beach 或 Atlantic Beach 四星酒店

第七天:开普敦(飞机)—约翰内斯堡(飞机)—香港内陆航班待定(飞行约 2 小时);参考航班:CX748 1245/0750 +1

行程内容:早餐(打包)/酒店早餐,后前往机场,乘飞机飞往约翰内斯堡,后转机返回香港。

用餐说明:早餐:打包早餐/酒店早餐　午餐:自理　晚餐:自理

所住酒店:航机上

第八天:香港

行程内容:抵达香港机场,结束愉快行程!(客人需将护照交回给领队以做销签用。)

用餐说明:早餐:自理　午餐:自理　晚餐:自理

所住酒店:无

本行程仅供参考,不同日期行程略有不同,具体行程以当日行程单为准。

四、费用说明

(一)费用包含

1. 成人费用:签证费、往返经济舱机票及机场税、交通费、行程上显示的用餐餐费(不含酒水)、景点的第一道门票费、住宿费。

2. 儿童费用(2周岁~12周岁,不含12周岁):签证费、往返经济舱机票及机场税、交通费、行程上显示的用餐餐费(不含酒水)、景点的第一道门票费、住宿不占床位但含早餐(请注意:每个房间只能免费携带1名儿童,需视酒店实际情况而定)、领队服务费。

3. 婴儿费用(2周岁以内):境外签证费、往返婴儿机票但不占机位,其他自理。

4. 已含导游服务费。

(二)费用不包含

1. 办理护照费用、个人旅游意外保险费和航空保险费(出境旅游均建议购买)、个人消费、燃油税上涨及旺季机位升幅、机场内候机和转机的餐食、机场往返任一城市交通费。

2. "费用包含"内容未提及之费用。

3. 未包含当地等其他私人性开支。

五、行程标准

(一)交通:往返飞机经济舱机票。酒店:全程入住南非行程中显示的当地四星酒店(其中茅草顶酒店为非洲特色酒店,不挂牌),如不能安排,则入住不低于以上酒店档次的酒店。如因旅游旺季、会展、特殊情况等原因造成房源紧张,新提供的酒店将不低于上述酒店档次(注:境外酒店或没有挂星评级)。

(二)住宿为两人标准间,每人每晚一个床位,若出现单男单女,且团中无同性团友或领队可同住,请游客在出发前补房差或由旅行社安排在同组客人房内加床。酒店指南非当地酒店行业四星挂牌酒店(其中茅草顶酒店为非洲特色酒店,不挂牌)。酒店一般不设三人间,单人入住单间或标双需补房差人民币3000元。

(三)用餐:全程含餐如行程显示,飞机餐除外。一般为:酒店自助早餐,正餐为中式团餐(餐标约7美金/人/餐)或当地特色餐(餐标约7美金/人)或酒店自助餐。酒店用餐费用已含在房费内,如客人放弃用餐,费用不退还。注意:全程用餐不含酒水。

(四)用车:根据实际人数当地全程选用7~45座空调旅游车(保证一人一座)。门票:非自费旅游项目的景点第一道门票,不含园中园门票。购物:无全陪:一名中国领队全程陪同,一名当地中文导游及一名外籍司机。

(五)自费项目及参考价格:无。

任务五　熟悉散客市场

一、任务描述

旅行社客户主要分两种,散客与团队。本任务要求学生熟悉散客市场,了解散客的相关知识。

二、任务分析

完成本任务的关键在于通过各种途径搜集关于散客的资料,并进行分析、归类、提炼和整理,形成知识系统。

三、相关知识

(一) 散客的相关知识

1. 散客旅游的定义

散客旅游,又称自助或半自助旅游,在国外称为自主旅游(Independent Tour),它是由游客自行安排旅游行程,零星现付各项旅游费用的旅游形式[①]。

2. 散客旅游的特点

与团体旅游相比较,散客旅游具有更大的灵活性,体现出鲜明的特点,见表3-1-5-1。

表3-1-5-1　散客旅游的特点

序号	特点	分析	备注
1	人数少	散客人数较团队少	
2	要求多	散客在游览过程中将根据需要提出各种要求	
3	预订期短	旅行社在短期内为散客安排相关内容及手续	
4	变化快	游客随时变更行程计划,或者临时改变行程安排,具有较大的随意性。	
5	偏爱特色产品	散客对特色产品的偏爱大于对常规产品的偏爱	
6	趋向于注重高端产品和个性化产品	随着散客市场的成熟发展,散客群体对旅游产品的品质要求高、注重高端产品及个性化产品	

---

① 广东省导考办.导游业务 广州:广东旅游出版社,2009年:53页.

（二）散客报名的途径

散客报名的途径很多，如旅行社官网报名、前台报名、客服电话报名、网上团购等，其中主要的报名方式为旅行社前台报名，见表 3-1-5-2。

表 3-1-5-2　散客报名的途径

序号	报名途径	特点分析	备注
1	旅行社前台	（1）现场咨询，信息量大，容易做出报名决定。 （2）旅行社前台营业点设置越多，越方便散客，方便散客前来报名。 （3）报名者有闲余时间。	最主要的报名方式
2	网上预订系统	（1）通过网络，足不出户完成报名过程。 （2）适合青少年、中年一族等使用互联网的客户。 （3）此方式越来越受广大散客欢迎。	长者较少选择此方式
3	客服电话	（1）旅行社提供"400"开头的免费客服电话或者固话号码，为散客提供报名、预订酒店等各项服务。 （2）方便。	
4	网上团购	（1）价格便宜。 （2）新兴的报名方式。 （3）不是所有线路都有团购价格，可选范围受限。	越来越受游客欢迎

（三）散客线路的设计

1. 固定散客线路

固定散客线路是由旅行社从旅游市场、散客需求及从业人员的专业角度，对散客线路进行科学、合理的设计。设计出的散客线路应该符合大众口味，省内游、国内游、出境游线路均体现各自特色，价格合理，线路固定，设计好的线路交前台、网站等途径进行销售。散客对这些固定线路在出发前无修改权。若旅游过程中提出"合理而可能"的修改意见，需全体游客同意和签名，组团社与地接社双方同意再作安排落实。

2. 散客自主定制线路

旅游的发展趋势为团队旅游减少，散客市场不断壮大且成为市场的主流。旅行社散客产品设计也随着市场需求的变化而做出调整，如为游客个性喜好而设计的"定制旅游"产品。

广之旅于 2013 年成立了"广之旅定制旅游俱乐部"，成了广州首家经营定制旅游概念型产品的旅行社，包括涵盖稀缺旅游体验的享受型行程、突破常规出游套路的猎奇探秘、追求心灵放松的遁世禅修，以及细细品味当地民俗生活的慢生活之旅等线路，供市民进行定制旅游时参考。可见，定制旅游已成为未来游客需求的发展趋势。

散客自主定制线路的方式有两种，见下表：

表3-1-5-3 散客自主定制线路的两种方式

方式	分析	备注
散客自主定制线路	散客对旅游产品熟悉,具备自己设计线路的能力。散客已经有自己成熟的线路设计想法,对人文景点或自然景观的要求、交通的要求、住宿的要求、服务的要求非常明确。旅行社前台销售人员按照散客的已有要求完成定制线路商谈、确定行程、签订合同、收费等交易过程。	真正意义上的自主定制,突破常规、追求心灵的放松等。
散客半自主定制线路	散客对产品不熟悉甚至陌生,如外来旅游者对本地旅游产品一无所知,但又不满足于现有的旅行社散客线路,同时要求线路中增加个人特殊要求,如安排参加某音乐会、参观自行联系好的某机构等。这需要前台销售人员根据情况,为散客量身定做,让散客真正体验自己专属的旅行。	半自主定制

3. 网站个性定制线路

散客除了亲临旅行社前台定制线路外,还可以在旅行社网站操作个性定制,如图3-1-5-1。纵观全国各地大中型旅行社,其旅行社官网具备个性定制功能的偏少,可以说目前网站个性定制线路尚处于刚刚起步阶段,此方式将是各大旅行社官网发展的重要方向。

图3-1-5-1 广州某旅行社官网个性定制图

可见,散客的线路设计的形式有多种,呈现出各自的特点,见表3-1-5-4。

表3-1-5-4 散客线路设计形式和特点

序号	散客线路设计形式	特点分析	备注
1	固定散客线路	(1) 由旅行社设计线路,有固定的景点、固定的服务。 (2) 常见于散客团。由旅行社营业前台统一接受散客报名。再把同一线路的散客组合成团,即散客团。 (3) 散客不能按自己需要设计线路。	旅行社固定线路

续表

序号	散客线路设计形式	特点分析	备注
2	散客自主定制线路	(1) 体现个人喜好。 (2) 线路、行程选择权在散客自己手中。 (3) 价格偏高。 (4) 散客亲临前台与销售人员沟通,确定行程。	在旅行社前台自主定制
3	网站个性定制线路	(1) 是旅行社网站将来的发展方向 (2) 为散客提供方便	网站上自主定制

(四)旅行社散客促销策略

1. 价格折扣

价格折扣是旅行社前台销售时常用的促销方式,具体见表3-1-5-5。

表3-1-5-5 散客价格折扣方式表

序号	促销方式		备注
1	前台根据季节性促销	旅游淡季线路优惠	
		旅游旺季线路优惠	
		旅游淡季客房优惠	
		景区门票平时价	
		景区门票节假日价	
2	根据折扣促销的目的	竞争性产品折扣	
		常规性产品折扣	
3	根据折扣的产品范围	全部旅游产品、服务折扣	
		部分旅游产品、服务折扣	
4	旅行社网站促销	推出个别线路价格秒杀	国内价格促销的新尝试
		推出个别线路价格直降的广告	

2. 免费赠送

当旅行社前台设定了月、季度和年度的销售目标后,除了使用折扣方式促销外,还可以考虑采用赠送部分旅游项目的方式促销,以对抗同类旅游产品和服务的价格竞争。对特定的目标散客群体实施奖励或诱导,目的是吸引散客的购买兴趣,刺激消费。常见的免费赠送具体做法见表3-1-5-6。

表 3-1-5-6　旅行社前台促销赠送项目表

序号	赠送项目
1	印有本旅行社 LOGO 的特制品： 旅行帽、旅行袋、T恤、纪念品、U盘、名片盒等
2	在旅游线路中赠送某一项或几项自费项目的旅游产品和服务
3	在旅游产品和服务中赠送高级别、高档次的旅游产品和服务项目，如赠送接机服务、提高酒店级别、免费升级机票舱位、增加风味餐等。

四、任务准备

1. 准备书籍，查阅资料并进行整理；
2. 配备电脑，进行网络查询；
3. 分组讨论。

五、任务实施

表 3-1-5-7　任务实施表

序号	实施步骤	实施内容	要求	备注
1	查找资料	通过书籍、网络等途径，查找有关散客的内容，细心阅读。	(1) 目标明确 (2) 思路清晰 (3) 资料来源可靠并且最好选择权威资料	(1) 注意书籍信息的实效性 (2) 注意网络资料来源的可靠性和参考性
2	内容归纳	归纳散客旅游的特点、散客的报名方式、散客的线路设计等	归类合理，用表格整理罗列出来。	归纳要有条理，具逻辑性。
3	小组讨论	(1) 讨论散客报名的方式 (2) 讨论散客线路设计的途径 (3) 讨论前台散客促销的策略	(1) 认识到位 (2) 形式多样	要理解清楚且表达清晰
4	代表发言	小组代表把小组讨论结果与全班同学分享	(1) 代表发言自然大方 (2) 总结内容准确	每组选代表发言
5	总结	根据各组发言进行最后的归纳总结	(1) 总结合理 (2) 内容准确 (3) 可行性强	可做成PPT展示讲解

六、任务评价

表 3－1－5－8　任务评价表(教师评价)

序号	评价内容	评价结果			
		优	良	合格	不合格
1	分工合理				
2	团队协作				
3	散客旅游的定义及特点				
4	散客报名的方式				
5	散客线路的设计				
6	散客促销方式				
7	其他				

表 3－1－5－9　任务评价表(自评)

序号	评价内容	评价结果			
		优	良	合格	不合格
1	分工合理				
2	团队协作				
3	散客旅游的定义及特点				
4	散客报名的方式				
5	散客线路的设计				
6	散客促销方式				
7	其他				

七、问题及解决

表 3－1－5－10　问题解决表

序号	问题	处理措施	预防措施	改进方法	备注
1					
2					
3					

八、拓展知识

【阅读材料3-1-5-1】

散客自助游成苏州旅游主流形式

2013年3月18日姑苏晚报记者报道：随着天气回暖、清明节临近，今年首个旅游高峰正悄悄"来袭"。据苏州市旅游部门的粗略估算，苏州古城游中的散客比例至少达到八成。而今年1月，由中国旅游研究院联合在线旅游龙头携程旅游发布的、我国首份关于散客自由行的情况报告《中国自由行发展报告（2012－2013）》显示，散客的绝对数和在客源总数中所占比重逐年增加，目前国内旅游有超过90%、出境旅游有超过70%的客源不是由旅行社来服务的。报告指出，短短10年间，自由行从小众旅游发展成旅游主流，散客旅游已经成为旅游活动主要形式。这对苏城旅游市场又会带来怎样的影响？

现象：平江路几乎全是散客 山塘街平日散客占七成

昨天下午，记者来到平江路，天空飘起的蒙蒙细雨显然阻挡不了游客的热情，路上早已到了"自行车都只能推行"的拥挤程度。值得一提的是，记者跟着人潮走了一个来回发现，一路上竟然一个团队都没有遇见。"跟着团队走多不自由啊，再说我们自己坐动车从上海过来也很方便。"小陈是来自上海的一名大学生，记者看到他时，他正拿着单反相机，为靠在桥上的女友拍照。他笑着说，趁着现在有点小雨，拍小桥流水很有感觉。

听完记者的发现，苏州平江历史街区保护整治有限公司办公室主任周萍坦言，目前平江路的游客大多是散客，比如自驾游和背包客，"团队也有一些，但主要都是因为语言不通所以组团的欧美旅客。"

平江路已经是散客的天下，那么苏城其他景点又是怎样的情况呢？记者随后联系了苏州山塘街旅游发展有限公司，该公司业务主管张丞告诉记者，目前山塘街的散客已经占到了60%～70%。记者还了解到，园林作为苏州旅游的代表，是许多旅行团行程中必去的地点，但是在这些团队较多的地方，散客也占据了不小的江山，比如：去拙政园游玩的散客占到所有游客的60%～70%；虎丘散客占比为50%～60%；过去以团队为主的狮子林，现在散客也几乎占到了一半。

特点：散客波动大机动性强 节假日呈"井喷式"增长

虽然苏城旅游市场散客的比重越来越大，不过也有店家表示，这个占比并不绝对，因为受许多因素的影响，散客的人数经常波动，而比较明显的规律是，每到节假日，散客就会呈现"井喷式"增长。"这些天住宿的团队和散客的比例大约是3：7，如果遇到节假日散客还会更多。"平江客栈梁总经理表示，由于挨着平江路，前来平江客栈住宿的基本都是来苏的游客，其中，团队一般都是提前预订客房，只要不是遇到极端天气一般不会变动，所以人数一直都比较稳定，而自驾游则随意得多，"最近扫墓踏青游开始了，来住宿的多是上海、浙江方向来的短途游客，很多人都是一家三口开车过来。因为来去很方便，他们的机动性就比较强，像前两天天气忽冷忽热，周末又下雨，散客就明显少一些。""节假日散客比重明显增加，应该和现在节假日高速公路免费有很大的关系。"张丞给了记者一组数据，今年春节，山塘街一共迎来20万游客,其中散客有16万~17万,占近80%,去年"十一"期间,有17万游客光顾山塘街,其中团队仅为25 000人,去年"十一"之前,到了大小长假,虽然散客也会有一定程度增加,但是增幅并没有现在这么明显。相信轨道交通2号线开通后,散客来山塘街会更加方便,到时候占比还会更大。

成因:旅游服务链逐步完善　游客信息不对称被扭转

"散客化是旅游市场的大势所趋。"苏州大学社会学院旅游管理系周永博告诉记者,2011年的一组抽样调查数据显示,国内城镇居民团体旅游占17.5%,散客旅游占82.5%;农村居民团体旅游占6.9%,散客旅游占93.1%。随着游客自主意识增强,散客化甚至已成为全球化趋势,欧美各主要旅游接待国,散客市场份额占70%~80%。

周永博认为,苏州古城游散客比重逐年升高的原因,除了长三角地区经济发达、自由行接受程度较高、散客化成趋势等因素外,苏州城市"旅游服务链"逐步完善也为散客自助游提供了便利。对游客来说,一座城市的旅游服务好不好,不仅取决于单个服务节点的服务质量,更重要的还在于,一次旅游活动中,各个服务节点之间能否完美对接。近年来,苏州的城市功能渐趋完善,针对散客的信息服务平台、公共设施建设水平跃上新台阶,无疑是古城散客比重逐年提升的重要动因。

他还表示,苏州旅游标准化工作正式实施,推动了旅游服务品质提升;苏州智慧旅游建设逐步深入,扭转了游客的信息不对称局面。目前,我市基于3G手机等移动智能终端,先后开始向游客提供移动导游、旅游资讯等信息服务,游客在出游之前不必通过旅行社就能充分了解古城旅游全貌,在旅游过程中,游客也能借助智慧旅游服务实时获取信息,这些都使游客更多地选择散客自助游。

(资料来源:中国网络焦点台 http://www.ccjdtv.com/jiangsu/shuhua/58994.html)

任务六　熟悉前台销售的产品

一、任务描述

为了给旅游咨询者提供专业的旅游产品介绍,提高前台旅游产品销量,完成预定的销售额,销售人员必须熟悉前台销售的每一项旅游产品,熟记产品的内容、特色以及可以为游客带来的旅游体验等。

二、任务分析

将学生分成5组,分别模拟介绍旅行社前台销售的五种产品。要求学生按照任务要求,熟悉产品内容,熟练掌握产品销售的操作流程。

三、相关知识

旅行社前台产品内容丰富与否,与旅行社规模关系很大。中小型旅行社由于实力和规模不足,向散客提供的产品可选品种相对少;大型旅行社基于企业发展的需要,且资金实力雄厚,具备产品开发的条件,销售的产品齐全、种类丰富。

下面以广州地区为例,广东省范围内称"省内",广东省以外、我国大陆地区以内归入"国内"范围,分析大型旅行社前台销售的各种产品。

表3-1-6-1 大型旅行社前台销售产品一览表

序号	产品内容	内容细分	备注
1	常规旅游线路	省内游、国内游、出境游(包括港澳台游)	
2	自由行	省内自由行、国内自由行、出境自由行	
3	邮轮	环球航线、东南亚航线、香港公海、欧洲航线、南极航线、长江三峡	
4	酒店	省内酒店、国内酒店、境外酒店	
5	票务	景区门票、机票、火车票等	
6	租车/自驾租车	各种旅游大巴的出租、市内自驾租车、省内自驾租车	后两种业务增长速度快
7	演出、赛事	国外演出、赛事	此业务较少
8	签证	各国签证	
9	其他		

(一)常规旅游线路

1. 省内游景点及线路

表3-1-6-2 广东省内游区域划分及景点线路

序号	区域划分	景点	线路代表	备注
1	粤北区域	英德英西峰林景区 连州地下河 南华寺 韶关南岭国家森林公园 丹霞山 森波拉森林度假区 聚龙湾天然温泉 英德宝晶宫生态度假区 清远新银盏温泉 英德奇洞温泉 珠玑古巷 湟川三峡 英德长湖森林公园 丽宫温泉 南雄帽子峰林场 广东乳源大峡谷 云门寺 牛鱼嘴风景区 金龟泉温泉度假村 曹溪温泉	(1)连州地下河、湟川三峡二天团 (2)韶关丹霞山、南华寺、曹溪假日温泉汽车纯玩二天团 (3)广东第一峰、天泉温泉休闲二天团	

续表

序号	区域划分	景点	线路代表	备注
2	粤西区域	沙扒湾 山泉湾温泉 上川岛 下川岛 帝都温泉 放鸡岛 富都温泉 锦江温泉 康桥温泉 汕尾红海湾 闸坡 阳江温泉 新会古兜温泉 3D奇幻馆 开平碉楼 恩平金山温泉 月亮湾 阳江保利银滩 恩平温泉乐园 茂名御水古温泉	(1) 阳江、闸坡大角湾、海上乐园直通车二天团 (2) 新会古兜"典雅"温泉、3D奇幻馆、银湖湾庄园二天团	
3	粤东/从化地区	镜花缘生态区 河源万绿湖风景区 汕尾红海湾 地派温泉 龙门铁泉旅游度假区 龙门云顶温泉 碧水湾温泉 新丰云天海温泉 锦绣香江温泉 尚天然国际度假小镇 林丰温泉 新丰云髻山温泉度假山庄 梅州叶园温泉 白水寨 新丰江源温泉 金童子温泉 金叶子温泉 南昆山温泉大观园 从化威格诗温泉	(1) 河源(船游)万绿湖、水月湾、镜花缘二天团 (2) 石门国家森林公园 南昆山国家森林公园纯玩二天团	
4	珠三角	百万葵园 顺德长鹿山庄 南沙湿地公园 世界之窗 西冲 长隆欢乐世界 珠海横琴长隆 中山温泉 南沙永乐农庄 大梅沙 珠海海泉湾温泉 天和温泉 东部华侨城 深圳欢乐谷 南沙十九涌特产街 珠海东澳岛 南沙海滩 茵特拉根温泉 珠海外伶仃岛 大美湾沙滩	(1) 长者游——番禺百万葵园、葵花鸡长者宴、十九涌海鲜街一天团 (2) 深圳东部华侨城、大峡谷纯玩一天团	
5	肇庆/德庆区域	鼎湖山 新兴金水台温泉 波海公园 德庆盘龙峡生态旅游区 七星岩 岭南原始生态公园 新兴荣熙假日温泉 大角湾沙滩 德庆悦城龙母庙 怀集燕岩 怀集世外桃源景区 金水台峡谷漂流 盘龙峡勇士漂 广宁竹海大观 黄姚古镇 姑婆山国家森林公园 "南海一号"水晶宫博物馆	(1) 德庆盘龙峡、森林温泉水世界二天团 (2) 肇庆鼎湖山、星湖休闲两日游	
6	跨省大巴/火车	阳朔 鼓浪屿 桂林 莽山 北海 郴州 厦门 衡山 兴坪漓江 遇龙河 南普陀寺 集美 北海银滩 德天跨国大瀑布 象鼻山 汕头 潮州 南澳岛 福建东山岛 银子岩	绿都南宁、巴马百魔天坑、水波天窗 德天瀑布、通灵大峡谷双卧五天游	属省周边游范围

2. 国内游城市、景点及线路

表 3-1-6-3 国内游区域划分及景点线路

序号	区域划分	景点或城市	线路代表	备注
1	京津	北京 承德 秦皇岛 北戴河 坝上 香山公园 八达岭 颐和园 故宫 奥林匹克公园（鸟巢/水立方）中央电视塔 南锣鼓巷 三里屯 恭王府 十三陵 定陵	北京八达岭长城、恭王府、故宫、南锣鼓巷、定陵、奥运场馆、天坛、颐和园、清华大学四天纯玩特惠团	
2	海南	海棠秀 三亚 海口 亚龙湾 蜈支洲岛 三亚湾 香水湾 博鳌 大东海 西岛 兴隆 西沙群岛 清水湾	海口假日海滩、兴隆热带雨林、鹿回头山顶公园、亚龙湾双卧五天团	
3	桂林	阳朔 桂林 遇龙河 象鼻山 阳朔西街 天门山 大漓江 神龙谷 靖江王府 大圩古镇 荔江湾 丹霞温泉 海洋银杏林 古东 银子岩 冠岩 漓江 叠彩山 伏波山 兴坪	漓江冠岩阳朔叠彩山伏波山双飞四天团	
4	华东/黄山	扬州瘦西湖 灵山梵宫 徽韵 上海 南京 杭州 苏州 塔川 西溪湿地 宁波 台州 珞珈山 天一广场 木渎 南浔 南京栖霞山 苏州天平山 婺源 无锡 乌镇	黄山屏山古镇双飞四天团	
5	东北	哈尔滨 镜泊湖 松花江 万达国际度假区 哈尔滨中央大街 长白山 长春 吉林 沈阳 亚布力	哈尔滨亚布力赏雪双飞五天团	
6	江西	南昌 明月山 景德镇 鄱阳湖 婺源鸳鸯湖 婺源石城 庐山植物园 理坑 田园牧歌 庐山 婺源井冈山 龙虎山 三清山 武功山	三清山杜鹃花、婺源、南昌黄腾阁空调双卧五天团	
7	福建	鼓浪屿 厦门 梅州 南普陀寺 集美学村 漳州 福州西湖 惠和石文化园 福州 武夷山 永定土楼 曾厝垵	厦门鼓浪屿、南普陀寺、厦门大学双飞三天团	
8	山东	青岛 淄博 潍坊 曲阜 大明湖 烟台 山海关 大连 棒棰岛 闯关东影视城 红酒博物馆（烟台卡斯特红酒庄）青岛电视塔 趵突泉 崂山风景区 定远舰景区 烟台海昌雨岱山日式温泉 济南 大连 泰山 旅顺 蓬莱	山东泰山、孔府、青岛、烟台、潍坊、济南双飞六天团	
9	湖南/湖北	莽山 郴州 衡山 神农架 十里画廊 张家界 九天洞 茅岩河大峡谷 洞庭湖 橘子洲 岳麓山 天子山 黄石寨 土家风情园 金鞭溪 黄龙洞 溪布街 苦竹寨 凤凰古城 长沙	张家界、凤凰、长沙高铁四天团	

续表

序号	区域划分	景点或城市	线路代表	备注
10	西部游	克拉玛依 贵阳 石卡雪山 满洲里 科尔沁草原 黄果树大瀑布 峨眉山 乐山 武隆 五台山 平遥古城 青海湖 遵义 太原 华山 郑州 开封 云南亚丁 雅鲁藏布大峡谷	九寨沟、牟尼沟、峨眉山、乐山大佛、成都四飞五天团	

3. 出境游景区及线路

表3-1-6-4 出境游区域划分及景点线路

序号	区域划分	景点或城市	线路代表	备注
1	欧洲	英国 法国 瑞士 意大利 梵蒂冈 卢森堡 比利时 荷兰 希腊 丹麦 挪威 芬兰 瑞典 德国 捷克 波兰 奥地利 俄罗斯 西班牙 葡萄牙 非洲中东 埃及 迪拜 土耳其 印度 伊朗 肯尼亚 南非 以色列 约旦 阿布扎比 沙迦 阿之曼 尼泊尔 伊斯坦布尔	皇牌欧洲英国十一国15天团	
2	东南亚	泰国 胡志明市 邦咯岛 潘切 华欣 云顶 加德满都 纳嘉尔廊 博卡拉 马来西亚 新加坡 柬埔寨 老挝 尼泊尔 巴厘岛 印尼 越南 曼谷 芭堤雅 吉隆坡	泰安心—曼谷芭提雅海底世界四星精彩六天团	
3	海岛游	马尔代夫 马尼拉 云顶 军舰岛 布吉 苏梅 宿雾 岘港 兰卡威 沙巴 巴厘岛 佬沃 斐济 薄荷岛 塞班 天宁 塞舌尔 斯里兰卡 长滩 毛里求斯	魅力沙巴文莱五天海岛度假团	
4	日韩	东京 大阪 京都 富士山 横滨 北海道 冲绳 首尔 釜山 京畿道 大邱 江原道 济州岛 庆州 顺天	釜山首尔济州360度体验五天游	
5	澳洲	悉尼 墨尔本 凯恩斯 布里斯本 黄金海岸 堪培拉 大堡礁 外堡礁 海豚岛 翡翠岛	澳洲名城经典七天团	
6	新西兰	奥克兰 基督城 皇后镇 罗托鲁瓦 福克斯冰川 瓦卡蒂普湖 米佛峡湾	新西兰南北岛冰川峡湾全景九天团	
7	美国	纽约 波士顿 洛杉矶 华盛顿 旧金山 拉斯韦加斯 圣地亚哥 芝加哥 费城 珍珠港 华尔街 百老汇大街 联合国总部大厦 金门大桥 加利福尼亚州 杜比剧院 尼亚加拉大瀑布 迈阿密 奥兰多 硅谷	美国东西岸12天游	

续表

序号	区域划分	景点或城市	线路代表	备注
8	加拿大	多伦多 温哥华 蒙特利尔 魁北克 渥太华 维多利亚 冰河国家公园 皇家广场 小香普兰街 瓦斯镇 布查特花园 史坦利公园 加拿大广场 盖士镇 卡尔加里 班芙 惠斯勒 里士满 格兰维尔岛 贾斯珀	加拿大西岸落基山国家公园11天团	
9	我国台湾地区	台北 台中 垦丁 花莲 高雄 宜兰 南投 嘉义 小琉球 绿岛 彰化 台东 十份 基隆 乌来	台湾美食温泉豪华环岛八天游	
10	我国香港地区	香港迪士尼乐园 大三巴 香港凌霄阁 南莲园池 志莲净苑 龙环葡韵 香港宝莲寺 香港海洋公园	香港迪士尼乐园+海洋公园奇妙之旅	
11	我国澳门地区	观光塔 澳门银河酒店 大三巴牌坊 妈阁庙 威尼斯人 盛世莲花 渔人码头	澳门大三巴、妈阁庙、金莲花广场、威尼斯人酒店经典二天团	

(二) 自由行

自由行,即旅行社负责安排游客的来回程交通、酒店住宿及早餐(若飞机团,包含机场与酒店往返接送),其他费用及安排则全部由游客自理的一种旅行方式,俗称"机加酒"。也有部分旅行社称此旅游业务为"自游行",实为同一概念,不同叫法而已。由于该产品自由度高,游客不受时间约束,行程自主安排,越来越受年轻人的喜爱。消费目标群主要为年轻人、年轻情侣或新婚夫妻蜜月、家庭旅游者等。

旅行社前台的自由行线路可以划分为省内自由行、国内自由行和出境自由行三种。

这里着重介绍和区分几种旅行社常见的自由行产品,见表3-1-6-5。

表3-1-6-5 旅行社常见自由行产品简介

序号	产品内容	特点	线路代表	备注
1	(1)国内自由行(指我国大陆地区,不包括港澳台地区)。 (2)出国自由行。	(1) 价格包含来回飞机费用 (2) 包含机场至酒店往返接送 (3) 包含酒店早餐 (4) 其他行程、消费不含	(1) 巴厘岛奢华港丽度假村5天游 (2) 马尔代夫卡尼岛6天4晚 (3) 三亚海棠湾喜来登度假酒店3天2晚自由行	(1) 常见于飞机团 (2) 新兴的一种自由行方式:搭团自由行

续表

序号	产品内容	特点	线路代表	备注
2	港澳自由行	两种情况： (1)香港澳门"自由行"是指内陆个人可以凭港澳通行证及个人签注(G签)前往香港、澳门，每次停留期为7天，截至2013年全国开通港澳自由行城市49个，其中广东全省开放。 (2)旅行社借"港澳自由行"开拓的各种旅游线路。	(1)澳门自由人2天团 (2)香港迪士尼海洋公园2天团	(1)签注形式有多种，如一年往返1次、一年往返2次等 (2)报价含来回港澳的交通费和酒店住宿
3	台湾自由行	(1)面向政府允许开放台湾自由行城市的居民 (2)凭台湾通行证及入台证办理个人旅游签注(G) (3)在台停留时间不超过5天 (4)也包括旅行社借"台湾自由行"开拓的各种旅游线路 (5)报价含"机票+酒店"	台北、日月潭直航5天团	(1)申请条件： 一是20岁以上的成年人，需要提供不动产、存款或信用卡额度等财力证明； 二是18岁以上的在读大学生，这类人群不必提供财力证明。 (2)赴台湾签注有两种： 一种为团签(L)，另一种为个签(G)。

图3-1-6-1 自由行线路宣传单

下面为某旅行社出国自由行行程及安排：

动感沙巴双飞五天自由行

特点

1. 2人即可成行，你的旅程由你决定。

2. 机票:深圳直飞沙巴往返机票(含机场税)。
3. 住宿:入住四晚沙巴酒店(双人房含双早);赠送沙巴机场往返酒店接送;赠送马来西亚电话卡。

单项价格
1. 机票往返:1299元(含税)
2. 酒店4晚/人(半间房):1300元
3. 参考航班:马来西亚航空
(1) 去程 AK1521 深圳—沙巴 13:40/16:40
(2) 返程 AK1520 沙巴—深圳 09:30/12:35
以上航班信息仅供参考,具体以出发前我公司所通知航班信息为准!敬请客人注意!

具体行程
D1:深圳飞沙巴(约3小时),全天不含餐,建议客人于航班起飞前3小时抵达深圳国际机场,自行办理登机手续,搭乘国际客机前往沙巴。抵达后,司机等待贵宾上车,其后送往酒店休息。住宿:城市快捷 Cititel Express Kota Kinabalu

D2:沙巴(自由活动),含酒店自助早餐(房价含早餐,不用餐不退款),住宿:城市快捷 Cititel Express Kota Kinabalu

D3:沙巴(自由活动),含酒店自助早餐(房价含早餐,不用餐不退款),住宿:城市快捷 Cititel Express Kota Kinabalu

D4:沙巴(自由活动),含酒店自助早餐(房价含早餐,不用餐不退款),住宿:城市快捷 Cititel Express Kota Kinabalu

D5:沙巴飞深圳。含酒店自助早餐(房价含早餐,不用餐不退款)。请按约定时间地点集中,乘搭等候贵宾的车前往沙巴机场,自行办理登机手续后,搭机飞返深圳。

温馨提示:
如客人回程没按约定的指定时间地点集中而错过接送车辆,客人责任自理,我社不退费用。如客人需自行乘车前往机场,费用自理。

国际航班须提前三小时抵达办理柜台,如客人错失未能办理登机手续,造成误机费用自理,敬请留意!

(三)邮轮

邮轮旅游是用邮轮将一个或多个旅游目的地联系起来的旅游行程。

这种旅行方式始于18世纪末,兴盛于20世纪60年代。邮轮度假风潮是由欧洲贵族开创的,它的精髓在于全家人借浩瀚的海洋去寻访历史,是种优雅、闲适、自由的旅行,是欧美人最向往的度假方式之一。邮轮是海上漂浮的度假村,游客乘坐省去了车马劳顿,充分享受旅游的每分每秒。邮轮的精彩生活一般从晚上开始,盛大的晚宴以及各色酒店、演出、剧场会让黑夜变得短暂。

我国旅行社邮轮业务起步较晚,但特点鲜明,具有时间成本优势高、服务品质高和性价比高的"三高"特点,近几年越来越受到旅游消费者的热捧。据统计,目前广州地区较热门的邮轮线路见表3-1-6-6。[①]

表3-1-6-6 广州地区旅行社邮轮热线表

序号	邮轮热线	邮轮品牌	备注
1	上海—韩国釜山—日本福冈—鹿儿岛—上海6晚7天	COSTA 歌诗达邮轮	含船票、港务费、签证费
2	双鱼星号—香港公海1晚	丽星邮轮	仅需一次香港签注,含港务费。
3	槟城—普吉岛—喀比—槟城3晚四天	丽星邮轮	
4	地中海—法国巴黎—瑞士琉森—苏黎世—意大利米兰—威尼斯—罗马—梵蒂冈浪漫16天	COSTA 歌诗达邮轮	
5	全球至大海洋绿洲号西加勒比海13天失落文明发现之旅	海洋绿洲号	邮轮排水量22万吨
6	真爱号环游地中海+巴黎12天	MSC 地中海邮轮	邮轮排水量14万吨

某著名品牌邮轮提醒乘船游客的注意事项有:

1. 21岁以下游客,如未与父母同行,需父母提供授权申明信以及全家户口本复印件;
2. 吸烟只限于甲板及指定的吸烟区,因安全原因,请勿在房间内吸烟;
3. 船长晚宴需要正装出席,请最好准备一套正装;
4. 所经海域有时风浪较大,可能会出现晕船等不适,建议携带防止晕车晕船的药品;
5. 船票所含免费项目:

主餐厅的餐食、茶和咖啡;自助餐厅的餐食及软饮料包括茶和咖啡;客房餐食服务(午夜12点到凌晨5点的客房送餐另计服务费);室内、外游泳池;按摩水池;桑拿设备;健身房设备;攀岩场;游乐场;棋牌室;图书馆;歌舞表演;电影院;迪斯科;各式休闲厅;卡拉OK;夜总会;俱乐部;观景酒廊;音乐厅;冰淇淋吧;PIZZA屋;房间保险箱。

6. 收费项目:

咖啡厅、酒吧、娱乐厅、大剧院等出售的所有的饮料;所有餐厅用餐时特殊咖啡(如卡布基诺、特浓咖啡等)、含酒精类饮料、酒类、可乐、汽水等;卫星电话费、美容美发、按摩、商店购物等;皇家娱乐场赌注和筹码;岸上观光行程;船舱内的迷你吧饮料;ROOM SERVICE(船舱送餐服务)的小费;就诊挂号费用、治疗费及药费;上网、婴儿照看服务等。

7. 邮轮上可提供的乘客服务:

24小时客舱服务、每天傍晚整理床铺、日用品店、免税精品店、美容院、干湿洗衣服务、岸上观光咨询、邮政、保险箱、签账系统、每日电讯及体育消息、保姆、电讯中心、卫星电话、医疗中心、治疗服务、上网等。

旅行社的邮轮服务包括环球航线、东南亚航线、香港公海、欧洲航线、南极航线、长江三

[①] 资料来源:2011—2013年广州各大旅行社前台旅游线路资料,编者整理。

峡等。常见的邮轮品牌有:皇家加勒比邮轮、歌诗达邮轮、丽星邮轮、MSC地中海邮轮、夸克邮轮等,见图3-1-6-2、图3-1-6-3及图3-1-6-4。

邮轮品牌介绍

皇家加勒比邮轮　　歌诗达邮轮

丽星邮轮　　MSC地中海邮轮

夸克邮轮

图3-1-6-2　邮轮品牌图

图3-1-6-3　南美巴西阿根廷豪华邮轮图

图3-1-6-4　旅行社邮轮线路宣传

(四)预订酒店

预订酒店是旅行社前台销售业务之一,通过赚取中间差额获取利润。随着自驾游、自由行等游客的增多,旅行社预订酒店业务也日益增多。旅行社除了通过前台为游客预订酒店外,更多的是利用自身的官网为广大游客预订。

(五)票务

旅行社前台销售的票务业务主要包括为游客代订景区门票、代订飞机票、代订火车票、代订酒店住宿等。

预订景区门票业务在前面已详细介绍,这里不再赘述。代订景区门票见图3-1-6-5。

代订机票业务,即旅行社通过机票订购系统软件,为游客代办团体机票、散客机票、改签机票、退票等机票业务。票务工作者需要经过短期的培训学习,熟练掌握登录、购票交易等系列操作。

门票		门市价	电子票	儿童及长者于景区自行购买
香江野生动物世界		200元	180元	100元
长隆欢乐世界		200元	180元	100元
长隆大马戏	平日、周末	250元	220元	125元
	指定日子	280元	250元	140元
广州鳄鱼公园		90元	80元	45元

图3-1-6-5 某旅行社代订门票宣传单

(六)租车业务

旅行社租车业务主要有旅游巴士租车和自驾租车。前者为广大游客所熟悉,即游客根据租车日期、天数、人数、行程、用车要求等,向旅行社租用旅游巴士。后者为游客提出具体用车要求,向旅行社前台销售人员提出办理自驾租车。

自驾租车业务主要服务对象为外地游客。自驾租车是旅行社提供车辆,游客自己驾车行驶的租车方式。一般可以提供自驾的车型都是售价在7万~25万元之间的车,按出租天数计价,自驾手续简单,游客凭身份证、驾照和信用卡到旅行社前台办理手续,即可租到自己喜欢的车型。但目前提供此项业务的旅行社不多。

(七)代办签证

签证是一国主管机关在外国公民所持的护照或其他有效证件上签注、盖印,表示准其出入本国国境或者过境的手续①。签证分为外交签证、礼遇签证、公务签证、普通签证等。

  旅行社为游客代办出国签证业务已处于成熟阶段,旅行社从中收取手续费,使签证业务成为旅行社盈利的途径之一。

  下列表格为新西兰旅游签证表:

表3-1-6-7　新西兰签证资料表(一)

1)申请人资料(为了您的签证,请如实详细填写以下资料)

姓名		性别		学历		身份证号码	
家庭地址			邮政编码		婚姻状况		
家庭电话			单位电话		手机		
计划出发时间			计划返回中国时间		停留城市		

2)您是否为在职人员?　是　否　(答是者请详细填写以下表格)

工作单位		在现单位入职时间	
具体部门/职务		月收入	
单位地址		邮政编码	
单位负责人姓名、职务、电话			

3)您是否为退休人员?　是　否　(答是者请填写以下表格)

退休单位		在此工作年限		年
退休时间	年　月　日	退休前职务		
退休单位负责人姓名、职务、电话				

4)家庭成员资料(请如实详细填写以下资料,父母亲姓名必须填写)

关系	姓名	出生年、月、日	出生地点	婚姻状况	家庭地址
父亲					
母亲					
兄弟姐妹					
兄弟姐妹					
配偶					
子女					
子女					

---

① 广东导考办,导游业务 广州:广东旅游出版社,2009:157.

表 3-1-6-8　出国旅游及访客签证资料表（二）

本人旅游资料：（请翔实填写，虚假资料会导致取消签证资格甚至拒签）

1）您此次去旅游是否有同行人？是□　否□（请提供同行人的详细情况）

同行人姓名	与同行人关系	同行人姓名	与同行人关系

2）您是否在新西兰有直系亲属、亲戚或联系人？是□　否□（填"是"请如实填写以下各项）

国家名	姓名	出生年、月、日	与申请人关系	地址、电话	是否该国永久居民

3）您是否申请过新西兰签证？是□　否□（请提供最近三次详情，并请注明国家）

申请日期	申请地点	申请国家	签证类别（旅游、访客、移民、学生、临时居留和过境）	是否获准

4）您是否去过新西兰？是□　否□（请提供最近三次详情，并注明国家）

	抵达日期（年/月/日）	抵达国家	离境日期（年/月/日）
1			
2			
3			

5）最近五年您曾去过哪些国家？（请提供以下详情）

国家名称	停留时间	个人名义还是跟旅游团？

6) 您曾被哪些国家拒签过？是□ 否□（请如实提供,隐瞒资料会导致取消签证资格甚至拒签）

国家名称	申请时间	申请地点	被拒签原因

本人保证以上资料是真实和全面的,如有虚假,本人愿意承担所有后果和责任。

签名：

日期：

四、任务准备

1. 准备相关书籍；
2. 配备电脑,WiFi,便于网络查询；
3. 笔记本,笔；
4. 旅行社前台实训场地或模拟导游室；
5. 学生分5组,确定组员名单,落实人员分工。

五、任务实施

表3-1-6-9 任务实施表

序号	小组任务	操作及说明	要求	备注
1	介绍某条国内游线路	(1) 确定线路 (2) 介绍行程安排 (3) 介绍行程特色 (4) 报价 (5) 说明团费包含项目 (6) 说明参团须知	(1) 思路清晰 (2) 行程合理 (3) 体现特色 (4) 内容具体 (5) 表达到位	例如： 华东五市、乌镇二期、灵山梵宫、世博纪念馆双飞六天团
2	介绍某条出境游线路	(1) 确定线路 (2) 介绍行程安排 (3) 介绍行程特色 (4) 报价 (5) 说明团费包含项目 (6) 说明参团须知	(1) 思路清晰 (2) 行程合理 (3) 体现特色 (4) 内容具体 (5) 表达到位	例如： 苏梅岛莎玛亚酒店五天自由行
3	介绍某条邮轮线路	(1) 确定线路 (2) 介绍行程安排 (3) 介绍行程特色 (4) 报价 (5) 说明团费包含项目 (6) 说明参团须知	(1) 思路清晰 (2) 行程合理 (3) 体现特色 (4) 内容具体 (5) 表达到位	例如： 槟城、普吉岛、喀比、槟城三晚四天游（丽星邮轮）

续表

序号	小组任务	操作及说明	要求	备注
4	介绍预订酒店流程	(1) 向游客了解预订酒店的区域、酒店星级、位置要求、入住时间、退房时间等事宜 (2) 搜索符合要求的酒店 (3) 报价 (4) 与游客洽谈订房的日期 (5) 办理订房扣款授权手续 (6) 预订成功	(1) 思路清晰 (2) 手续合理 (3) 体现专业 (4) 内容具体 (5) 表达到位	例如：代订某酒店住宿
5	介绍代办某国签证	(1) 介绍代办签证需要准备的材料 (2) 游客准备：填写签证表格、准备照片及回执、提供证明银行存款充足的记录等相关资料 (3) 介绍去使领馆办理签证的流程、所需工作日	(1) 思路清晰 (2) 手续合理 (3) 体现专业 (4) 内容具体 (5) 表达到位	例如： 代办新西兰签证

六、任务评价

表3-1-6-10　任务评价表（教师评价）

序号	评价内容	评价结果			
		优	良	合格	不合格
1	介绍某条国内游线路				
2	介绍某条出境游线路				
3	介绍某条邮轮线路				
4	介绍预订酒店流程				
5	介绍代办某国签证				

表 3-1-6-11　任务评价表(自评)

序号	评价内容	评价结果			
		优	良	合格	不合格
1	介绍某条国内游线路				
2	介绍某条出境游线路				
3	介绍某条邮轮线路				
4	介绍预订酒店流程				
5	介绍代办某国签证				

七、问题及解决

表 3-1-6-12　问题解决表

序号	问题	处理措施	预防措施	改进方法	备注
1					
2					
3					

八、拓展知识

【阅读材料 3-1-6-1】

环海峡邮轮旅游启动　厦门打造邮轮旅游新业态

人民日报海外版 2013 年 11 月 16 日报道:记者随海疆旅游万里行采访团走进福建厦门,来到位于东渡港区的厦门邮轮母港时,停泊在这里的"双子星号"邮轮正整装待发,即将搭载着 1200 多名游客,展开首个台湾澎湖、高雄之旅,正式启动大规模的"环海峡邮轮旅游"。

厦门在中国滨海旅游城市中有着独特的优势,这就是地处台湾海峡西岸,是海峡旅游圈的重要集散中心。

据厦门旅游局统计,2012 年有 125 万人次台湾同胞,通过厦门口岸到祖国大陆投资、兴业、旅游。其中,在厦门过夜的台湾游客有 63.84 万人次。这在中国东南沿海和中国滨海旅游城市中是首屈一指的。

据厦门旅游局副局长陈桂林介绍,"环海峡邮轮旅游"的行程今后将针对不同的目标客户群体,重点推出六大主题:高端商务邮轮之旅、休闲度假邮轮之旅、夕阳红邮轮之旅、蜜月邮轮之旅、青年修学邮轮之旅、海洋文化邮轮之旅等。同时计划推出台湾环岛游、海峡离岛游、两岸循环游、闽台深度游、宝岛逍遥游、东岸亲海游、东亚体验游等丰富多样的"一程多站"邮轮旅游线路产品。

邮轮其实很早就已进入厦门,2001～2010 年间,厦门共接待国际邮轮旅客超过 45 万人次,航班数超过200个。但那时,游客还不能从厦门登船。2011年底厦门启动邮轮母港建设,次年游客即首次在厦门登上了皇家加勒比邮轮。2012年国际邮轮到港总数达40艘次,同比增长82%,邮轮旅客吞吐量达3.7万人次,同比增长194%。短短几年,邮轮旅游已经成为厦门旅游的新业态。

厦门邮轮母港项目负责人告诉记者,改造后的邮轮码头岸线长约2000米,可同时靠泊4艘大型邮轮,并可满足目前22万总吨世界大型豪华邮轮的靠泊要求。

厦门市政府组织制定的《东南国际航运中心发展规划》日前经审议通过,该规划确定,将邮轮母港作为厦门发展格局中的重要一极,向北辐射东北亚国家和地区,向南辐射东南亚国家和地区,最终建成中国东南沿海最有活力的区域性邮轮母港。

(资料来源:人民日报海外版http://paper.people.com.cn/rmrbhwb/html/2013-11/16/content_1325420.htm)

任务七 前台商谈技巧

一、任务描述

掌握旅行社前台销售人员与咨询顾客、报名顾客间商谈的技巧,把握推销和交易机会。

二、任务分析

完成本任务的关键在于学生首先掌握与顾客的商谈技巧,再通过旅行社前台模拟训练,从实操上灵活掌握商谈时语言的运用与技巧。

三、相关知识

有时,由于旅行社前台销售人员在销售产品过程中犯下错误,导致销售失败;甚至销售人员犯了错误,自身却没有意识到,使得错误一犯再犯。第一次犯错误,是无知;第二次犯错误,是不小心;如果第三次犯了同样的错误,那就是失职。为了避免犯第三次错误,前台销售人员需要了解、熟悉并灵活运用与顾客商谈的技巧,减少犯错的概率,提升前台销售业务的成交率,同时也提高自身业务水平与素质。

表3-1-7-1 前台销售人员商谈技巧

序号	推荐使用	不推荐使用	备注
1	肯定型语言	否定型语言	/
2	请求型语言	命令型语言	/
3	对不起+祈求型	/	拒绝客人时使用
4	把选择与决定权还给顾客	销售人员替顾客做主	顾客享有决定权

（一）用肯定语言代替否定语言

前台销售人员在向顾客销售产品时，需要用肯定型语言代替否定型语言，以反映出销售人员对业务的熟悉程度，即业务水平的高低。销售人员用积极的心态与顾客商谈，增强其对产品的信任度。

（二）用请求型语言取代命令型语言

前台商谈的第二个原则是用请求型语言取代命令型语言。请求型语言给人尊重，给咨询顾客留下美好的印象，有助于增加顾客购买旅游产品的可能性。

（三）"对不起"和祈求型句子双管齐下

在与顾客商谈旅游线路时，难免会出现需要拒绝顾客提出的个别要求的情况。如何进行有效拒绝同时又不至于给客户带来不良情绪，这是一种艺术。"对不起"和祈求型句子双管齐下，能达到较好的效果。如客人希望降低价钱时，销售人员可以说："对不起，真的很抱歉！这条线路是专门为您们喜欢大自然的群体而设计的。我们相信，玩得尽兴愉快才是最重要的，您觉得呢？"这样回答，既达到了拒绝顾客希望降价的目的，又给顾客一个台阶下，同时使气氛融洽、良好。这种做法，轻易就让顾客打消了降价的念头，还使其对旅行社设计的线路产生了信赖，坚定了购买的决心。

（四）把选择、决定权还给顾客

与顾客商谈过程中，我们充当的是旅游产品销售员的角色。真正决定购买产品、报名参团旅游的人应该是顾客，应该把选择权还给他们，销售人员不要轻易下断语。销售人员可以帮助顾客分析线路是否符合自己的意愿，出游时间是否合适，出游日期、时间长度是否妥当等，但最终决定权还是顾客的。

表 3-1-7-2　旅行社前台商谈技巧

序号	商谈技巧	要求	例句	分析
1	用肯定语言代替否定语言	1.感觉的重要性。 2.避免直接的拒绝、攻击与批评的语言。 3.否定型语言的运用，在游客对旅行社品牌、线路、服务质量等怀疑时使用。	问："请问有没有广州深度游线路，时间约三天，如果有，我们想现在报名。" 答1："没有。我们只有广州一日游的线路。" 答2："请问您希望哪天出发？您需要参观哪方面的景点？我可以帮您设计线路。"	同样一个问题，否定型回答给人一种拒绝的感觉；肯定型回答是一种积极的回应，给双方进一步交流的机会，对销售有促成的作用。

续表

序号	商谈技巧	要求	例句	分析
2	用请求型语言取代命令型语言	有助于促成购买,尊重顾客的选择,协助分析旅游线路。	出境线路"南非八天团"需要交纳每人3万~5万人民币的保证金。 问:"我资金周转不过来,只交2万保证金也没有问题吧?请通融一下!" 答1:"不行,这是公司规定,我也帮不了您。" 答2:"请您理解,交纳保证金是保证您顺利签证出行的前提,我们尽量不耽误您的出行计划。"	第二种回答,礼貌地回答了顾客,用请求型语言代替了命令型语言,理性分析,收到更好效果。
3	"对不起"和祈求型句子	使用礼貌用语,体现出良好的职业素养。	美国西海岸深度十天超值之旅,报价13 299元/人。 问:"此线路我特别感兴趣,可否价钱便宜点?" 答1:"这条线路价钱已经确定,没得减价了。" 答2:"美国西海岸旅游资源丰富,自然景观好,最适合您们喜欢探险、追求新意、对异国风情感兴趣的游客选择了。可以说,这条深度游线路是专门为您们重视质量和价值的人士而设计的。相信我们的线路,相信您的选择,有收获才是重要的,您觉得呢?"	理性、深入的分析,顾客喜欢听,更乐于接受。
4	把选择、决定权还给顾客	顾客自己选择线路、价位,决定特殊要求等。	问:"请问行程安排中还有哪些需要特别说明的吗?" 客人答:"第二天晚上的晚餐我还在考虑是否需要自理,因为我想约见当地久未谋面的一位朋友。" 问:"没关系,您考虑清楚后告诉我吧。"	把最后决定权还给顾客,不替顾客做出最终的决定。

四、任务准备

1. 准备相关书籍;
2. 配备电脑,便于网络查询;
3. 笔记本,整理;
4. 模拟导游室或旅行社前台实操场地:模拟销售人员与顾客商谈的情景。

五、任务实施

表3-1-7-3 任务实施表

序号	商谈技巧	要求	备注
1	用肯定语言代替否定语言	感觉的重要性,避免直接的拒绝、攻击与批评的语言。	
2	用请求型语言取代命令型语言	有助于促成购买,尊重游客的选择,协助分析旅游线路。	
3	"对不起"和祈求型句子	使用礼貌用语,反映职业素质。	
4	把选择、决定权还给顾客	由顾客自己选择线路、价位,决定特殊要求等。	

六、任务评价

表3-1-7-4 任务评价表(教师评价)

序号	评价内容	评价结果			
		优	良	合格	不合格
1	用肯定语言代替否定语言				
2	用请求型语言取代命令型语言				
3	"对不起"和祈求型句子				
4	把选择、决定权还给顾客				

表3-1-7-5 任务评价表(自评)

序号	评价内容	评价结果			
		优	良	合格	不合格
1	用肯定语言代替否定语言				
2	用请求型语言取代命令型语言				
3	"对不起"和祈求型句子				
4	把选择、决定权还给顾客				

七、问题及解决

表 3-1-7-6 问题解决表

序号	问题	处理措施	预防措施	改进方法	备注
1					
2					
3					

八、拓展知识

【阅读材料 3-1-7-1】

商务谈判语言的魅力[①]

商务谈判重点在谈,俗话说"话不投机半句多"。如果能在商务谈判中成功地运用语言的魅力,商务谈判就会游刃有余。

一、表达方式要婉转

商务谈判中应当尽量使用委婉的谈判语言,这样易于被对方接受。比如,在拒绝对方要求时,可以这样说:"您说的有一定道理,但实际情况稍微有些出入"。然后不露痕迹地提出自己的观点。这样做既不会有损对方的面子,又可以让对方心平气和地认真倾听自己的意见。其间,商务谈判高手往往努力把自己的意见用委婉的方式伪装成对方的见解,提高说服力。在自己的意见提出之前,先问对手如何解决问题。当对方指出以后,若和自己的意见一致,要让对方相信这是他自己的观点。在这种情况下,谈判对手有被尊重的感觉,他就会认为反对这个方案就是反对他自己,因而容易达成一致,获得谈判成功。

二、针对性要强

在商务谈判中,双方各自的谈判语言,都是表达自己的愿望和要求的,因此商务谈判语言的针对性要强,做到有的放矢。模糊、啰唆的语言,会使对方疑惑、反感,降低己方威信,成为谈判的障碍。

针对不同的商品、谈判内容、谈判场合、谈判对手,要有针对性地使用语言,才能保证此次商务谈判的成功。例如:对脾气急躁、性格直爽的谈判对手,运用简短明快的语言可能受欢迎;对慢条斯理的对手,则采用春风化雨般的倾心长谈可能效果更好。在商务谈判中,要充分考虑谈判对手的性格、情绪、习惯、文化以及需求状况的差异,恰当地使用针对性的谈判语言。

三、要恰当使用无声语言

商务谈判中,谈判者通过姿势、手势、眼神、表情等非发音器官来表达的无声语言,往往在商务谈判过程中发挥重要的作用。在某些特殊环境里,有时需要沉默,恰到好处的沉默可以取得意想不到的良好效果。

---

① 商务谈判语言的魅力. 创业网:http://www.795.com.cn/wz/91281.html.

四、要灵活应变

商务谈判形势的变化是难以预料的,往往会遇到一些意想不到的尴尬事情,要求商务谈判者具有灵活的语言应变能力,与应急手段相结合,巧妙地摆脱困境。当遇到对手逼你立即作出选择时,你若是说让我想一想,暂时很难决定之类的语言,便会被对方认为缺乏主见,从在心理上处于劣势。此时你可以看看表,然后有礼貌地告诉对方:真对不起,9点钟了,我得出去一下,与一个约定的朋友通电话,请稍等五分钟。于是,你便很得体地赢得了五分钟的思考时间。

任务八　前台价格处理技巧

一、任务描述

学生分组模拟前台销售人员与旅游咨询者商谈时在价格方面的处理技巧。

二、任务分析

完成本任务的关键在于细心阅读与前台价格处理有关的资料,并对资料信息进行分析、归纳和总结,从中学习价格处理的一般技巧,最后分成小组模拟练习,提高、强化对前台销售人员价格处理技巧的运用。

三、相关知识

在旅行社旅游线路销售过程中,价格是消费顾客最敏感的问题。在一切工作做好之后,前台销售人员还是要面对价格问题,面对前来咨询或购买旅游产品的顾客对销售价格产生的各种异议。针对价格异议,销售人员只有树立正确的态度,善于运用价格处理的技巧,才能作出妥善的应对。

销售人员需要掌握旅游产品的价格与价值之间的区别。在前台销售中,对顾客来讲,价值的重要性远远高于价格。价值的包装超越价格的意义,不断地提升价值就可以降低价格的意义。当销售人员不能提供顾客感觉到的高价值时,价格就会成为顾客在旅行社前台选购产品时最重要的考虑因素。

因此,销售人员的态度非常重要,销售人员应该切记不可完全从有利于自己的角度来销售旅游产品,因为不存在价格低但品质又好的旅游产品,所以一定要一定程度上利于消费者,给他们些实惠,以便促进购买。

实践证明,对于没有出游经验的顾客来说,价格的敏感度大大高于价值;但对于有一定出游经验的顾客来说,情况恰恰相反。顾客把注意力集中到产品的价值以及品质时,价格自然而然就降为次要的考虑要素。

（一）处理价格异议的技巧

1.把价格谈判放后面

前台销售人员在销售旅游产品过程中,不可避免地要与顾客谈到价格问题,这就需要记住不可直接进入价格谈判。也就是要延缓价格的讨论,而是从产品的价值和服务以及旅行社品牌等多方面继续包装,就可以大大刺激潜在顾客的购买欲望。

2. 隔离政策

当前台同时有多组客人在进行旅游咨询,而价格又成为一组咨询者与销售人员一时难以确定的问题时,销售人员最好能够将这组客人带离现场进行隔离,目的是避免感染其他咨询者。

这涉及心理学上的"从众心理",指个人受到外界人群行为的影响,而在自己的知觉、判断、认识上表现出符合于公众舆论或多数人的行为方式,产生"人云亦云"的状况。一组客人觉得价格太贵,其他组客人也受其影响,认为价格偏高,最后的结局是几组客人共同认为价格偏高,失去购买的欲望,一起不购买任何产品。

3. 降价不是万能的

关于降价销售,前台销售人员要认识到:

(1)即使旅行社的产品价格再低,旅游者也永远认为旅行社在赚钱;

(2)通过降低旅游产品的价格而刺激潜在旅游者购买,旅游者就会将消费愿望建立在价格上,而不是在旅行社服务和品牌上。

(3)当消费者把消费愿望建立在价格上的时候,价格就成为产品竞争的唯一因素,但事实上,没有人能够绝对通过价格把握所有的旅游消费者。

(二)具体的价格异议处理方法

旅行社前台常遇到的客人价格异议有:太贵了;我负担不起;手头上现金不足;价格比预期高等。针对这些常见的异议,销售人员可以采取相应的方法进行处理。

表 3-1-8-1 顾客常见的价格异议及对策

序号	常见的价格异议	对策	备注
1	太贵了	错误的回答: (1)这个价格还嫌贵啊? (2)我们旅行社已经打折了,这是最便宜的价格。 (3)那么多少钱你才愿意参团呢? 妥当的回答: (1)是的,我们旅行社的定价是很灵活的。首先在景点安排方面,与市场同类产品比较,多游览了两个景点。其实,住宿方面,虽然都是五星级酒店,但位置不同,价格也有差别,我们安排的是海边一线景观的五星级酒店,较市中心五星级酒店位置更优越,更能充分领略到海岛的自然风光。另外,我们设计的线路,已经得到同一游客的两次光临并被介绍给他的朋友了。 (2)那么您觉得这条线路多少钱才合理呢。	销售人员对线路做了进一步的说明和比较,提升了线路的价值,从而刺激了游客的购买动机。

续表

序号	常见的价格异议	对策	备注
2	我负担不起	(1) 判断是借口还是事实。 (2) 若是事实,推荐其他价位稍低的线路给客人。这里最重要的是做出准确的判断。一般可以从客人的着装、谈吐、职业类别等作出综合判断。同时,通过后面的交谈,也可以帮助判断。	多方面进行分析和判断
3	手头上现金不足	(1) 如果是托词,可以建议其用其他支付方式,如刷卡。 (2) 如果是事实,比较积极的做法是站在客人的立场,提供给客人解决问题的方法,如一定期限内的保留优惠价格、预付订金、约定期限等。	为顾客着想是达成交易的因素之一
4	价格比预期高	(1) 判断客人是否有真正的购买意向。 (2) 如有购买意向,则针对性地向客人说明旅游产品的构成,分析其价值,刺激客人的购买欲望。	要求销售者对产品熟悉

四、任务准备

1. 查阅资料并进行整理;
2. 模拟实操训练:模拟训练前台销售人员价格处理技巧;
3. 场地:旅行社前台实训场所或模拟导游室;
4. 学生分成4组。扮演角色:客人、前台销售人员。

五、任务实施

表 3-1-8-2 任务实施表

序号	实施步骤	实施内容	要求	备注
1	查找资料	通过书籍、网络等途径,查找有关价格处理技巧的内容,细心阅读。	(1) 目标明确 (2) 思路清晰 (3) 资料来源可靠并且最好选择权威资料	(1) 注意书籍信息的实效性 (2) 注意网络资料来源的可靠性和参考性
2	内容归纳	归纳价格处理中可能出现的各种情况	归类合理,用表格整理罗列出来。	归纳要有条理,具逻辑性
3	小组讨论	讨论各种情况下的应对措施	(1) 认识到位 (2) 形式多样	要理解清楚,表达清晰。
4	代表发言	小组代表把小组讨论结果与全班同学分享	(1) 代表发言自然大方 (2) 总结内容准确	每组选代表发言

续表

序号	实施步骤	实施内容	要求	备注
5	总结	根据各组发言进行最后的归纳总结	(1) 总结合理 (2) 内容准确 (3) 可行性强	可做成PPT展示讲解

六、任务评价

表3-1-8-3 任务评价表(教师评价)

序号	评价内容	评价结果			
		优	良	合格	不合格
1	认真负责				
2	分工合理				
3	团队协作				
4	语言表达能力				
5	任务完成进度				
6	任务完成质量				
7	其他				

表3-1-8-4 任务评价表(自评)

序号	评价内容	评价结果			
		优	良	合格	不合格
1	认真负责				
2	分工合理				
3	团队协作				
4	语言表达能力				
5	任务完成进度				
6	任务完成质量				
7	其他				

七、问题及解决

表 3-1-8-5　问题解决表

序号	问题	处理措施	预防措施	改进方法	备注
1					
2					
3					

八、拓展知识

【阅读材料 3-1-8-1】

商品价格与消费者心理行为的关系[①]

一、价格是消费者衡量商品价值和品质的直接标准

在消费者对商品品质、性能知之甚少的情况下，主要通过价格判断商品品质。许多人认为价格高表示商品质量好，价格低表明商品品质差，这种心理认识与成本定价方法以及价格构成理论相一致。所以，便宜的价格不一定能促进消费者购买，相反可能会使人们产生对商品品质、性能的怀疑。适中的价格，可以使消费者对商品品质、性能有"放心感"。

二、价格是消费者社会地位和经济收入的象征

一些人往往把某些高档商品同一定的社会地位、经济收入、文化修养等联系在一起，认为购买高价格的商品，可以显示自己优越的社会地位、丰厚的经济收入和高雅的文化修养，可以博得别人的尊敬，并以此为满足；相反，使用价格便宜的商品，则感到与自己的身份地位不符。

三、价格直接影响消费者的需求量

一般来说，价格上升会引起需求量下降，抑制消费；价格下降会增加需求量，刺激消费。但也有时情况相反，各种商品价格普遍上升时，会使消费者预期未来价格将继续上升，增加即期需求量；反之，则预期未来价格将继续下降，减少即期需求量，产生"买涨不买落"心理。造成这种情况的原因是消费者的生活经验、经济条件、知觉程度、心理特征等有着不同程度的差异，他们对价格的认识及心理反应千差万别。

---

① 鲁汉玲. 消费者价格心理透析[J]. 广东技术师范学院学报, 2007.

任务九　前台交易技巧

一、任务描述

前台是旅行社散客交易的场所,它为散客提供咨询、提供产品介绍,为散客的出行提供建议等,是促成散客交易的最主要场所。学习本任务,要求学生掌握常见的前台交易技巧。

二、任务分析

完成本任务的关键在于细心阅读与交易、销售有关的资料,并对资料信息进行分析、归纳和总结,从中学习常见的交易技巧。最后分成小组讨论各种类型旅游咨询者的主要特征,总结出与旅游咨询者交易的有效策略。

三、相关知识

(一) 促成前台交易的一般技巧

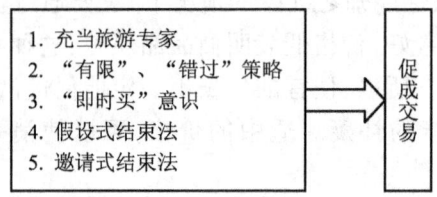

图 3-1-9-1　促成前台交易的一般技巧图

1. 充当旅游专家

遇到顾客犹豫不决时,旅行社前台工作人员切记不能失去耐心。

旅行社前台销售人员首先要明确,顾客在决定的时候,往往三心二意,害怕作出错误的决定。表现在交款时犹豫不决,向销售员表示"我再考虑考虑",或者"我回家和先生/太太商量商量再决定吧"。这种话语对销售过程具有破坏性,直接把销售画上了句号。因为顾客离开前台后,其购买欲望慢慢减弱,很有可能一去不回。

销售人员要做一个名副其实的旅游专家,帮助潜在顾客作出决定,这时候可以采用"二选一"法则,即销售人员以顾客购买为前提假设,再次询问顾客所需要的是怎样的旅游产品,如线路特色、服务特色、交通特色等。这样,顾客就不会将考虑的重点放在对购买的取舍上,从而促成交易。

近几年来,部分旅游目的国推出了"旅游专家制度",该制度是国际通行的一种资格认证,旨在培养熟知本国旅游资源、旅游产品、交通条件、旅行方式的专业人才,通常由目的国旅游局培训、考核和认证。澳大利亚、新西兰、日本、德国、奥地利等国家已实行这一制度。

成为认证的"旅游专家"可以为旅游咨询者制定出多样化、个性化的旅游线路,提高交易的成功率。

2. "有限"、"错过"策略

前台销售人员一定要明确产品数量的有限性、时间的有效期限的意义。顾客知道产品数量有限或者时间有限后,会担心"错过",并产生"此时不买何时买"的急切心理效应。这时,前台销售人员需要及时作出销售策略,推动交易的完成,即通过煽动的语言加强促销力度,进一步提升顾客的购买急迫感,从而促进交易的完成,如下图3-1-9-2。

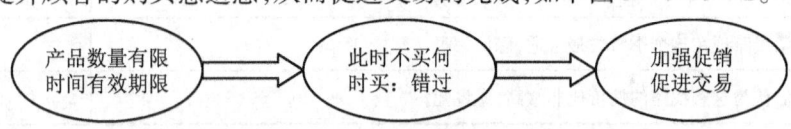

图3-1-9-2 "有限"、"错过"策略过程图

3. "即时买"意识

旅行社前台销售人员一定要有这种意识:促成顾客当场购买,不要相信顾客的"考虑考虑"。在实际工作中,当顾客说"我再考虑考虑"时,前台销售人员的回答通常有以下几种,见图3-1-9-3:

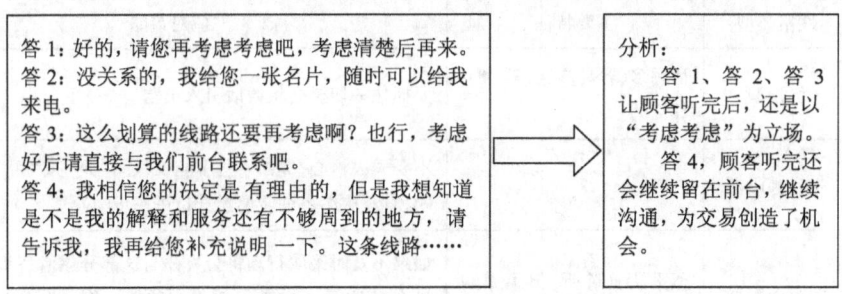

图3-1-9-3 "即时买"意识形成图

4. 假设式结束法

假设式结束法是旅行社前台销售人员直接假定前来咨询的顾客,已经购买了本公司的旅游线路或其他产品,后面需要做的是为了帮助顾客进一步认识旅游线路而进行介绍。

例如:销售人员热情地向犹豫不决的顾客介绍:"这个季节去泡温泉最好了。泡温泉既能驱寒保暖、消除疲劳,还有利于一些疾病的治疗,是冬季养生休闲理想选择。温泉一般分为中性碳酸泉、碱性碳酸氢钠泉、盐泉和硫黄泉四种,不同水质功效不同,泡温泉以前最好先做了解,以达到最佳效果……"这样的交谈,轻松愉快,似乎不是在交易,而是朋友间在谈话,相互之间的好感增加,距离拉近了,同样促成了交易的成功。

5. 邀请式结束法

邀请式结束法,是指旅行社前台销售人员不停地询问旅游咨询顾客对于本社旅游产品的意见,使顾客逐渐地认同销售人员的意见,从而对旅行社及旅游产品产生认可。

通常最简单的表述是:肯定+问句=邀请式结束法①

例如:

表3-1-9-1 邀请式结束法的常见句式

序号	常见句式	备注
1	这条线路真的非常符合您的要求,您觉得呢?	
2	这条线路是我们社的独家线路,非常有特色,您觉得呢?	
3	这条线路现在这个季节去最合适,您认为呢?	
4	我们认为这条线路的性价比非常高,您说呢?	

(二) 针对不同个性旅游咨询者的交易促成技巧

前台销售人员面对的旅游咨询顾客往往具有鲜明的性格特征,若能针对不同类型的客人,采用相关的策略,将会收到良好的效果。

表3-1-9-2 不同个性旅游咨询者的促成销售技巧②

序号	性格类型	主要特征	应对策略
1	健谈型	话题多,容易沟通,喜欢主导话题。	要抓住一切机会将谈话引入正题
2	少言寡语型	内向	不要失去耐心,提出一些不能仅仅用"是"或"否"回答的问题,直至旅游咨询者愿意开口进一步沟通。
3	因循守旧型	似乎认真聆听,但不做购买决定。	如果不及时采取行动将会失掉与这部分旅游咨询者的交易机会,例如可以向他们透露旅游产品价格将上涨或者供需情况的最新信息。
4	不同意见型	一直有异议	尽量不要与其争论回击,保持冷静,听其把话说完,同时面带微笑
5	胆怯型	畏缩	提供引导、保证和支持,帮助旅游咨询者克服购买恐惧心理,鼓励旅游咨询者,慢慢使其放松。
6	自我中心型	具有自我优越感	自信聆听并且恭维他的"追求自我",在合适的时候,向他征询意见。
7	果断型	很自信,有主见。	不要给这些旅游咨询者太长的销售解释,只给必要的细节,要严格忠于事实。

---

① 梁学松.旅行社门市管理实务[M].北京:北京大学出版社,2011:296.
② 徐云松,左红李.门市操作实务[M].北京:旅游教育出版社,2013:110-111.

续表

序号	性格类型	主要特征	应对策略
8	精明型	脑袋灵活,反应敏捷。	应用巧妙的恭维来表达对他的判断和讨价还价能力的赞赏。
9	怀疑型	一直抱有怀疑,担心落入"圈套"。	对他的反应做出反应,但不要和他争论,要和他谈话,承认缺点,运用逻辑和已证明的事实。
10	牢骚型	满腹牢骚。	要控制自己的情绪,要特别快乐,不要被他的心情影响,力图找到困惑他的麻烦是什么。
11	条理型	做事缓慢,对每句话都权衡斟酌。	调整你的步伐和他保持一致,放慢速度,尽量向细节上扩展。
12	依赖型	做不了决定,犹豫不决。	可以问他一些问题,然后说明你的旅游产品正好满足他的需求。
13	挑剔型	要求不断增加,从来不同意你的报价或者线路调整。	强调质量和服务来表明你的旅游产品值这个价钱。
14	冲动型	很容易下结论。	要直入主题,不要兜圈子,可以提出建议,但不要告诉他怎么做。
15	分析型	富有条理性,喜欢数据、事实、详细情况。	给他们的信息越多越好,让他们自己得出正确的结论。
16	感情型	重视个人感情。	应该和这类旅游咨询者逐渐熟悉,全身心投入谈话并保持自己的个性。
17	固执型	总是装出很重要的样子。	向旅游咨询者表明你认同这种重要感,抬高旅游咨询者,同时也抬高你自己。

四、任务准备

1. 准备相关书籍;
2. 配备电脑,便于网络查询;
3. 笔记本,整理;
4. 分组讨论;
5. 小组发言;
6. 总结。

五、任务实施

表 3-1-9-3　任务实施表

序号	实施步骤	实施内容	要求	备注
1	查找资料	通过书籍、网络等途径,查找促成交易的相关资料,细心阅读。	(1) 目标明确 (2) 思路清晰 (3) 资料来源可靠并且最好选择权威资料	(1) 注意书籍信息的实效性 (2) 注意网络资料的可靠性
2	内容归纳	归纳促成前台交易的一般技巧。	归类合理	归纳要有条理,具逻辑性。
3	整理完善	整理不同类型旅游咨询者的性格特征,分析与旅游咨询者交易的技巧。	正确、有效分析不同类型旅游咨询者的性格特征,确定与其交易的侧重点和技巧。	分析合理、到位
4	总结与分享	对任务实施过程、完成情况进行总结自评,并与他人分享。	(1) 总结全面到位 (2) 表达清晰流畅	每组选代表发言

六、任务评价

表 3-1-9-4　任务评价表(教师评价)

序号	评价内容	评价结果			
		优	良	合格	不合格
1	认真负责				
2	分工合理				
3	团队协作				
4	语言表达能力				
5	任务完成进度				
6	任务完成质量				
7	其他				

表 3-1-9-5 任务评价表(自评)

序号	评价内容	评价结果			
		优	良	合格	不合格
1	认真负责				
2	分工合理				
3	团队协作				
4	语言表达能力				
5	任务完成进度				
6	任务完成质量				
7	其他				

七、问题及解决

表 3-1-9-6 问题解决表

序号	问题	处理措施	预防措施	改进方法	备注
1					
2					
3					

八、拓展知识

【阅读材料 3-1-9-1】

旅行咨询师的销售工作

旅行咨询师不能简单地等同于商品销售员,或者说旅行咨询师的销售工作是在为游客提供专业咨询服务的过程中同步完成的,它更多的是要基于 4C 的营销理论。归纳一下,旅行咨询师的销售工作应该包括以下几方面:

1. 识别顾客。判断顾客需求与自己的目标市场是否吻合。
2. 引领顾客。给顾客带来新的理念和消费观点,达到左右客人的决策、行为和态度变化的目的。
3. 说服顾客。使顾客从拒绝到接受,刺激顾客自我实现等需求的产生。
4. 服务顾客。为顾客提供个性化的专业服务。
5. 树立正确的销售观。

几乎旅游业中的每个人在职业生涯中,或早或晚,都会涉及销售的某些部分。无论你喜不喜欢销售,你都要知道如何销售。

销售旅行产品的回报有很多。不管顾客想要去非洲,还是在海滩度过一个休闲的周末,帮助顾客梦想成真会让你很有满足感。但是为什么还是有许多人不喜欢销售呢?通常,他们误解了销售这份工作。他们误解了销售的某些方面。

一个误解是:销售是单调重复的。事实上,旅游业中,销售的多样性远远超出其单调性。每个销售情景都不一样:每个顾客都有不同的需求和期待,满足这些需求的产品也会随之而不同。这种多样性让销售有时充满挑战,有时让人沮丧,当然也会让人振奋。

还有一个误解就是销售都是骗人的。有些人认为销售的目标就是骗人去买东西。当然,是有不够诚信的销售员,但从长期来看,他们不可能会成功。销售的目标就是不让顾客做他们不想做的事情,而是要给他们找到满足他们特定需要的产品或服务。最好的销售员不断地有回头客,只有销售员对顾客有所帮助,顾客才会回来再找他。

另一个误解就是,销售是个低水平的工作。一些人认为销售是个并不专业的工作,一旦能做较好的事情,就不会去做销售了。诚然,许多机构一开始都让员工从销售做起,但还有一个事实:如果你是个有技巧的销售员,旅行销售会是一个长期有回报的职业。而且,调动到管理岗位上的人常常会发现销售仍然是他们工作中重要的一部分。在一些职业里,销售通常被称为"实践"。培养销售技巧会让你在人生许多方面受益匪浅。

总结起来,旅行咨询师的销售工作就是明确顾客的需要并满足他们的需要。

因此,要在咨询服务中促成销售一定要掌握两个工具。第一,要获得关于顾客、旅游产品的信息;第二,要游刃有余地从顾客身上获得信息并告知他们你提供的服务。如果能达到这些目标,你就能成功销售。

项目二 团队销售业务

【案例导入】

新《旅游法》实施 团队价格势必上涨

2013年10月22日安青网报道:新《旅游法》的颁布标志着中国旅游业将正式进入有法可依的历史阶段。中国旅游行业的第一部法律将为旅游行业的健康可持续发展营造良好的法律环境,促进中国旅游行业转型升级和增长方式的转变。

一、新《旅游法》对旅行社企业经营和行业发展有什么影响?

(一)有利于规范市场秩序,创造价格相对平等的竞争环境

新《旅游法》第三十五条针对购物和自费项目的限制条款,以及消费者购物退货的救济条款,将在一定程度上制约零负团费的现象。购物店、自费项目是旅行社零负地接的根基,新《旅游法》将旅行社这么多年研发出来的盈利模式一下子打破,对旅行社行业而言这个是

致命伤,如果价格更高,而服务一样,那么就导致游客产生选择障碍,降低购买旅游产品的欲望,从而减少收客人数,收客人数的下降,相对导致旅行社的利润、景区的利润、餐厅的利润、购物店的利润、娱乐项目的利润下降。连锁反应之下,在很长的一段时间游客没能对价格予以接受的情况下将对旅游市场产生消极影响。但长期看对于当前的旅游乱象而言,《旅游法》不仅是一般意义上的"维护"市场秩序,而是有利于"整肃"市场秩序,长期将对旅游行业是利好的。

限制不合理低价,要求旅行社以合理的计价方式定价。如果《旅游法》得以切实遵守,价格回归到合理范围,意味着旅行社将在同一合理的价格区间内竞争,经营者博的是服务、规模和经营策略,而不用去拼良心的底线,不用在更低利润和不可思议的低价之间做取舍。

(2)有利于旅游经营者对服务质量的关注和游客对服务价值的认同

新《旅游法》第四十一条规定导游不得向旅游者"索取"小费,这一规定与此前行业规章中禁止"收受"小费不同,导游在接团时报价已经包含了导游的服务费,导游将得到最低的保障,得到保障后,导游可以通过自身的服务来赢得游客的认同,从而带动游客自愿消费。导游的服务质量又直接影响旅行社行业经营者的高品质形象,从而提前更多地收客。

旅游市场的现状是相当一部分游客只关心找旅行社是否比自己预订交通工具、食宿便宜、方便等,很少去关注产品本身的服务质量,以及隐性的消费,新《旅游法》将旅行社隐性消费打散,接下来更关注的是产品、服务标准等。根据不同的价格,选择不同的服务标准的产品。旅游产品即服务,旅行社的产品价格其实就是服务价值的体现。

(三)有利于旅行社的长期稳定经营和规避风险

新《旅游法》对购物店、自费项目、零负地接的控制,将把旅行社推向明明白白经营。以往旅行社赚取收入完全是用一种赌徒式的心理在操作。接下来的游客远低成本,属于亏损的接待,之后靠购物、自费项目来完成盈利,是赚是赔全靠游客、导游,听天由命。如今《旅游法》将旅行社这种经营模式给予遏制,那么旅行社从业只能是在报价中挣取应收的利润,从而避免了旅行社靠购物店、自费项目生存的盈利模式。这对旅行社的长期稳定经营来说是很大的保障。

《旅游法》第五十、五十三和五十四条对景区安全性和最大承载量做了规定,旅游者是直接受益方,旅行社是间接受益方,可间接规避潜在风险。

(四)有助于树立行业新风,扭转行业形象

草案中关于公民旅行权利的内容在《旅游法》中被修改了,但是人们也欣喜地看到保留了第四条"旅游业发展应当遵循社会效益、经济效益和生态效益相统一的原则"和第五条"国家倡导健康、文明、环保的旅游方式,支持和鼓励各类社会机构开展旅游公益宣传"的内容。

相信《旅游法》将引领更多的人关注弱势群体,让他们和我们一起共同分享经济发展带来的繁荣成果。相信更多的旅游企业开展旅游公益活动也将有助于扭转行业形象。

(五)可预见的旅行社行业发展面临的考验

新《旅游法》10月1日已执行,在严格落实的情况下,旅行社的经营成本将增加,费用将转嫁给游客,游客势必会相对减少,在旅游者相对减少的情况下维持经营和开拓市场,需要旅行社经营者更高的智慧和拓展能力。

二、新《旅游法》对游客有什么影响？

新《旅游法》关于旅游者（游客）的条款有8条，主要涉及游客的权利和行为规范。游客需要提高自身素质，在旅游地需遵守社会公共秩序和社会公德，尊重当地的风俗习惯、文化传统和宗教信仰，爱护旅游资源，保护生态环境，文明旅游。对游客人身安全问题，应当向旅游经营者如实告知与旅游活动相关的个人健康信息，遵守旅游活动中的安全警示规定。出现纠纷的时候，不得损害当地居民的合法权益，不得干扰他人的旅游活动，不得损害旅游经营者和旅游从业人员的合法权益。

《旅游法》实施后，常规的团队行程价格势必要大幅上涨。

（资料来源：安青网 http://www.anhui.cc/news/20131022/1038359.shtml）

思考

1. 新《旅游法》实施，对旅行社和游客的影响有哪些？请列举出来。
2. 团队价格上涨，对旅游市场有何直接影响？

任务一　团队与散客的区别

一、任务描述

区别团队与散客概念上的不同，了解团队销售与散客销售业务的异同。

二、任务分析

完成本任务的关键在于阅读大量旅行社团队与散客销售方面的资料，并进行分析、归纳、提炼和整理，形成知识系统。

三、相关知识

（一）团队的认识

旅游团队是通过旅行社或旅游服务中介机构，采取支付综合包价或部分包价的方式，有组织地按预定行程计划进行旅游消费活动的旅游者群体。成团人数通常在10人以上，10人以下称为散客[1]。在旅行社内部，按照业务需要又将旅游团分为单位包团和散客成团两种类型，区别在于单位团成员来自同一企业、事业单位，具有大致相同的职业背景；相对而言，散客构成的团队成员构成差别较大。

根据划分方法的不同，团队可以作以下划分。

1. 按旅游行程范围划分

按照旅游行程范围划分为国内旅游团、入境旅游团和出境旅游团三类。

---

[1] 广东省导考办. 导游业务[M]. 广东旅游教育出版社, 2009:26.

(1) 国内旅游团

其团队行程范围在我国境内,旅游团成员主要是中国内地公民,也包括一些在中国境内定居的外国人及港澳台同胞、华人、华侨。狭义的国内游不包括港澳台旅游。国内旅游团按距离的长短又分为长线团和短线团,或者分为省内团和省外团。

(2) 入境旅游团

其团队行程范围在我国境内,是由境内国际旅行社接待的旅游者群体,其成员构成主要是港澳台同胞、外国人以及华人华侨。

(3) 出境旅游团

其团队旅游行程主要在外,是由境内具有出境组团资格的国际旅行社组织的旅游者群体,成员构成主要是中国内地公民。传统上习惯把港澳台旅游也称为出境旅游。

2. 按包价范围划分

按照包价程度的不同,旅游团可以分为全包价和部分包价旅游团。

(1) 全包价旅游团

团队的全包价旅游,是指旅游者一次性预付所有旅游费用,将双方约定的各项旅游服务全部委托给组团社安排的旅游形式。全包价旅游团的服务项目通常包含以下几项:出发地与旅游目的地之间的往返交通、饭店住宿、餐饮、参观游览、景点之间的旅游车交通服务、景点门票等。

(2) 部分包价旅游团

与全包价不同,部分包价是团队费用只包含了部分费用,可以是旅游六要素中的吃、住、行、游、娱的一部分内容或者大部分内容。部分包价旅游团,给了旅游者更灵活的选择权,体现了旅游团更趋于人性化的设计理念。

(二) 团队与散客的区别

团队与散客的区别归纳起来,主要有以下几点。

1. 行程安排不同

团队的行程安排由旅行社或者旅游服务中介机构完成,在游客出团前需要签订旅游团队合同;散客的旅游行程则由散客自行安排。

2. 付费方式不同

团队旅游多采用包价形式,即将全部费用或大部分费用在出发前支付给旅行社;散客的付费形式多采用零星现付,按零售价格当场支付。

3. 价格不同

团队旅游的价格相对便宜,在某些项目上享受折扣优惠;散客的价格相对较贵,因为散客采用的是零星现付,按零售价格支付。

四、任务准备

1. 准备相关书籍;
2. 配备电脑,便于网络查询;

3. 把学生分为 5~6 组,分组介绍对于团队与散客的认识。

五、任务实施

表 3-2-1-1　任务实施表

序号	实施步骤	说明	要求	备注
1	准备工作	准备好资料、书籍、笔、笔记本等	准备充分	
2	归纳	根据要求归纳团队和散客的异同	(1)查看资料细致 (2)边查看边记录 (3)归纳分析合理	
3	分组讨论	(1)讨论团队 (2)讨论散客 (3)讨论团队与散客的异同	讨论有效、分析合理	
4	知识转化	学习把课本理论知识转化为实践知识	把知识灵活运用到案例分析中	

六、任务评价

表 3-2-1-2　任务评价表(教师评价)

序号	评价内容	评价结果			
		优	良	合格	不合格
1	认真负责				
2	分工合理				
3	团队协作				
4	语言表达能力				
5	任务完成进度				
6	任务完成质量				
7	其他				

表3-2-1-3 任务评价表(自评)

序号	评价内容	评价结果			
		优	良	合格	不合格
1	认真负责				
2	分工合理				
3	团队协作				
4	语言表达能力				
5	任务完成进度				
6	任务完成质量				
7	其他				

七、问题及解决

表3-2-1-4 问题解决表

序号	问题	处理措施	预防措施	改进方法	备注
1					
2					
3					

任务二 团队需求分析与产品开发

一、任务描述

对不同类型的团队游客进行需求分析,为旅行社团队产品开发、线路设计做好知识技能铺垫。

二、任务分析

完成本任务的关键在于阅读大量相关资料,并进行分析、归纳、提炼和整理,形成旅游团队需求的相关知识系统。在此基础上,根据团队需求,有针对性地开发旅游产品,提高旅行社产品销量。并以澳洲、新西兰游学团为例,把学生分为3~4组,学习设计游学团行程。

表 3-2-2-1　澳洲、新西兰游学团设计表

步骤	设计项目	设计内容
STEP 1	澳洲、新西兰国家简介	
STEP 2	游学团班级名称、地区	
STEP 3	联系学校名称	
STEP 4	预计出团时间	
STEP 5	年龄要求	
STEP 6	住宿类型	
STEP 7	团队特色	

三、相关知识

（一）常见团队的需求分析与产品开发

团队需求分析是团队产品开发的前提，正确、有效的需求分析有利于旅行社业务的开展，在此基础上进行有针对性的产品开发，能有效地为顾客提供满足其需求的产品和服务，最终形成旅行社的持续竞争优势。

表 3-2-2-2　常见团队需求及产品开发

团队类型	团队特点	产品开发及注意事项
老年团/夕阳团	1. 出游频率呈两极化，中短途旅游者较多。一些老年人在退休之后都有一种怀旧情怀，所以经常会参加一些怀旧线路旅游；一些老年人热爱祖国的文化，喜欢书法、雕刻、楹联，因此到一些名胜古迹去旅游，增长自己的知识，陶冶自己的情操。 2. 还有一类旅游者，为了保健目的到一些温泉、疗养院、度假胜地去旅游。 3. 出游目的较单一，以旅游观光为主，具有传统旅游的特征。老年人偏爱的旅游方式为"纯玩的、安全的、时间充裕的短途旅游"。 4. 出游方式为或结伴出游，或参加旅行社组织的夕阳红旅游团。 5. 消费强调经济实惠，多以经济旅游为主，以男性旅游者居多。	1. 开发的产品应危险性低、难度降低 2. 行程速度放慢 3. 团队价格以经济实惠为主 4. 疗养团、温泉团等受欢迎

续表

团队类型	团队特点	产品开发及注意事项
中年团	1. 大部分已经有了稳定的工作以及经济收入，消费能力高，可以承受豪华或享受型为主的旅行。 2. 生活节奏加快，由于长时间专注工作，在个人感情方面有所欠缺，因此可以提供相亲联谊之类的旅行模式。 3. 在这个年龄都有来自各个方面的压力，因此可以选择自然景观或令人轻松愉悦的景点，让其感受自然山水带来的心旷神怡，在大自然中释放压力。 4. 事业稳定，偏向于文化底蕴较深厚的景点。	1. 开发产品时以轻松休闲为主题 2. 享受型、度假型团队受欢迎 3. 注意景点应观赏性较强 4. 喜欢冒险
青少年团	1. 大学生和部分高年级中学生的自我独立性较强，多倾向于背包旅游和旅途的自我设计，喜欢自助游，而很少参加旅行社组织的团体游，而低年级的学生往往处于父母及其他亲朋好友的强烈影响下，一般参与家庭游或与朋友、同学结伴出游。 2. 出游人数多，但以散客为主。因自身的年龄和心理特征，加之有更多的课余时间，青少年学生有着比成年人更强烈的出游动机。旅游动机以观光娱乐为主，探险、修学等为辅。 3. 由于青少年学生生活经历较少，对学校和家庭以外的世界充满了好奇，因此，他们旅游的目的多是为了观光，选择的也多为与自己日常生活环境反差较大的著名旅游地。 4. 旅游消费水平有限，但商机无限。 5. 在出游时间上，学生旅游有着明显的时间结构特征，表现出淡旺季差异显著。	1. 强调旅游产品的参与性 2. 喜欢结伴而行 3. 好奇心强可以开发新奇的旅游产品 4. 探险、游学团越来越受欢迎 5. 时间季节性明显 6. 团队消费水平不高
三八妇女团	1. 旅游欲望强烈，钟爱出境游。旅游一直是城市女性消费的热点。女性渴望旅游，更钟爱出境旅游。女性强烈的出境愿望为产品开发提供了良好的市场环境。 2. 收入水平提高，女性中产阶层壮大。 3. 社会地位升高，获得消费市场的"发言权"。 4. 缓解压力的需求强烈。随着社会的不断发展，都市生活节奏加快，都市职业女性除了日常工作中与男性一样承担工作的重荷之外，在家庭中还承担了母亲、女儿、妻子、主妇等多种角色，工作压力与繁杂的家务琐事，导致女性所承担的压力越来越大。并且，妇女往往非常关心和照顾身边的亲友甚至陌生人，却忽略了自己的感受，以致她们承受的心理和生理压力均超过异性。 5. 攀比炫耀心理。凡勃伦在《有闲阶级论》中指出：为了显示财产和优越感，有闲阶级致力于炫耀性消费。消费的目的仅仅在于消费本身，在于炫耀和攀比。在个人接触面广、人口流动性较大的社会，消费已成为博得荣耀的一个手段。同时，为了装点门面，虚饰外表，城市人口比农村人口对这种消费的需求更为迫切。	1. 重视网络媒体的宣传。电脑运用的普及、职业特点、文化素质等因素，决定了网络世界是单身女性和职业女性生活、工作中密不可分的一个组成部分。 2. 价格。由于女性较男性来说，对价格比较敏感，对其进行产品折扣促销是有效的促销方式。 3. 重视高品质的服务。 4. 都市女性脱离长住环境和国度，对外界的安全感知更为敏感和强烈，提供出境相关的安全保障是重中之重。 5. 妇女团出境游欲望更强。

续表

团队类型	团队特点	产品开发及注意事项
教师团	1. 有较高的文化修养并且求知欲较强 2. 具有某种专长或特殊兴趣并且愿与同行切磋交流 3. 希望日程安排周密并有较好的导游服务	1. 服务质量要求高。 2. 安排景点文化内涵应较高。 3. 行程设计时,可更多考虑与学校性质或教师所学专业关系较密切的线路。

(二)重点团队的需求分析与产品开发

不同旅行社均花费精力和成本为高端旅游团队和重点旅游团队研发旅游产品。一般来说,高端团队或重点团队主要包括以下几种:

1. 公务考察团

公务考察团队是旅游社团队旅游的重点对象。自从新《旅游法》实施后,公务考察团队出游的数量受到一定的影响,但仍然是旅行社重点关注的团队类型之一。这类团队的需求特点有:

(1)在人数上相对较少。

(2)出游时间以工作日为主。

(3)希望日程安排周密并有较好的导游服务。以完成公务为主要目的,属于在一定的时间内到一定的地点出差的旅游团体。

(4)对价格不敏感。

对于公务考察团,旅行社在产品开发时,可以考虑开发高品质、豪华型、质量高的线路产品。

2. 商务考察团

商务考察团以商务团体客户为主,其业务范围涵盖了国际会议服务、国内会议和展览服务、商务考察、差旅管理、酒店预订、票务服务等相关领域,旅行社为商务消费者提供全方位的商务服务。商务考察团的特点有:

(1)人数相对较少但出行次数较为频繁。

(2)在对旅游服务的要求方面,他们较强调舒适和方便,因而消费水平较高。

(3)由于他们的出行是出于工作的需要,因而不受季节的影响。

(4)他们对目的地的选择性较小或者根本没有选择余地,在外出动身时间方面也没有多少选择自由。

(5)除特殊情况外,他们一般在目的地停留天数较少,因为他们外出任务的性质决定了他们不可能在目的地停留过久。

(6)商务考察团在价格方面不太敏感,一方面是因为他们外出并非自费,另一方面则是由于他们没有选择或更改目的地的自由。

产品开发时,要综合考虑其考察的对象、目的以及团队的实际要求进行线路和行程设计。商务考察团的重点是商务考察,旅行社设计行程时,需要充分考虑到考察计划的安排,把考察与旅游结合在一起,考察为主,旅游为辅。要求行程设计效率高,安排紧凑,在有限的时间内实现考察与旅游结合的最优化。

3. 会议奖励团

奖励旅游的英文是 Incentive Travel。对于中国企业来说,近几年来奖励旅游发展越来越快,目前奖励旅游已经发展成为企业薪酬福利的一个重要组成部分。奖励旅游并非一般的员工旅游,而是企业业主提供一定的经费,委托专业旅行社精心设计的"非比寻常"的旅游活动。在众多行业中,高利润重视个人业绩的行业,如传销、保险、中介业及人力密集的制造业,最需要有奖励会议旅游的观念;高科技产业、公司规模越大制度越健全,越需要举办奖励会议旅游。将旅游这一形式作为对员工的奖励,会进一步调动员工的积极性,增强企业的凝聚力。

面临市场激烈的竞争,旅行社在产品设计方面必须不断构思新的激励方案,以提升公司的生产力。旅行社需抓住商机,为企业设计别出心裁的旅游产品,成功达到预期的奖励会议旅游效果。旅行社对企业提出奖励会议旅游企划案前,需要搜集与该企业相关的行业特性与市场背景信息,作适当的了解,主动与企业客户沟通,有效地与企业双方策划奖励会议旅游产品。为了更好地促进奖励旅游的宣传和工作开展,某些城市出现了专门的奖励旅游官网,如杭州会议与奖励旅游官网,这种网站为企业量身定做旅游策划、创意活动方案,可见奖励旅游已出现了专业化的服务团队和专门机构。会议奖励团利润较高,是旅行社团队旅游中的重点服务对象。

4. 游学团

游学团是一种主题旅游,在旅游同时提供学习异地或异国文化的经历。家长在正规课程之外的长假期,将子女送到国内或国外地区,学习地方语言、英语或接受简单军事训练,目的是学习异地文化、语言、加强纪律管理等。这种游学团,有助增长见闻,刺激求知的欲望,提高学生学习兴趣。随着对孩子期望值的升高,家长投资在子女身上的教育经费日益增加。近几年来,尽管出境游学团的费用不菲,但游学团依然越来越受家长和学生的青睐。

旅行社设计游学团时,应首先分析学生外出游学的目的,有针对性地设计产品。其次,安排接待游学团的目的地学校必须具有代表性,即具备参观游学的价值,注重组织学生与目的地学校学生、教师之间的交流。再次,住宿类型是游学团的特色,一般分寄宿家庭或者学校住宿类型,产品设计时应充分考虑此问题。最后,体现游学团与一般团队的区别,要有精致的行程安排,游览景点与学生游学目的相结合,以便吸引学生及家长的兴趣。

四、任务准备

1. 准备相关书籍;
2. 配备电脑,便于网络查询;
3. 把学生分为3~4组,以澳洲、新西兰游学团为例,设计一条科学、可行的游学团线路。

五、任务实施

表 3-2-2-3　任务实施表

序号	实施步骤	说明	要求	备注
1	准备工作	准备好资料、书籍、笔、笔记本等	准备充分	
2	归纳	根据要求归纳团队和散客的异同	(1) 查看资料细致 (2) 边查看边记录 (3) 分析归纳合理	
3	分组讨论游学团	(1) 讨论游学团的定义。 (2) 游学团学生的需求分析。 (3) 以澳洲、新西兰为目的地，设计一条游学团线路。	讨论有效，分析合理，设计出的线路符合需求，有市场。	
4	知识转化	学习把课本理论知识转化为实践知识	把知识灵活运用到案例分析中	

六、任务评价

表 3-2-2-4　任务评价表（教师评价）

序号	评价内容	评价结果			
		优	良	合格	不合格
1	认识游学团				
2	分析学生需求				
3	设计线路思路				
4	线路的科学性				
5	线路的可行性				
6	线路特色				
7	团队合作情况				

表 3-2-2-5　任务评价表(自评)

序号	评价内容	评价结果			
		优	良	合格	不合格
1	认识游学团				
2	分析学生需求				
3	设计线路思路				
4	线路的科学性				
5	线路的可行性				
6	线路特色				
7	团队合作情况				

七、问题及解决

表 3-2-2-6　问题解决表

序号	问题	处理措施	预防措施	改进方法	备注
1					
2					
3					

八、拓展知识

【阅读材料 3-2-2-1】

传统旅行社抢滩定制旅游市场

人民网广州 2013 年 11 月 13 日报道:广之旅定制旅游俱乐部在珠江新城太阳新天地开业,该俱乐部也成为南中国区传统旅行社成立的首家定制旅游服务机构。

活动现场发布该社 2013 年首批定制旅游概念型产品,包括涵盖稀缺旅游体验的享受型行程、突破常规出游套路的猎奇探秘、追求心灵放松的遁世禅修,以及细细品味当地人民俗生活的慢生活之旅等线路,供市民进行定制旅游时参考。

岭南集团董事长冯劲到场祝贺并致辞,他表示,岭南集团作为全国前十、华南首位的旅游集团,拥有覆盖全球的营销网络,以及与旅行社高度相关的酒店、会展、交通服务等相关产业,不断追求旅游产品的创新和产业的领先地位。此次,旗下广之旅秉承"将客户价值置于不可动摇位置"的理念,通过运营模式改革与创新,率先成立定制旅游俱乐部,将为广大消费者带来全新的旅游产品和最佳的旅行体验。

广之旅总裁陈女士表示,该俱乐部是广之旅定制旅游服务的窗口,共有4大重要功能:一是定制旅游工作室,是广之旅定制旅游的研发中心;二是广之旅旅游产品的发布中心,每季度将在此发布最新的定制产品信息和趋势;三是国内外旅游目的地营销的推广平台,将全年不间断地与目的地推广机构密切合作,共同推广;四是私家定制旅游达人沙龙,将全年间断开展达人旅行方案分享,以及各类专题私享会。

一、定制≠高价,传统旅行社依托成熟的资源采购网络打造高性价比"定制旅游"

与欧洲成熟的定制旅游市场相比,国内的定制旅游刚刚起步,但发展迅速。据了解,近年来,在北上广等经济发达区域,各类定制旅游服务供应商层出不穷,此类旅游服务供应商多数以"高端、定制"为服务口号,其经营的目标人群也基本集中在有时间、有自由的中小企业主、自由投资人士、金领等高收入人群。对于大众旅游消费者而言,"定制旅游"也因此被蒙上了一层神秘的面纱。

然而,作为南中国区首家成立定制旅游俱乐部的旅行社,广之旅总裁陈白羽却对该社即将推进的定制旅游服务有着不同的理解。与目前旅游市场上存在的多数定制旅游服务供应商不同,广之旅定制旅游服务并非一味强调高端、高价,更强调的是个性化、针对性。

"定制旅游并非完全意味着奢华消费,而是一种更加完美的生活方式,让旅游者真正了解旅行的意义,获得想要的感受。如果定制旅游只是面向极小众的高价市场,运作成本过高的话,并不利于其持续发展。如欧洲博物馆游、小镇游、火车游等,可以选择当地成熟的交通网络、住在特色的主题旅馆或家庭旅馆,不用花费太多也能收获满意的旅程。"陈女士说。

二、个性需求催生定制旅游,尚属起步阶段,发展前景可观

据了解,目前国内旅游市场的定制旅游主要以三种产品形式出现:第一种是单项组合定制,即按照旅游消费者的旅行预算进行简单的订房、订车或者订机票等旅游项目的零售或者组合形式售卖,属于较为初级的定制旅游服务;第二种是旅行主题定制,即按照旅游消费者的旅游目标,为其设计科学可行的旅行计划并执行推进;第三种则是自主旅行定制,即完全按照旅游消费者的主张,充分满足其消费实力、时间成本和旅行体验的旅游产品,属于"纯定制旅游产品"。

业内人士表示,与欧美等发达国家中十分成熟的旅游市场和其国人的旅游消费习惯相比,国内定制旅游市场仍属于刚起步的初级阶段,定制旅游的市场潜力远未被开发。随着旅游市场发展的逐步完善、成熟,旅游者对自己的旅游方式和消费观念将提出更高的要求,随着个性化旅游的增加,未来的个人旅游市场将会越来越细分,旅游方式也会更加灵活多变,定制旅游将成为旅游市场发展的重要方向。

此外,广之旅针对个人定制旅游首次推出多条"概念型主题定制新品",供定制旅游消费者参考,引导其确定定制旅游方向。据了解,产品以玩美猎奇、隐遁禅修、休闲慢享、奢华享受等为主题,涵盖欧洲、非洲、南美等境外出境游目的地以及国内多个旅游目的地,1人即可成行。而价格,则根据游客的出行天数、日期、出行需求以及食宿接待要求进行组合报价。

记者发现,旅行社推出的首批主题定制旅游产品价格,普遍较常规团队高,但由于部分行程安排的稀缺性和特殊性,旅行体验也非常规团队所能比拟。值得注意的是,旅行社的资

源批量采购能力,在此类定制旅游产品方面也能发挥作用。以广之旅"隐遁灵山 清净穹隆双飞4天禅修之旅"为例,4人成团的价格需要近2.4万/人,而10人成团,则只需要近1.3万/人,两者价格相差将近一半。

"此种'概念型定制旅游产品',类似于我们装修家居时定制衣柜、橱柜的'样板',用于给定制旅游消费者提出定制需求时带来启发、作为参考,让其知道他所计划的旅游目的地其实可以这样玩;当然,他也可以随心所欲地向我们提出他们的旅行需求,或者增减其中的行程安排。从目前的价格核算来看,与常规的团队旅游线路相比,概念型定制旅游产品会有不同程度上涨,但由于其优势在于依据游客个人需求,随心所欲地制订特别的行程计划,因此会逐步受到旅游爱好者的欢迎。我们将通过与消费者充分沟通,根据旅游者的消费能力,以旅游者的时间成本和体验价值为导向,精打细算地设计出产品成本和销售价格合理的旅游产品,以满足其个性化的需求。"旅行社表示。

三、"一对一"、"上门服务",轻松搞定定制旅游

记者从广之旅方面了解到,有别于常规的旅游报名门店,该"定制旅游俱乐部"将主打该社旅游定制业务,并将季度性发布下一季最新的定制旅游产品样板方案、举办各类旅游产品的新品发布会;此外,还将邀请行业知名人士、资深旅游专家、全球定制旅游供应商等业内人士,根据不同的时令特点,定期在俱乐部内举行各类旅游沙龙、旅行分享会等。游客可以在这里了解到最前沿的旅游资讯、最新颖的出行玩法,从而转化为自己的出游概念。

此外,游客在广之旅定制旅游俱乐部可通过"VIP定制旅游服务需求表",填写或挑选个人兴趣爱好、出游日期、出游目的地、航班时间、导游类别(如幽默型、知识型、保姆型等)、预算等,广之旅旅游专家将进行"一对一"旅游定制服务,甚至是"上门服务"。另外,凡在定制旅游俱乐部购买定制旅游产品一次以上即可成为会员,除可享受专属私家定制外,更可不定期获邀参与旅游沙龙、享受生日优惠及新品信息即时通知等服务。

(资料来源:人民网 http://news.163.com/13/1113/18/9DJ5646700014JB6.html)

【阅读材料3-2-2-2】

2013年广之旅游学团销售宣传资料

一、英国篇

世界上第一个工业化国家,一个拥有多元文化的古老国家。现代化和古典美充分地融合在一起。18世纪至20世纪初是世界最强大的国家,现在世界范围内依旧具有举足轻重的影响力,尤其在经济和科学教育上。英国气候温和湿润,四季寒暑变化不大。这一个迷人的国度,它吸收了众多国家的优点而自成一格,拥有浪漫、严谨、自由于一体。君主立宪制度下的英国,更能在欧美国家中突显它古老而神秘的色彩。

★青少年国际文艺交流班(地区:爱丁堡)★

学校:The Edinburgh Academy 爱丁堡中学

出团时间:7月中旬~8月上旬(2~3周)

年龄要求:14~17岁

住宿类型:寄宿家庭

特色:

1. 亲临爱丁堡艺术节会场领悟艺术人生;

2. 百年老校教育专家授课,纯英式学习;

3. 国际学生汇聚学习与交流。

★牛津大学深造班（地区:牛津）★

学校:Oxford University 牛津大学

出团时间:7月中旬~8月上旬(2~3周)

年龄要求:12~23岁

住宿类型:学校宿舍

特色:

1. 全英排名第1的世界顶尖大学;

2. 名校名师,精品课堂,结交精英校友,拓展非凡人生;

3. 国际学生汇聚学习与交流;

4. 入住牛津大学学生公寓。

★名校留学先修班(地区:谢菲尔德)★

学校:The University of Sheffield 谢菲尔德大学

出团时间:7月中旬~8月上旬(2~3周)

年龄要求:10~17岁

住宿类型:学校宿舍

特色:

1. 英国常春藤大学之一,世界百强名校;

2. 名校教育专家授课,提前进入名校课堂;

3. 国际学生汇聚学习与交流。

二、美国篇

全球最发达的资本主义国家之一,集繁华现代与悠闲自然于一体。繁华的都市中可以找寻到最有趣的事物。宁静的小城市中可以找寻到最纯净的自然风光。美国是全世界最多宜居城市上榜的国家,以经济发达、教育超前、人文素质较高、社会福利好等一系列优势,深深地吸引着各国人民前往。"山姆大叔"的国度,是一个代表自由、力量、乐观生活观的地方。是让人们充分开阔视野,享受生活的一片乐土。

★耶鲁大学天才训练营(地区:波士顿)★

学校:Yale University 耶鲁大学

出团时间:7月中旬~8月上旬(2~3周)

年龄要求:13~17岁

住宿类型:大学宿舍

特色:

1. 美国总统的摇篮;

2. 真正置身于耶鲁大学里学习与生活;

3. 名师授课,培养未来接班人;

4. 国际学生交流汇聚。

★军港文化体验营(地区:圣地亚哥)★

学校:University of San Diego 圣地亚哥大学

出团时间:7月中旬~8月上旬(2~3周)

年龄要求:14~17岁

住宿类型:大学宿舍

特色:

1. 美国太平洋舰队总部西岸基地;

2. 国际学生交流汇聚。

★总统成长探索营(地区:洛杉矶)★

学校:Los Angeles Occidental College 洛杉矶西方学院

出团时间:7月中旬~8月上旬(2~3周)

年龄要求:11~17岁

住宿类型:大学宿舍

特色:

1. 奥巴马的母校;

2. 追寻伟人成长路;

3. 国际学生交流汇聚;

4. 感受热情奔放的美式教育。

广之旅游学团创新课程策划说明

1. 语言课程不是游学的唯一选择

广之旅海外咨询服务有限公司拥有多年的海外游学营策划经验,走在行业尖端。游学课程的设计与开发,早已不局限于课堂上的语言学习。我们为多才多艺、活力充沛的孩子们准备了各种精彩课程——动感网球实践课、精英马术体验课、黄金海岸滑浪课、曼妙浮潜体验课、少年领袖培训课、日本动漫入门课、生存技能训练课……配合活泼生动,以互动形式为主的趣味英语课程和各种新奇有趣的团队活动,让你的游学假期更充实,更有收获。

2. 严谨的营地筛选

安全、舒适、灵活是我们的最高追求!

"我们学校与广之旅已合作多年。一直以来学校也致力为游学营的学子们提供最高质量的学习和课外活动。然而,安全的环境、舒适的住宿也是我们从不忽视的部分。作为游学营地的提供者,我们有责任为每一位小少年提供最贴心的服务,保障他们的安全和健康。只有这样才能让学生称心,让家长安心。"

3. 精致的游览项目安排

游与学的真正完美结合!

华南地区最具影响力的旅行社——广之旅,在世界各地均有丰富的旅游资源。然而,我们游学营的游览项目却与其他旅行团有着本质上的区别。我们特意设计了更适合青少年的游览行程,不仅景点更时尚,行程更具活力,而且每一条线路的游览项目都与游学的课程和主题紧密相关,做到真正的"游"和"学"相互配合。

4. 专业的签证服务

省时、省心,高标准换来骄人的成绩!

我们是一支出色的签证服务团队,多年来以专业水平和诚信的态度换来了各国领馆和签证中心的大力支持。新西兰、意大利、印度三大签证中心作为强大后盾,全球专业签证经验,强大签证咨询团队,深受各领馆好评!签证通过率高达99%,同时让签证申请时间大大缩短。更被英国签证中心评核为签证资料最完整机构,在我们专业顾问的指导下,你的申请材料准备将更便利,更简单。

5. 资深领队全程呵护

贴心关怀从第一天到每一天!

"每一次带领夏令营出团时,我都感觉更具使命感和责任感。因为在活泼可爱的学生们面前,我不仅是一名领队,同时也是他们的监护人。异国他乡的生活中,总会遇到一些困难或产生一些焦虑。但是只要我们一起分担忧虑,分享快乐,一切困难最后都只会成为最珍贵的回忆。"

6. 贴心的跟进服务

时间再长、距离再远,依然远在身边!

孩子独自到他国远行,对于家长来讲,最难受的莫过于牵挂。我们贴心的客服团队将每天为你送来孩子在他国的第一手资讯。每个团队抵达后,我们会第一时间向你发送平安短信。每天网站上都会更新孩子游学活动的最新图片和消息。客服部门还会与每一位领队保持密切的沟通,只要找到我们,就能了解到孩子的即时情况。

(资料来源:广之旅官网 http://www.gzlco.com/zhuanti/2013youxue/)

任务三 团队产品销售

一、任务描述

要求学生了解旅行社分销的模式,正确认识和选择旅行社的促销策略。

二、任务分析

春季开学后,某旅行社设计了数条学生团春游线路,准备推向市场,请为其设计促销的策略。把学生分为3~4组,模拟促销过程。

表 3-2-3-1　学生春游团促销计划

步骤	内容	过程记录
STEP 1	春游团线路分析	
STEP 2	目标学校情况分析	
STEP 3	促销方式选择	
STEP 4	促销人员安排	
STEP 5	促销地点选择	
STEP 6	预计促销效果	
STEP 7	促销费用预算	
STEP 8	其他	

三、相关知识

(一) 旅行社促销策略

1. 正确理解促销

促销即促进销售,旅行社促销是旅行社通过人员和非人员的方式,与潜在的旅游者进行信息沟通,激发顾客的购买欲望,影响和促成顾客购买行为的全部活动的总称。促销活动实质上是一种沟通、激励活动。对旅行社而言,促销组合就是广告、人员推销、营业推广和公共关系等四种方式的组合和综合运用。

2. 促销的作用

促销是旅行社销售常用的手法。促销在销售中的作用明显。

(1) 更好地沟通信息

旅行社促销是主动地向旅游市场提供旅游产品的相关信息,以增进市场和企业之间的相互沟通,使潜在旅游者通过促销信息,了解、关注旅游产品的特点、价格及相关服务,引起社会各方面的关注,对消费者和潜在消费者做出购买决定起到促进的作用。

(2) 突出产品特色,强化旅行社竞争优势

在激励的市场竞争中,旅行社的生存与发展越来越需要强化自身的经营特色。与众不同、独树一帜、率先推出新产品等是多数旅行社成功的秘诀。随着新《旅游法》的出台,更需要各旅行社推出新的旅游产品招揽游客。旅游促销恰恰是以传播旅游产品特色为主要手段,它通过对旅游产品差异信息的强化传递,对产品特色起到聚焦、放大的作用。即使与其他的旅游产品差别不大,也可通过促销赋予其不同的形象差别,让消费者重新认识到产品的特色之处,满足并刺激消费者的需求,使他们形成购买偏好。

(二)旅行社常用的促销方式

1. 广告促销

广告是一种高效的促销工具,是一门带有浓郁商业气息的综合艺术,它可以将特定的信息广而告之。旅游广告是指旅行社以付费的方式,租用媒体或以自己购买、制作的媒体进行公开宣传,达到影响旅游者行为、促进旅游产品销售目的的手段。旅行社常用的广告形式有:

(1) 户外广告牌

户外广告牌是一种形式灵活、成本适中、影响力较大的广告媒体。一般设在火车站、飞机场、汽车站、码头、主干公路边等过往行人多的公共场所、路旁、建筑物顶部等位置,多配夜间灯光照明,不论白天或黑夜都容易被过往人群注意到。广告牌上有简洁、生动的广告语,并适当配有相关彩色图片。

(2) 产品宣传单

制作宣传单的成本低,容易派发,效果好,一般采用图文并茂的形式,设计制作为单页传单、多页传单、折叠式传单等形式,由旅行社交由中间商散发,也可以雇人在人流量大的公共场所散发。

见图3-2-3-1。

图3-2-3-1 宣传单

(3) 旅行社纪念品

旅行社利用载有旅行社信息的物品进行广告促销宣传,如向旅游者赠送印有本社名称、社徽(LOGO)、联系地址、电话号码的背包、手提袋、太阳帽、T恤衫、记事本等纪念品。旅游者在旅游过程中和日常生活中使用这些纪念品时,无意中为旅行社做了免费广告宣传。见图3-2-3-2、3-2-3-3。

图3-2-3-2 旅行社纪念品——台历

图3-2-3-3 旅行社纪念品——青花瓷套件

（4）报纸

报纸是发行数量多、普及面最广和影响力最大的媒体。它的特点有传播速度较快、信息传递及时、信息量大、说明性强等。报纸一般分为全国性报纸、地方性报纸和专业性报纸等类型。如广州地区旅行社，在使用报纸宣传产品时，多选择《广州日报》、《羊城晚报》、《南方都市报》等报纸的旅游专栏等。

见图3-2-3-4、3-2-3-5。

图3-2-3-4 报纸广告1

图3-2-3-5 报纸广告2

（5）广播电台

广播电台以地方广播电台居多，所以广播电台是一种以地方性市场为主要宣传目标的广告媒体。如广州地区的珠江台、广州电台等。

（6）电视广告

电视广告具有视听紧密结合、形象生动活泼、信息传达及时、传播范围广、重复率高等优点，是一种影响力极强的广告媒体。但电视广告费用高，播出时间短，观众难以迅速理解广告信息内涵等，需要多次重复播放效果才佳。另外，电视广告价格昂贵，许多中小型旅行社难以承担此笔费用。

（7）的士、地铁和巴士等车载媒体广告

随着信息的日益发达,广告媒体无处不在。旅行社宣传方式越来越多且有效,如的士内的车载媒体广告、地铁内的广告、地铁车厢内的旅行社宣传信息、公共巴士上的车载媒体、电梯内海报等,给搭乘公共交通工具的乘客提供旅游宣传信息。

（8）网络促销

网络的互动性、新颖性、针对性和高效性等特点,使得越来越多人从中受益。随着网络经济的高速发展,越来越多的旅行社有自己的官方网站,消费者通过网站可以了解到旅游资讯,甚至完成购买旅游产品等一系列行为。

2. 直接促销

直接促销即没有任何中间渠道,直接销售给消费者。旅行社直接促销的形式如下:

表3-2-3-2 旅行社直接促销形式及特点

序号	直接促销的形式	特点	不足
1	人员推销	即旅行社促销人员与顾客通过电话或面对面接触,进行洽谈,向顾客宣传、介绍旅行社产品,对产品进行促销的活动。 (1) 体现个性特点 (2) 使销售具有人情味 (3) 可以立即反馈和双向沟通 (4) 对旅行社推销人员的口才和反应能力要求较高	(1) 需要大量人力 (2) 接触顾客有限 (3) 促销人员须熟悉旅行社产品
2	网络促销	(1) 利用网络销售 (2) 可投放网络广告 (3) 信息更新快 (4) 具有互动性	信息发达地区可以采用
3	电话咨询	(1) 沟通方便 (2) 刺激游客的购买欲望 (3) 热线电话咨询效果佳	(1) 大量要求人力 (2) 服务热线开通时间长
4	邮寄产品	(1) 旅行社把产品的宣传册、产品目录等材料直接邮寄给顾客 (2) 信息传递速度慢 (3) 信息量大	(1) 沟通不便 (2) 信息反馈不顺畅

3. 营业推广

营业推广也叫营业促销,是指旅行社在某一特定时期、特定空间范围内,通过刺激和鼓励交易双方,促进旅游者尽快购买旅游产品,而采取的一系列促销措施和手段。营业推广是短期的促销方法,一般通过短期内降价、举办展销会、招待会等促销活动,刺激顾客的购买欲望。营业推广的对象有:大众顾客、旅游中间商、旅行社的推销人员。

营业推广的方法有以下两种。

(1) 价格促销

是旅行社通过短期降价来吸引顾客购买产品的一种促销方法,主要有价格折扣、赠送折扣券等方式。

(2) 竞赛促销

即通过各种竞赛促进销售,如对大众顾客的竞赛促销、对旅游中间商的竞赛促销、赠品促销等方式。

4. 公关促销

公关促销是指旅行社有目的地运用传播手段,使自己与公众相互了解和相互适应,塑造自身良好形象,借以促进销售的一种活动。旅行社公关促销的方法很多,根据公关内容的不同,可以分为旅行社产品新闻发布会、产品展览会、庆典活动、社会赞助、公关谈判等形式。

四、任务准备

1. 借助网络、书籍途径搜集资料;
2. 准备笔记本、笔;
3. 模拟促销现场布置;
4. 小组安排。

五、任务实施

表 3-2-3-3　任务实施表

序号	实施步骤	说明	要求	备注
1	掌握旅行社常用的促销方式	参考信息整理、归纳、总结	概括合理	
2	促销设计	促销方式选择、地点选择、人员安排、效果评估等	要求学生设计出较合理、可行的促销方式	
3	分组完成	学习把课本理论知识转化为实践知识	把知识灵活运用到完成模拟实训的过程中	

六、任务评价

表 3-2-3-4 任务评价表(教师评价)

序号	评价内容	评价结果			
		优	良	合格	不合格
1	认真负责				
2	分工合理				
3	团队协作				
4	语言表达能力				
5	任务完成进度				
6	任务完成质量				
7	其他				

表 3-2-3-5 任务评价表(自评)

序号	评价内容	评价结果			
		优	良	合格	不合格
1	认真负责				
2	分工合理				
3	团队协作				
4	语言表达能力				
5	任务完成进度				
6	任务完成质量				
7	其他				

七、问题及解决

表 3-2-3-6 问题解决表

序号	问题	处理措施	预防措施	改进方法	备注
1					
2					
3					

八、拓展知识

阅读材料【3-2-3-1】

广之旅：电子商务与传统销售并驾齐驱

据《中国旅游报》2013年2月报道：2012年，广之旅在电子商务方面成绩显著：全年网上营业额占总营收的15%，较2011年实现翻倍增长；通过网站吸纳的顾客超过总数的20%，在省内游板块更占到了30%。

电商定位瞄准市场空缺

从全国旅游市场来看，广州显得十分特殊，面对超过1200万人口的庞大散客市场，广州的旅行社已经习惯了门店销售。5年前，通过网络报名参团也并不为大多数广州游客所接受。

广之旅在电子商务上起步较早，20世纪90年代就有了自己的网站。2009年，梁冬雪正式接手广之旅网站运营，担任电子商务总部副总经理。她形容，当时网站仅仅是企业对外宣传的展示平台，并无其他功能。

接手以后，梁冬雪着手建立及完善顾客在线咨询、报名、支付平台。优化客户线上体验的同时，如何让企业品牌得以更好传播一直困扰着这个部门的每个人。当时，广之旅在分析营业数据时发现，消费群体年龄偏大，平均年龄40岁以上，年轻消费群体几乎空白。而网络正是这些年轻消费者必备的社交途径，因此通过网站宣传，应该可以吸引更多的年轻游客。

据了解，2009年起步时，广之旅的网上营业额仅占营业总额的百分之零点几。2010年，广之旅成立电子商务运营团队，营业额占有率提高了5%至6%。2011年，电子商务被提到了战略性高度，公司开始给电子商务部下指标。2012年，网上营业额达到总营收的15%，电子商务成为广之旅营销不可或缺的一部分。

电子商务弥补传统不足

很多人觉得电子商务对传统旅行社业务是一种"侵占"，但梁冬雪不赞成这种说法。她认为，近年使用网络购物的人群大幅度增长，顾客新的消费习惯已经形成。如果旅行社不顺势而为，那么旅行社所面临的不是被"侵占"，而是将客源拱手相让。

发展电子商务对广之旅产生了多方面的影响。首先，电子商务开拓了另一个年龄层的消费市场。一开始，广之旅的网站专门提供港澳游、省内游、酒店、景区门票等低价产品、试玩、新产品。从网站销售数据看，消费金额不高、人群量很大，这说明网站面向年轻群体的策略是有效的。

其次，广之旅根据自身"散客多、历史久、扎根本土"的特点，在旺季时将大量低价产品转移到网上销售，并通过提供抽奖免单机会、赠送礼品等方式鼓励散客们去网站下订单，减轻了营业部的压力，使营业部得以集中精力应对中高端客户和旅游团队。

除了增加营业额，网站还可作为产品的展示平台和宣传补充。梁冬雪说，在网站上推广新产品的效果比传统渠道要好。网站展示产品可以图文并茂，比门市的销售人员面对面地口述更为形象直观。

网络还有助于开拓广东以外的市场,使得广之旅品牌可以在省外无营业店的情况下得以传播。梁冬雪说,网上订单数据显示,广之旅的客源已经扩大到湖南、广西、海南、江西等地,越来越多的外省游客通过网站平台选择广之旅。

来自支付宝的数据显示,2012年,广之旅以网站销售的形式创造了7700多万元的营业额,在华南地区同行业中排名首位。同时,网站吸引的顾客人数也名列前茅。梁冬雪透露,2013年,公司希望电子商务在营业额上能继续翻倍,同时在客户体验、网站建设方面也要再提升,让顾客使用网站时,感到更方便、更舒适。

(资料来源:中国旅游报 http://www.ctnews.com.cn/zglyb/html/2013-02/25/content_69413.htm?div=-1)

阅读材料【3-2-3-2】

旅行社销售员寻找客户的技巧

旅行社销售员寻找准客户,有以下技巧:

一、直接访问

所谓"直接访问",就是销售员挨家挨户直接拜访可能购买的消费者,或是打电话给陌生人以获得访问的机会,或是寄推销函给陌生人,再用电话追踪以获得拜访的机会。由于直接访问的对象都是毫无关系的陌生人,因此,取得订单的概率不大,可是对于人脉较差的新进销售者,这却是寻找准客户的方法之一。由此可知,直接访问的首要条件就是"肯吃苦"、"能耐劳"与"够勤快"。

二、老客户的介绍

所有的销售好手都知道,老客户是寻找准客户最好的来源。开发新客户就像垦荒,费时费力,事倍功半;与老客户接触,好比在完善设施的农场上耕耘,驾轻就熟,事半功倍。老客户不但会重复购买,而且可能介绍许多的准客户。老客户的一句话,往往胜过销售者的十句话,威力无比。每一个老客户都有他的威力可及的数十人的关系网。假如他喜欢你、欣赏你的话,愿意介绍数十人成为你的准客户,那你就将受用不尽。因此,销售者一定要设法使客户满意旅游产品,愿意再来光顾,并介绍准客户来。

三、各单位代表的协助

广结善缘,培养良好的人际关系,由"点"至"线",进而推广至"面",就是销售员的最佳"线民",随时随地得知购买信息,只要发现准客户,立刻通知销售员,发挥最大的销售人脉与销售力。当然,成交之后,可以付固定的佣金或非金钱上的酬谢,如免费参加旅游、送礼等。

四、旅展

旅游产品的展示也是获得准客户的好方法。前来参观的消费者,大都是对旅游产品有兴趣者,也就是销售员所渴求的准客户。这时,若能知道参观者的姓名与地址,那就是一份准客户的名单了。一般人怕销售员纠缠与骚扰,大都不愿留下姓名与地址。因此,必须给这些准客户一个留下资料的好理由。

五、名册

利用各种名册以获取准客户的方法。这些名册包罗万象,例如:工商名录、企业指南、企业名人录、工厂名录、电话簿、社团会员名册,如企业经理协进会、扶轮社、狮子会、青商会等;同业工会名册、毕业纪念册、各种俱乐部名册,如圆山俱乐部、太平洋俱乐部、银行家俱乐部等;新公司的工商登记及监理所汽、机车登记等。

(资料来源:国旅集团旅游培训中心 http://www.lvyoushi.com/wlxszl-lxsxsyxzzkfdjq.shtml)

任务四 团队洽谈的准备

一、任务描述

要求学生了解旅行社销售人员与客户洽谈团队销售事宜前需要做好哪些准备工作。

二、任务分析

把学生分为4组,模拟以下情境练习:旅行社销售人员要会见企业负责人,与其洽谈团队销售事宜,作为销售人员,做好一系列准备工作。

表3-2-4-1 旅行社团队洽谈模拟练习

分组	洽谈对象和内容	洽谈前的准备	模拟练习过程记录
第一组	某小学校长 一日游(春游)		
第二组	某计算机公司副总经理 广东省内温泉两日游		
第三组	某医院办公室主任 昆明大理丽江双飞十日天游		
第四组	某铁路集团工会主席 新马泰双飞十日游		

三、相关知识

业务洽谈是旅行社业务的主要内容之一,是旅行社销售人员与旅游客户业务联系、商讨交易条件的重要内容,是最终令双方都满意、达成共识、促成交易的商谈、协议过程。业务洽谈形式常见的有几种,如面对面的洽谈,客服热线洽谈,网络上QQ、微信的联系、留言等。无论哪种洽谈方式,目的都是为了建立业务关系,或者就某种产品达成购买意向,获得客户的信任,以便促进产品的销售。所以,为了达到预期洽谈效果,洽谈前应该做充分的准备工作。

（一）形象准备

在旅行社的团队业务洽谈中体现相互尊重的行为准则，是销售活动中对人的仪容仪表和言谈举止的普遍要求。形象准备对洽谈成功有一定的帮助：第一，能提高旅行社销售人员的个人素质。市场竞争是人员素质的竞争，对销售人员来说，就是销售人员素质修养表现的竞争。第二，有助于建立良好的人际关系。交往中不懂礼貌、不懂规矩，可能会把事情搞砸。第三，可以用于维护形象。销售人员的形象很重要，因为代表的是旅行社企业形象、产品形象和服务形象。具体要求如下。

1. 服饰

服饰反映个人修养，是个人审美情操和企业规范的一种形象体现。所以在销售洽谈过程中，服饰合宜的关键是适合本人的身份地位。一般要求男士穿西装，女士穿职业套装。另外，不同场合，要学会不同的服装搭配，要给人一种和谐的美感。

2. 仪表

即外表，重点是头和手。头部头发干净利索，不能有头皮屑，男士头发不能过长；手部要干净，勤剪指甲。

3. 表情

表情自然，不装模作样；表情友善，不要有敌意。友善是一种自信，感情要良性互动，要使双方平等沟通。

4. 举止

举止要有风度，风度意味着优雅的举止。人们常说"腹有诗书气自华"，文化修养好、有内涵、惯于自省的人常常自然而然地表现出优雅、善意的动作、举止。举止要文明，尤其是在大庭广众之下。在与客户沟通过程中，要给对方留下良好的印象，以增强进一步沟通、促成交易的意向和机会。仪态方面要"站有站相，坐有坐相"。

（二）语言准备

注意语言的组织，力求用词大方得体，把旅行社产品清楚明了地介绍给客户，与客户沟通顺畅。要注意以下三方面：第一，注意音量，声音过大显得没有修养，说话声音低一点有两个好处，一是符合规范，二是比较悦耳动听。第二，慎重选择谈话内容，言为心声。要围绕洽谈主旨展开话题，明确哪些该谈哪些不该谈。第三，交谈中，习惯使用礼貌用语也是很重要的。

（三）心理准备

销售洽谈过程，是心理较量的过程，是心理抗衡的过程，自信是洽谈成功的关键因素。时刻站在洽谈双方的角度思考问题，分析问题，分析形势，把握时机，善于应用各种洽谈技巧达到销售旅游产品的目的。

(四) 知识准备

首先,熟悉旅行社。熟悉旅行社的基本情况,以便在洽谈中加以宣传,提升企业的知名度。

其次,熟悉旅行社产品。了解旅行社产品的特色,产品可能为客户带来的愉快体验、出团日期范围、产品的价格等。只有充分了解产品,才能自如地推介产品。

最后,熟悉客户。尽可能做到知己知彼,才能掌握洽谈过程的主动权,对洽谈的内容和发展做出正确的判断。在做洽谈准备时,需要详细了解客户的背景、爱好,或者客户企业的基本情况,如企业性质、规模、生产产品、企业文化等,为洽谈做好准备。

四、任务准备

1. 通过网络、书籍途径搜集资料;
2. 准备笔记本、笔;
3. 布置模拟洽谈的现场;
4. 小组记录模拟过程。

五、任务实施

表 3-2-4-2 任务实施表

序号	实施步骤	说明	要求	备注
1	了解相关知识	正确理解旅行社销售人员洽谈前的准备内容	做好四方面准备工作	
2	分组	把学生分成四组,每组对应不同的洽谈对象,具体见表 3-2-4-1。	要求学生洽谈前,针对不同的洽谈对象做不同的准备工作。	
3	形象准备	按照要求做好形象准备	服饰、仪表、表情、动作等符合要求	
4	语言准备	准备语言的组织、措辞、话题等	音量、用词恰当	
5	心理准备	自信、大方、得体	心理素质好	
6	知识准备	熟悉旅行社线路产品、熟悉顾客背景等	做好大量的准备工作	

六、任务评价

表3-2-4-3 任务评价表(教师评价)

序号	评价内容	评价结果			
		优	良	合格	不合格
1	认真负责				
2	分工合理				
3	团队协作				
4	语言表达能力				
5	任务完成进度				
6	任务完成质量				
7	其他				

表3-2-4-4 任务评价表(自评)

序号	评价内容	评价结果			
		优	良	合格	不合格
1	认真负责				
2	分工合理				
3	团队协作				
4	语言表达能力				
5	任务完成进度				
6	任务完成质量				
7	其他				

七、问题及解决

表3-2-4-5 问题解决表

序号	问题	处理措施	预防措施	改进方法	备注
1					
2					
3					

八、拓展知识

阅读材料【3-2-4-1】

预约洽谈的方式

在拜访客户前，营销人员经常会遇到这样的问题：营销人员是否应该把自己要前去拜访客户的消息告诉客户呢？对这个问题目前很难作出一个肯定的回答。如果营销人员把拜访的事情事先告诉客户，而客户不会拒绝营销人员的拜访，也不会利用这一机会提出反对购买的理由，那么，营销人员就应该事先告诉客户。

如果营销人员事先让客户知道自己要前去拜访，就可以节省一些时间和精力，不会把太多的时间浪费在接待室和路途中。通过预约，营销人员可以在客户认为比较合适的时间去拜访他，这样有利于面对面地接触，有利于加深印象，加深了解。营销人员说的话就会受到对方重视，也比较有说服力。

许多营销人员喜欢顺路拜访客户，但经常会遭到客户的冷遇。在这种情况下，即使营销人员郑重其事，也会引起客户的反感，达成交易的可能性也非常小。

营销人员如果知道某个客户只在约定好的情况下才会见自己，就应该按约进行，不要贸然造访。在拜访这类客户时，不能使用欺骗的方法，不要为了想见到这位客户而对他手下的人撒谎，比如说"我有一些重要的事情要亲自告诉他""我是某某经理的朋友""我跟他约好了"，等等。这样做是不负责任的，也是愚蠢的。这种欺诈行为迟早会被人揭穿，它会严重影响客户对营销人员和促销产品的看法。即使是善意的谎言，也只能使用一次，第二次肯定是不会奏效的。一旦客户把这个情况告诉接待员，营销人员就再也别想进入他的大门了。

营销人员要根据具体情况选择恰当的预约方式，常见的预约洽谈方式主要有以下三种。

1. 书信预约

在客户对营销人员和营销人员的公司以及促销的产品都不了解的情况下，最好的方法是先给客户写一封产品情况介绍信，然后再打一个电话。如果营销人员觉得在电话里不能把问题说清楚，或者不能在电话里约定洽谈时间，那么采取书信预约的方式较为合适。在书信里，营销人员不能用"如果您能告诉我什么时候拜访您合适我会非常高兴"这样的话作为信的结尾。比较好的结尾是："我将打电话和您联系，我什么时候可以拜访您？"或"我下星期三拜访您是否合适？"

如果营销人员担心打电话会遭到客户的拒绝，在书信的结尾可以这样写："这个星期五的下午3:30我将冒昧地拜访您，时间不会太长。如果时间不合适的话，您可以让您的秘书告诉我。在此，谨表谢意！"

客户不回答不等于默许，到时候他也可能会拒绝与营销人员见面。但出现这种情况的可能性不是很大。如果营销的产品具有相当大的吸引力，能使客户产生兴趣，营销人员就更有可能促使客户同自己进行洽谈。亲笔书写的书信比打印、复写的更能打动客户。

2. 电话预约

电话预约也是营销人员常用的一种预约方法。在与客户打电话约定洽谈时间时，说话要简明扼要。比如:"我是小王。我准备到您的办公室拜访您,时间不超过10分钟。我准备向您介绍一种有吸引力的产品。我什么时候到您那里比较合适?明天上午10:30还是后天上午?"

如果客户询问营销人员代表哪一家公司或者所促销的是什么产品,就可以详细告诉他。如果营销人员所在公司的名称或品牌有助于营销人员和客户约定洽谈时间,应该主动地报出公司的名称或品牌。

关于促销产品的问题,就不那么容易回答了。因为电话谈话不宜详细介绍产品,所以,营销人员最好能避免直接回答这个问题。但是,营销人员必须作好回答这个问题的准备,最好能用简短的回答来引起客户的兴趣和好奇心,使客户产生想进一步了解该产品的念头。许多新营销人员常常会这样错误地回答:"我想您会对我们的财会软件感兴趣"或者"我想知道您是否需要我们工厂生产的程控系统。"在使用电话预约时,营销人员不应在电话里把太多的事情告诉客户,以免说得太细,再进行面谈就无话可说了。

例如:一位客户想通过电话向促销办公室设备的营销人员了解各方面的情况,营销人员是这样回答的:"我很愿意在电话上把所有的情况都告诉您。但是,我还有一些资料请您过目。"这样的回答既巧妙又简单,可以促使客户对促销的产品产生进一步了解的兴趣。

不要让客户产生营销人员仅仅是向他促销某种产品的看法,如果客户产生了这种看法,他就不太愿意会见营销人员。最好让客户知道营销人员将讨论和分析他所遇到的问题,让他知道营销人员可能有解决问题的办法,营销人员可能有办法帮助他赚钱或节省开支。不要让客户产生营销人员想改变他的企业、他的生活方式或者他的人生观的印象。

在谈话开始时,要先谈客户感兴趣的问题,尽量不要讨论营销人员自己的问题。不要说"我想知道……",而应该说"某某先生,作为一名董事,您可能对有利于提高生产效率的合理化建议感兴趣的,对吗?您最多听我讲5分钟,您就会知道我的产品对您的生产是多么有用。我××日××时去拜访您合适吗?"或者"祝贺您搬进了新办公室。您的办公室是那样宽绰,真是太好了。"客户答:"确实很宽绰。""能让我看一看您的新办公室是什么样子吗?另外,我还可以将上海一家邮购公司怎样节省费用的研究结果告诉您,那家邮购公司的情况与您公司的情况相似。您明天下午有时间吗?"

在某些情况下,营销人员可以拒绝谈论促销的产品,只重复自己说过的话即可。"我最多占用您5分钟的时间给您解释一下,只要听我介绍一下情况,您马上就会知道是否感兴趣。我什么时候到您那里去合适呢,是上午10点还是下午两点?"

3. 请别人推荐

如果营销人员所在的公司经理或销售经理是客户非常熟悉的,或者受到客户的尊敬,营销人员就应该多让他们做自己的介绍人。例如:"张先生,大概我们可以帮助您解决所有的大公司都会遇到的一个组织问题。您下星期哪一天有空,想见一下我们公司的刘经理吗?当然不需要太多的时间,×分钟就行,这样对您们是有好处的。另外,您还可以从我们的经验中吸取一些有用的东西。我们非常乐意为您服务。"

在写信向客户介绍营销人员或约会拜访时,要认真推敲信中的措辞和所有的格式,使客户认为营销人员非常重视自己。

（资料来源：MBALIB http://news.mbalib.com/story/42336，有删减。）

任务五　团队洽谈的程序

一、任务描述

要求学生掌握旅行社销售人员与客户洽谈团队销售事宜的流程。

二、任务分析

把学生分为4组，模拟扮演旅行社销售人员，演练与客户洽谈团队销售事宜的流程，训练过程中要求学生重点掌握洽谈的技巧。

表3-2-5-1　旅行社销售人员团队洽谈程序表

步骤	洽谈的程序	学生分工合作情况	模拟练习过程记录
STEP 1	寻找客户		
STEP 2	访问客户		
STEP 3	洽谈技巧训练		
STEP 4	准备签订合同的范本		
STEP 5	签订合同		

三、相关知识

随着新《旅游法》的出台，旅游市场竞争更加激烈，市场趋向于更加规范化和个性化。旅行社团队销售中，优质客源是团队销售成功的前提条件，因此旅行社都力求寻找到优质客户、高端客户或者VIP客户。旅行社在团队洽谈前，首先确定洽谈的目标客户，接着访问客户，最后正式开始洽谈过程，见图3-2-5-1。

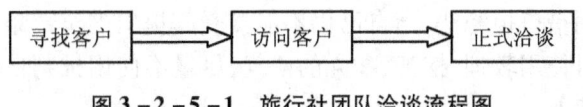

图3-2-5-1　旅行社团队洽谈流程图

（一）寻找客户

采用直接访问客户、利用老客户介绍新客户、通过产品展示和名册获得客户名单等方式，来寻找客户，挖掘新客户与潜在客户。寻找客户必须掌握的原则是随时随地进行，充分利用已有的人脉关系来搭建新的客户关系。

（二）访问客户

确定了洽谈客户后，销售人员应该先预约，争取机会与其进行直接的交流。为了争取机会而进行预约的过程，可能就为日后的电话销售和面对面销售作了铺垫。访问前预约，表示出了对客户的礼貌和尊重，帮助客户珍惜宝贵的时间，给客户留下良好的印象，有利于进一步的洽谈，同时约定洽谈的时间和地点，最后正式拜访。

（三）正式洽谈

在洽谈过程中，语言运用十分重要。语言应当以协商式为主，适当运用礼貌用语以求达到风趣、得体的效果。洽谈技巧包括提问、应答和拒绝三方面的技巧。

1. 提问技巧

首先，注意提问的时间，提问前应先征得对方的同意，或者在对方发言的间隙，或者在对方发言的前后。当要提出一些敏感性话题时应先说明提问理由，以示对对方的尊重。其次，提问的语气和态度应该显得文质彬彬、温文尔雅，避免使用威胁性、讽刺性、盘问式或审问式的语气。最后，可采用多种方式交谈。一种是引导式，即提出对答案有强烈暗示性的问句，以此引导对方赞同自己的观点，一般以反义疑问句的形式出现。如当销售人员询问客户心中所想的旅游线路，或者去过哪些线路等问题时用此法。另一种是澄清式，即针对对方的答复重新措辞，使它得到进一步的证实或延伸，表现出提问者对对方答复的重视，或要求对方进行更确切的回答。还有一种方式为封闭式，即提出能引起一定答复的问句，多用于提问者想获得特定的结果或确切回答的场合，这种提问往往具有一定的强迫性。

2. 应答技巧

由于洽谈有很强的竞争性，冷场、对抗是常有的，这时需要运用一些幽默风趣的语言来融洽气氛，因此要学会灵活运用语言，并能适时转移话题。此外，还应弄清对方的真正意图，是属于哪种性质的旅游动机，对方心里所能承受的价格范围、游览天数、需要特殊服务的类型等内容。如只需局部作答的问题，则无须和盘托出；如果是不值得回答或不便回答的问题，也不要不作答，可以"顾左右而言他"，或用一些合乎情理的原因作借口。

3. 拒绝技巧

洽谈免不了拒绝，但对拒绝方式应根据不同对象、不同要求做出不同的选择。如对方提出的要求过分或者旅行社无法做到时，可用提问拒绝法；当面对过去合作不愉快，但现在纠缠不清的客人时，可用借口拒绝法，当自己仍不能接受其提出的全部条件时，可用赞赏拒绝法。总之，拒绝时不可使用教训、挖苦、嘲弄的语气，尽量不使用批判性的言语，更不能勃然大怒，这是洽谈所忌讳的。

（四）签订合同

经过各种形式的业务洽谈后，如果双方达成合作意向，即在旅游线路、价格、出发日期、服务要求等方面达成一致意向后，可以与客户签订旅游合同书，以便确定双方的业务合作关系，明确双方的权利和义务，尤其要对吃、住、行、游、娱等五方面的具体要求做出详细的说明。这些要求需要落实在书面协议上，尽量避免口头合同形式。

签订合同后,收取订金,团队一般在出游之前将团款付清。

合同书是当事人之间为实现一定经济目的,明确相互权利和义务的契约,是用来调整经济关系的一种法律形式,具有法律约束力。因此,在签订合同时,一切需按法律程序办理,谨慎行事,特别在新《旅游法》出台后,要注意签订的合同与《旅游法》规定是否冲突,比如不能出现购物安排等。如一方对有的条款无法给予完全保证,则应在条款中加以声明,避免到时因为不能履行而承担法律责任。

表3-2-5-2 国内旅游组团合同的主要内容

序号	主要内容	备注
1	旅游时间	
2	旅游价格和支付时间约定	
3	旅游有关事项的约定	(1) 游览景点 (2) 住宿标准 (3) 交通工具及标准 (4) 餐费标准 (5) 导游服务内容等
4	甲方(游客)违约责任	
5	乙方(组团社)违约责任	
6	终止合同违约责任	
7	合同的变更和转让	
8	特别约定	(1) 团号 (2) 报名人数 (3) 出团日期 (4) 旅游费用 (5) 个人投保旅游保险 (6) 组团安排 (7) 地接服务 (8) 导游服务 (9) 争议的解决方法 (10) 双方的约定
9	其他约定	
10	争议的处理	
11	补充事宜	
12	生效事宜	
13	附件:旅游行程	

四、任务准备

1. 通过网络、书籍途径搜集资料；
2. 准备笔记本、笔；
3. 布置与客户模拟洽谈的现场；
4. 准备几份旅游组团合同。

五、任务实施

表3-2-5-3 任务实施表

序号	实施步骤	说明	要求	备注
1	了解相关知识	正确理解旅行社销售人员与客户洽谈的程序。	要求注意洽谈中的访问客户技巧。	
2	分组	把学生分成四组，每组学生再分成两部分，一部分扮演客户，另一部分扮演销售代表。	要求学生能熟悉合同内容，完成与客户签订合同的过程。	熟悉旅行社产品，读懂合同内容。
3	洽谈现场	注意洽谈使用的语言技巧、应答技巧、提问技巧、拒绝技巧等。	相关各方面符合要求。	
4	签订合同	合同一式两份，双方各保留一份。		

六、任务评价

表3-2-5-4 任务评价表(教师评价)

序号	评价内容	评价结果			
		优	良	合格	不合格
1	认真负责				
2	分工合理				
3	团队协作				
4	语言表达能力				
5	任务完成进度				
6	任务完成质量				
7	其他				

表 3-2-5-5 任务评价表(自评)

序号	评价内容	评价结果			
		优	良	合格	不合格
1	认真负责				
2	分工合理				
3	团队协作				
4	语言表达能力				
5	任务完成进度				
6	任务完成质量				
7	其他				

七、问题及解决

表 3-2-5-6 问题解决表

序号	问题	处理措施	预防措施	改进方法	备注
1					
2					
3					

任务六 团队洽谈的内容

一、任务描述

要求学生掌握旅行社销售人员与客户洽谈团队线路时的业务内容,熟悉与客户洽谈的细节。

二、任务分析

把学生分为 4 组,模拟销售人员与客户洽谈现场,重点练习掌握洽谈的内容、流程与技巧。

表 3-2-6-1　旅行社销售人员与客户洽谈训练记录表

步骤	洽谈内容	学生分工合作	模拟练习过程记录
STEP 1	宣传推销产品		
STEP 2	向客户报价		
STEP 3	付款方式说明		
STEP 4	编写接待计划		
STEP 5	修改意见		
STEP 6	确定行程内容		
STEP 7	签订合同		

三、相关知识

(一) 宣传推销产品

旅行社销售人员应先将所设计好的旅行社产品向客户作详细介绍,并就客户提出的问题做出细致的解答,使得对方能够在较短的时间内了解、熟悉产品的内容、产品的特色、产品的旅游价值和可能创造的精神价值。如客户属于老客户,事先对产品已经有初步了解,则可以对产品作深层次的介绍,争取时间让客户深入了解旅游产品。

(二) 向客户报价

如销售人员已经与客户达成大致的或者明确的合作意向,销售人员则需要将旅游线路的价格报给客户。可以在面谈现场报价也可以通过函件、电话、传真等通信工具报价,但最好选择面谈时,因为面谈时可以对客户提出的疑问做及时的回应和沟通。报价的内容如下。

表 3-2-6-2　团队报价项目一览表

序号	团费包含(或未含)	详细信息	备注
1	餐费	(1) 含正餐(午餐、晚餐)、早餐 (2) 分类有经济餐、标准餐、豪华餐、风味餐等	(1) 目前多数酒店为住店客人提供免费早餐服务,故报价时餐费多指正餐费用。 (2) 一般餐费不含酒水且客户费用自理。

续表

序号	团费包含(或未含)	详细信息	备注
2	房费	(1) 一般指标双房的价钱,分淡季价和旺季价。 (2) 酒店星级越高房费越高。 (3) 同星级酒店的房费跟酒店的位置有关。	团队房价比散客房价便宜
3	交通费	(1) 飞机 (2) 火车 (3) 轮船 (4) 旅游巴士	(1) 交通工具不同,费用差别大。 (2) 座位等级不同,费用差别大。 (3) 出行人数不同,折扣可能有差别。
4	附加费	(1) 包括机场建设费、保险费等。 (2) 城市不同,附加费价钱高低有别。	
5	综合服务费	(1) 订车(船、机)票费用。 (2) 导游服务费。 (3) 若出境团,需支付的消费内容。	
6	景点门票	(1) 景点第一道大门票 (2) 不含园中园门票	

若团队为出境团,团队报价中应该说明是否包含签证费。

(三) 付费方式

获得客户确认报价或收到确认报价函后,应向对方提出付款方式。

(四) 编写、下发接待计划书

旅行社产品交易确认成功后,立即按照线路及日程安排、服务等级、旅游团人数、团队要求等编写接待计划,并下发给旅行社相关部门以便着手采购和准备落实接待计划。

(五) 洽谈中常用的工具

销售人员对外洽谈过程中,除直接访问客户外,还有很多工作需要使用各种通信工具,如电话、传真、电子邮箱、QQ、微信、飞信等。

四、任务准备

1. 通过网络、书籍途径搜集资料;
2. 准备笔记本、笔;
3. 布置模拟洽谈现场;
4. 小组模拟。

五、任务实施

表 3-2-6-3　任务实施表

序号	实施步骤	说明	要求	备注
1	了解相关知识	正确理解旅行社销售人员洽谈内容	准备好洽谈内容	
2	分组	把学生分成四组	要求学生能针对不同的线路进行洽谈	
3	宣传推销产品	熟悉旅行社产品	合理运用销售技巧	
4	餐费	正餐,×正×早	计算正确	
5	房费	标双房,×元/天×天数	每人每天房费按房费总价的一半计算	
6	交通费	来回程交通+旅游目的地旅游巴士接送+其他交通费用	明确是否包含出发当天往机场/车站的汽车接送费用	
7	附加费	附加费用的计算		
8	综合服务费	国内游的导游服务费、出境游的小费等		

六、任务评价

表 3-2-6-4　任务评价表(教师评价)

序号	评价内容	评价结果			
		优	良	合格	不合格
1	认真负责				
2	分工合理				
3	团队协作				
4	语言表达能力				
5	任务完成进度				
6	任务完成质量				
7	其他				

表 3-2-6-5 任务评价表(自评)

序号	评价内容	评价结果			
		优	良	合格	不合格
1	认真负责				
2	分工合理				
3	团队协作				
4	语言表达能力				
5	任务完成进度				
6	任务完成质量				
7	其他				

七、问题及解决

表 3-2-6-6 问题解决表

序号	问题	处理措施	预防措施	改进方法	备注
1					
2					
3					

八、拓展知识

阅读材料【3-2-6-1】

某国际旅行社韩国旅游团队出游注意事项

一、行前说明

1. 搭乘航班:航空公司规定每人免费托运行李总重量不得超过20公斤,超重需另付费。手提行李不可超过壹件。(尺寸不得超过56CM×23CM×36CM 即22寸×9寸×14寸)

2. 时差:韩国时间比北京时间快一小时。

3. 货币:韩国货币单位为 WON,硬币有 W10、W50、W100 及 W500;而纸币有 W1000、W5000 及 W10000。

4. 兑换韩币:美元、港币、人民币等可在机场银行及市区找换店或都可以兑换,旅客更可用国际性之信用卡。参考汇率:1 美元:1050 韩币;1 人民币:160 韩币(具体汇率以银行当日公布为准)。

另:当地部分商户和 ATM 已可使用银联卡消费或取现,刷银联卡,以当地货币计价,人民币扣账,在商户刷卡消费不收手续费。具体情况请出发前咨询您的发卡银行,或登录中国银联网站 www.chinaunionpay.com

5. 电压及插座:韩国酒店的电压是 220 伏特,插座为二个圆形的插座孔,所以携带吹风机或电器设备时,记得要自备万向插座,如是 110 伏特的电子产品,请自备变压器。

6. 海关:韩国对金饰、金表、项链等金质物品管制非常严格,如非必要尽量少带,避免通关繁杂,而影响旅游行程。

7. 饮食:韩国主食为米饭,常见的菜肴有肉、鱼、豆腐、蔬菜等炖煮的火锅,韩国特有营养丰富的泡菜及以韩国式的调味作料拌制的各种小菜,此外又加有多种不同风味的调味品,一般来讲较为辛辣。

8. 气候:韩国四季分明,有多种气候类型。夏季炎热、冬季干燥而寒冷。春秋两季较短,但天气舒适宜人,多晴朗日子。

冬季(1月~3月)气温平均在零摄氏度以下,酒店、旅行车、餐厅都有暖气开放。

春季(4月~6月)气温平均在 10 摄氏度~20 摄氏度。

夏季(7月~9月)气温平均在 25 摄氏度~32 摄氏度,酒店及旅游车只在 7、8 月才有冷气开放。

秋季(10月~12月)气温平均在 10 摄氏度左右。

9. 住宿:韩国因为是实行环保的国家,酒店是不提供免费的一次性洗漱用具的,所以请携带洗漱用具清洁物品,如牙刷、牙膏。

10. 导游服务费:韩国导游及司机服务费人民币 40 元/人/天

11. 电话:往中国打电话,拨打时按下列顺序:

001(国际代码)+86(中国大陆代码)+区号(如广州 20)+电话号码

往韩国打电话,拨打时按下列顺序:

00(国际代码)+82(韩国代码)+区号(如首尔 2)+电话号码

可购买电话卡(2000、3000、5000、1 万)在公用电话拨打国际电话。

韩国移动电话制式为 CDMA 模式,如使用中国移动全球通手机,因制式不同,需向中国移动 10086 查询,办理租用手机业务(如持 3G 手机,已开通国际漫游业务,可在韩国使用)。

二、特别注意

各位旅客:为了使本次旅游愉快及维护您的自身安全,特别请您遵守下列事项,这是我们尽到告知的责任,同时也是保障您的权益。

1. 贵重物品请放置酒店保险箱,若随身携带,注意保管。

2. 住宿酒店请随时加扣安全锁并勿将衣物披在灯罩上或在床上抽烟,听到警报器响时,请由紧急出口迅速离开。

3. 海边戏水,请勿超越安全警戒线。

4. 身体健康状况不佳者,如心脏病、肺病、肾功能不佳、醉酒者等旅客请勿泡温泉浴。

5. 搭车时请勿将头、手伸出窗外,上、下车时,请注意来车方向以免发生危险。

6. 搭乘缆车时,请按顺序上、下,听从工作人员指挥。

7. 夜间或自由活动时间自行外出,请告知导游或领队,并应特别注意安全。

8. 请勿在公共场所露财,购物时也勿当众清点大量钞票。

9. 主题乐园内的机动游戏具有刺激性,身体状况不佳者,请勿参加。如自由落体、云霄飞车等。

10. 搭乘船只请务必穿着救生衣,前往海边戏水请务必穿着救生衣,请勿超越安全警戒线。

11. 孕妇及患有心脏病、高血压或其他慢性疾病的旅客请勿参加水上活动、温泉等增加身体负担具有刺激性的活动。

12. 遵守导游及领队所宣布的观光区、餐厅、酒店、游乐设施等各种场所规定的注意事项。

三、出国

(一)出境及登机前

1. 请于飞机起飞前2小时,到达机场指定地点集合,敬请佩戴胸牌。

2. 托运行李,每人限20公斤,超重部分自付。

3. 出团时要带身份证。小童出团时带出生证或户口簿;港澳同胞及台湾同胞出团时除护照外,还需携带《港澳同胞回乡证》或《台胞证》。

4. 过海关时:一般的自动相机可自行带出境不需申报,但可换镜头的高级专业相机及摄像机、手提电脑请向海关申报后,登记出境,以免回国入境时被要求纳税。

5. 可携带货币金额:每人出境可带美金5000元(或等值外币如港币、欧元等),除此之外每人还可携带人民币20000元出境。

6. 通关前仔细聆听领队的解说并牢记登机门号及登机时间。

(二)机舱内

1. 飞机座位系航空公司电脑依客人英文名字首字排定,若无法与亲朋好友同座,请待上机坐定后再行更换。

2. 较重的行李应置于前座下方,不可置于走道中央或头顶的行李箱,以免发生危险。

3. 飞机上全程禁烟,请勿于洗手间内抽烟,以免触动警铃又受罚。

4. 飞机起飞前及用餐时、降落前请将座椅靠背归回原位。

5. 机上用餐,如需特殊餐食(如:素食、婴儿餐)请出发前3个工作日告知旅行社。

6. 旅客在搭乘飞机时,请随时扣紧安全带,以免气流影响安全。飞机降落后完全停止前,请勿站起来取随身行李,以免发生危险。

(三)餐食

1. 进入餐厅时,请于入口处待引导员或导游引导。自助餐取食品时,请适量,勿浪费。

2. 用餐时勿高声谈笑喧哗,以保持餐厅安静的用餐气氛,并请勿自备酒或饮料在餐厅食用。

(四)衣物

1. 出门在外,安全第一,女性衣着以"不暴露"为原则。

2. 衣着以轻便、舒适、免烫、易洗、快干、不皱为宜。

3. 鞋子以休闲鞋为主,女士尽量不要穿着高跟鞋。
4. 请按当地气候及行程准备,如泡温泉需要泳帽、泳衣或泳裤。

(五)住宿

1. 个人财物请妥善保管,如有贵重物品可寄存酒店柜台或房间保险箱。在房间内看电视或聊天,请将房门关上,以免妨碍他人并确保自身安全。
2. 酒店内请注意国际礼仪,勿穿着睡衣、拖鞋或赤脚离开房间或至大厅走动。
3. 离开酒店外出时,请携带饭店名片,以备万一迷路时使用。
4. 在酒店房间内入浴时,请将浴帘拉上以防水外溢。
5. 在酒店入住时,请首先注意本楼层安全门、房间门上安全图示及说明。
6. 住宿度假村时,如有使用餐具碗盘时,请将使用过的餐具碗盘洗刷干净归位,并将垃圾分类。

(六)旅途中

1. 参观游览,下车时请牢记车牌号码、集合时间及地点、韩国导游手机号码,贵重物品请随身携带,勿随意放置。
2. 搭乘游览车或其他交通工具应保持车内清洁,请勿在车内吸烟、嗑瓜子、剪指甲等。
3. 观光途中若与团体走失,请在原地等候导游或领队。
4. 请勿于"禁止拍照录影"处拍照、录影,或在"禁烟区"抽烟。
5. 钱财不外露,随时提高警觉,以免被窃、被抢。
6. 到达景点后,请先聆听导游解说后再自行活动摄影留念,以免影响导游解说情绪及减少团体活动时间。
7. 根据我国法律法规,不准涉足及参与色情活动。

(七)购物

1. 水果店或路边小摊购买水果,请勿摸弄以免发生争执。
2. 百货公司、购物中心购物时请索取收据以免产生误会。

(八)回国及入关

1. 禁止携带海关规定的违禁品,如:枪械、刀具、枪型玩具及用品、毒品、水果等,以免触犯刑法。
2. 入境旅客每人限烟两条(20包)、酒1瓶(1公升内),违者依法扣税或没收。

(九)其他

1. 韩国团队旅游签证按照现时有关法律规定,必须随团同进同出,不能单独或同其他旅游团出入境,否则将会被拒绝入境。整个旅途中,不可脱团、离团自由活动。如擅自离团,一切不良后果客人自行负责。
2. 旅途中有任何问题,请随时向导游、领队提出意见,尽可能协调、讨论圆满解决。
3. 导游及领队不是24小时保姆,请应给予休息时间,请尊重其专业的服务,给导游服务费以资感谢及鼓励。

四、温馨提示

1. 搭乘飞机时会产生耳鸣现象,可吃点东西或嚼口香糖或吞口水,严重时可捏鼻闭口吹气即可消除。

2. 容易晕机(车、船)者,建议上机(车、船)前,勿食糖果类甜食,可喝杯冰水,座位尽量靠窗户,凝视远方景物,避免看近距离景物或多与别人聊天,以舒缓紧张的气氛则可改善。

3. 房间内开暖气时,请在浴缸内留些热水,让房间空气不致太干燥而引发"口干咳嗽",如已发生喉咙疼痛时,可用冷茶水或盐水漱口,清凉喉咙以减少疼痛。

4. 在酒店自行洗衣服后,可将湿衣服放在干的大浴巾中拧干,快干效果很棒哦!

五、冬季特别提示

1. 冬季时重要部位应注意保暖,如脚部、手部、颈部、头部,尤其是头部最为重要,切实保护头部可减少感冒,所以出门、下车时请一定要戴帽子。

2. 冬季因空气较寒冷干燥,乳液、护唇膏等保养用品请经常使用。

3. 请不要将东西放在外衣的口袋,以防东西的遗失(一般来说冬天的外套口袋,都没有扣子或拉链,我们经常会将外衣脱掉拿在手上,外套一拿在手上东西就容易从外衣口袋滑出,而自己不知觉)。

4. 冬季下飞机前不要急着穿戴厚重的衣物,以免在飞机内捂住出汗,下飞机遇冷感冒。

5. 冬季进入有暖气的地方或上车进房间时,请脱下身上的厚重衣物、帽子、围巾,以减少脑出血的发生。会晕车的人记得要坐在前座。

6. 冬季离开有暖气的地方时,除穿上厚重衣物、戴上手套、围巾、帽子之外,请深呼吸几口冷空气减少感冒的发生。

7. 冬季在雪地或上下楼梯不要跑、跳,双手也不要插在口袋里,以备跌倒时有手可撑地,避免头部直接碰到地上。

8. 学习滑雪时,请避开快速滑道,不要在快速滑道下边学习,以免产生意外。

9. 不要以为喝酒可以御寒,其实反而会让您喝酒后快速散热,造成极度失温产生意外。

10. 冬季在酒店房间内洗完头后一定要把头发吹干,如果不吹干头发,容易感冒及头痛。

11. 在冬季游韩国时,敬请自备保温瓶,以便随时补充温(热)水,可加强身体的保暖度。

12. 韩国度假村因韩国人风情习俗比较不同,所以房间内未有准备吹风机,若有贵宾有需要使用,敬请自行至柜台借用或请领队人员或导游人员协助向柜台借用。

13. 韩国因响应环保号召减少废气,汽机车/大型车停车超过3分钟即须熄火关闭引擎,否则,将会记点罚款,所以一般是等客人上车后再开引擎及空调。

参考文献

[1] 邹统钎,吴丽云.景区服务与管理[M].南京:南京师范大学出版社,2013.
[2] 姜若愚.旅游景区服务与管理[M].大连:东北财经大学出版社,2011.
[3] 周国忠.景区服务与管理[M].北京:中国旅游出版社,2012.
[4] 胡巍.旅游景区规划与管理[M].北京:清华大学出版社.北京交通大学出版社,2012.
[5] 刘锋.旅游景区营销[M].北京:中国旅游出版社,2012.
[6] 刘丽萍.旅行社计调与营销实务[M].大连:东北财经大学出版社,2012.
[7] 禹贡,胡丽芳编.旅游景区景点营销[M].北京:旅游教育出版社,2008.
[8] 黄浏英编.旅游市场营销[M].北京:旅游教育出版社,2007.
[9] 韦明体主编.旅行社市场营销[M].北京:旅游教育出版社,2004.
[10] 广东省导游人员考评委员会.导游业务[M].广州:旅游教育出版社,2009.
[11] 梁学松,张建融.旅行社门市管理实务[M].北京:北京大学出版社,2011.
[12] 徐云松,左红丽.门市操作实务[M].北京:旅游教育出版社,2013.
[13] 王培俊.旅游市场营销[M].北京:北京师范大学出版社,2011.
[14] 王昆欣.旅游景区服务与管理案例[M].北京:北京大学出版社,2008.
[15] 梁学松,张建融.旅行社门市管理实务[M].北京:北京大学出版社,2013.
[16] 陆朋.旅游市场营销[M].北京:中国物资出版社,2011.
[17] 赵伟利,刘天飞.酒店市场营销[M].北京:北京大学出版社,2011.
[18] 张永幸.我国大型旅行社商务模式创新研究——以春秋国旅为例[D].厦门:厦门大学,2009.
[19] 竺易兰.旅行社跨国经营模式研究[D].大连:东北财经大学,2006.
[20] 宋子千.旅行社经济分析[M].北京:中国旅游出版社,2008.
[21] 邓敏.餐饮服务与管理[M].北京:旅游教育出版社,2011.
[22] 国家旅游局.旅游法[R].2013.
[23] 国家旅游局.旅行社国内旅游服务质量要求[R].1997.
[24] 国家旅游局.旅行社出境旅游服务质量[R].2002.

责任编辑:刘彦会

图书在版编目(CIP)数据

旅游销售业务／张永幸主编. -- 北京：旅游教育出版社,2014.3（2022.7）
国家中等职业教育改革发展示范校创新系列教材
ISBN 978-7-5637-2897-8

Ⅰ.①旅… Ⅱ.①张… Ⅲ.①旅游市场—市场营销学—中等专业学校—教材 Ⅳ.①F590.8

中国版本图书馆 CIP 数据核字(2014)第 035236 号

国家中等职业教育改革发展示范校创新系列教材

旅游销售业务

张永幸 主编

郑文丽 王娟 陈蕾 副主编

王薇 主审

出版单位	旅游教育出版社
地　　址	北京市朝阳区定福庄南里1号
邮　　编	100024
发行电话	(010)65778403 65728372 65767462(传真)
本社网址	www.tepcb.com
E - mail	tepfx@163.com
印刷单位	北京虎彩文化传播有限公司
经销单位	新华书店
开　　本	787毫米×1092毫米 1/16
印　　张	17.25
字　　数	329千字
版　　次	2014年3月第1版
印　　次	2022年7月第8次印刷
定　　价	30.00元

(图书如有装订差错请与发行部联系)